KB139570

세계화 시대의 '팍스 아메리카나'

미국사 산책

14

미국사 산책 14 : 세계화 시대의 '팍스 아메리카나'

ⓒ강준만, 2010

1판 1쇄 2010년 12월 31일 펴냄 1판 2쇄 2018년 3월 6일 펴냄

지은이 | 강준만 펴낸이 | 강준우 기획편집 | 박상문, 박효주, 김예진, 김환표
디자인 | 최원영 마케팅 | 이태준 관리 | 최수향 펴낸곳 | 인물과사상사
출판등록 | 제17-204호 1998년 3월 11일 주소 | (04037) 서울시 마포구 양화로 7길 4(서교동) 2층
전화 | 02-471-4439 팩스 | 02-474-1413 홈페이지 | www.inmul.co.kr | insa@inmul.co.kr
ISBN 978-89-5906-168-6 04900 ISBN 978-89-5906-139-6 (세트)
값 14,000원

세계화 시대의 '팍스 아메리카나'

미국사 산책 14

강준만 지음

인물과
사상사

차례

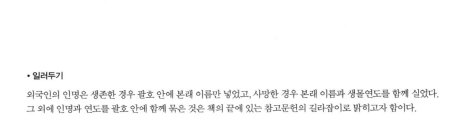

• 일러두기

외국인의 인명은 생존한 경우 괄호 안에 본래 이름만 넣었고, 사망한 경우 본래 이름과 생몰연도를 함께 실었다.
그 외에 인명과 연도를 괄호 안에 함께 묶은 것은 책의 끝에 있는 참고문헌의 길라잡이로 밝히고자 함이다.

제1장

세계화와 신경제의 소용돌이

세계화는 '터보 자본주의' 인가?
세계무역기구의 출범

세계무역기구의 출범

"세계화는 한 지역에서 일어나는 사건이 한참 떨어진 다른 지역에 영
향을 주는 정도로 서로 다른 지역을 연결시키는 범세계적인 사회적
관계의 집중화다." 영국의 사회학자 앤서니 기든스(Anthony Giddens)
가 내린 '세계화(globalization)'의 정의다. 1995년 1월 1일 세계무역기
구(WTO; World Trade Organization)가 정식으로 출범함으로써 세계화 시
대가 열리게 되었다. 우루과이라운드 협정에 따라 관세 및 무역에 관
한 일반협정(GATT; General Agreement on Tariffs and Trade)을 대체해 새
로이 발족한 세계무역기구가 1월 31일 제네바에서 개최한 첫 번째 총
회에는 이날까지 우루과이라운드 협정을 비준한 76개국 대표들이 참
석했다.

1995년을 '세계화의 원년'이라고 부르기도 하지만, 세계화는 이미
오래전부터 작동해온 현상이었다. 세계화는 1500년 이후부터 나타난

19세기 중반에 이미 카를 마르크스는 『공산당 선언』에서 세계화의 작동 원리를 설명했다.

것이라고 주장하는 사람도 있지만, 적어도 19세기 이후로 보는 시각이 주류인 것 같다. 예컨대, 19세기 중반 카를 마르크스(Karl Marx, 1818~1883)는 『공산당 선언(Communist Manifesto)』(1848)에서 이렇게 말했다. "자신의 생산물의 판로를 부단히 확장하려는 욕구는 부르주아지를 전 지구상으로 내몬다. 부르주아지는 도처에서 뿌리를 내려야 하며, 도처에서 정착해야 하고, 도처에서 연계를 맺어야 한다."

세계화는 1차 세계대전(1914~1918)과 2차 세계대전(1939~1945)을 통해 심화되었지만, '세계화'라는 용어가 본격적으로 쓰이게 된 것은 1983년 기업 마케팅 전략 차원에서였다. 하버드 경영대 교수 시어도어 레빗(Theodore Levitt, 1925~2006)이 『하버드 비즈니스 리뷰(Harvard Business Review)』(1983년 5월 1일)에 쓴 「시장의 세계화(The Globalization of Markets)」라는 글을 효시로 보고 있다. 레빗은 이 글에서 "새로운 기술 덕분에 미디어가 전 세계로 뻗어가고 통신비용이 아주 저렴해지면서 세계가 좁아지고 있다"며 "그 결과 소비자들의 기호가 비슷해지고 규격화한 상품을 팔 수 있는 전 세계적인 시장이 과거에는 상상도 하지 못하던 규모로 형성되고 있다"고 주장했다.

1989년부터 시작된 소련 및 동구권의 사회주의 붕괴는 레빗이 원했던 규모의 '전 세계적인 시장'을 가능케 했다. 그로 인해 세계의 거의 모든 나라가 자본주의 시장경제체제에 편입되면서 세계 경제의 개방화와 통합화가 빠른 속도로 진척되었기 때문이다.

오늘날의 세계화는 이미 19세기에 존재했던 국제화된 시장 사회와는 크게 다르다. 무엇이 다른가? 임혁백은 ①해외 직접투자가 새로운 무역의 수단으로 등장했다, ②국제 금융거래가 양적으로 폭발하고 있다, ③서비스가 국제무역의 혈액이 되고 있다, ④오늘날의 세계화는 문화의 세계화를 포함하고 있다는 것 등을 들었다.

기업 입장에서 보자면, 예전에 쓰였던 '국제화(internationalization)'가 기업경영에 있어서 국경의 개념을 인정하는 것이라면, 세계화란 국경 자체의 한계나 차이를 뛰어넘어 처음부터 지구촌 전체를 하나의 경영 단위로 삼는다. 그런 의미에서의 세계화를 촉발한 것은 디지털 혁명을 위시한 과학기술 혁명과, 유연성 극대화라고 하는 새로운 패러다임의 생산방식이었다. 정보 테크놀로지의 발달도 중요한 의미를 갖는다. 허버트 실러(Herbert I. Schiller 1990)는 정보화의 중요성에 대해 이렇게 말했다.

"컴퓨터와 연결된 위성에 의해 공급되는 커뮤니케이션은 초국가적 기업으로 하여금 국가적 혹은 국제적 무대에서 보다 과감하게 움직일 수 있는 조건을 가지게 했다. 국제적인 대규모 기업체들은 생산 장소를 변경시키고, 자본의 투자를 변화시키며, 급속하게 때로는 동시적으로 국제적 교환을 감행할 수 있는 수단을 가지게 되었다. 이제 전 세계적 규모의 자본의 이동은 일상적인 것이 되어버렸다. 그 결과 국가적 노동력은 모두가 그렇지는 않다 하더라도 자신의 요구가 충족되지 않을 경우 얼마든지 위치를 옮길 수 있는 자본의 능력에 종속되게 되었다."

'속도의 경제'와 '터보 자본주의'

이제 기업은 언제라도 투자환경이 좋은 곳으로 옮겨갈 수 있게 되었다. 국가 간 자본 이동은 유동적이 되고, 그만큼 기업의 자율성은 증대되며, 따라서 노조의 힘은 물론 국가주권은 약화되었다. 국가의 기능 중에는 시장이나 시민사회가 대체할 수 없는 중요한 기능이 있을 뿐만 아니라 세계 시장에서 국가가 최대의 과실을 거두어들이기 위해서는 오히려 적극적인 국가 참여가 요청된다는 반론도 있다.

정부와 정치인은 선거에 의해 국민의 심판을 받지만 기업은 그런 심판에서 자유롭다. 전 세계를 무대로 휘젓고 다니는 기업을 정부가 감시 통제하는 것은 불가능해진다. 견제와 균형이 없으니, 기업 주권은 강화되는 반면 국민주권은 약화되고 민주주의는 점점 신기루가 되어간다. 이와 관련, 필립 슈미트(Philippe Schmitt)는 이렇게 경고했다.

"원론적으로는, 선출된 국가 지도자가 주권자일지 모르나, 실제로는 주권자가 초국적 기업의 결정, 국경을 넘나드는 아이디어와 인구의 이동, 그리고 이들이 이웃나라에 미치는 충격을 통제할 수 있는 능력은 제한되어 있다. 그 결과 국가 지도자들이 자국 시민들의 복지와 안전을 보장해줄 수 있는 능력은 점점 더 줄어들고 있다."

한국에서도 정부가 앞장서서 밀어붙인 세계화 전략은 독점자본에 대한 국가의 막강했던 통제를 약화시켰으며, 기업의 경쟁력 논리와 시장 논리가 전체 사회로 확산되는 결과를 초래했다. 생존 경쟁은 더욱 격화되었지만 그 부작용을 상쇄해줄 수 있는 국가의 능력은 약화되고 있기 때문에, 이제 많은 한국인들이 과거와는 달리 아무 거리낌 없이 이민을 생각하게 되었다.

세계화 시대의 자본주의는 '속도의 경제' 다. 1980년대 말 소련과 동구권 붕괴 이후 아무런 장애물이 없는 상태에서 더욱 강화된 기세로 달려가는 자본주의를 가리켜 에드워드 러트윅(Edward Luttwak)은 '터보 자본주의(Turbo-Capitalism)' 라는 표현을 썼다. 무서운 속도로 돌아가는 원동기(터보)를 생각해보라. 오늘날의 자본주의는 실제로 그런 속도로 질주하고 있다. 러트윅은 "창조적 파괴가 진행되는 이 가속도가 현대 시장자본주의의 새로운 특징" 이며 "변화의 이 무시무시한 템포가 대부분의 사람들한테는 악몽" 이라고 말한다.

러트윅은 "터보 자본주의의 결과를 보여주는 고전적인 예"로 항공산업의 탈규제를 꼽았다. 그 덕분에 항공 요금은 낮아졌지만 예약취소 사태가 봇물처럼 터졌으며 항공사들의 혼란과 불안정이 증대되었다는 것이다. 그는 보수적인 공화당에 가까운 이념을 갖고 있는 사람이지만 공화당 정치인들의 이율배반을 비판했다. 예컨대, 밥 돌(Bob Dole)처럼 말로는 '가족의 가치' 를 역설하면서도 실제로는 그와 반대되는 정책을 추진하는 경우다. 러트윅은 이렇게 말한다.

"가족과 공동체의 안정을 중요하게 여기는 사람이 이와 동시에 경제의 탈규제화와 세계화를 지지할 수는 없다. 왜냐하면 탈규제화와 세계화는 빠르게 기술혁신이 일어나도록 만드는 길잡이이기 때문이다. 미국에서는 가족이 해체되고 있고, 세계 도처에서는 삶에 의미를 부여해주는 공동체들이 붕괴되고 있으며, 그리고 예컨대 멕시코와 같은 나라들에서는 사회적 소요가 계속되고 있는데, 이것들은 모두 동일한 파괴력의 산물들이다."

엄청난 변화속도는 국제경쟁 속에서 공급 상품들을 너무 빨리 변하게 만들었다. 마르틴과 슈만(Martin & Schumann 1997)은 "이런 발전 속도 속에서, 계속해서 세계관을 바꾸고 평생 동안 최대 출력을 낼 각오가 되어 있지 않거나 그럴 형편에 있지 못한 점점 더 많은 사람들이 불가피하게 뒤처지게 된다"며 "인생 계획이나 사업목표에 대한 중요한 결단들이 흔히 정신없이 바쁜 와중에서 내려지게 되고, 정치가들로부터는 '인스턴트 대책들'을 기대할 수 있을 뿐이다"라고 말한다.

'20대 80의 사회'

날이 갈수록 정치가들에게 기대할 것은 점점 없어지게 되었다. 정치가들 역시 자신들의 생존을 위한 '최대 출력'을 내는 데에만 급급했기 때문에, 정치가 민생을 돌보는 게 아니라 오히려 정치가 민생과 경쟁 관계에 놓이게 되는 사태까지 일어났다.

마이클 앨버트(Michael Albert 2003)는 "자원, 수익 및 수요자들을 확보하기 위한 시장 경쟁은 언제나 '제로섬 게임(Zero Sum Game)'"이라고 주장한다. 그는 "모든 경제 주체들은 상대방을 제물 삼아 앞으로 나아갈 수밖에 없기 때문에 자본주의적 세계화는 '나 먼저(me-first)'라는 이기적인 논리를 확산시킨다"며 이렇게 말한다.

"그 때문에 적개심이 조장되고 행위자들 사이에 연대가 파괴된다. 이러한 현상은 개인에서 산업과 국가에 이르기까지 모든 단계와 차원에서 발생한다. 공원, 보건, 교육, 사회 인프라 등과 같이 집단적 차원에서 유익한 공적, 사회적 재화들은 경시되고 개인적 차원에서 향유되는 사적 재화들이 우선시된다. 기업과 국가는 자기들만의 수익만을 증대시키고, 약자들에게는 가혹한 손실을 강요한다. 인류의 복지는 이 과정에서 사적 이익의 제물로 전락한다. 이러한 자본주의적 세계화에 맞서 연대를 추구하는 운동가들은 연대의 승리는 고사하고 연대의 명줄만이라도 보

20퍼센트의 콩깍지에서 80퍼센트의 완두콩이 생산된다는 점에 착안해 '80대 20 법칙'을 제시한 이탈리아의 경제학자 빌프레도 파레토.

존하기 위해 각고의 투쟁을 전개하지 않을 수 없다."

그런 각박함은 흔히 '80대 20의 법칙'으로 표현되었다. 이탈리아의 경제학자 빌프레도 파레토(Vilfredo Pareto, 1848~1923)는 일찍이 '80대 20의 법칙'을 제시했다. 원예사로서 그는 80퍼센트의 완두콩이 20퍼센트의 콩깍지에서 생산된다는 사실을 발견했는데, 인간 세계도 비슷하다는 것을 알아냈다. 예컨대, 이탈리아 땅의 80퍼센트는 인구의 20퍼센트가 소유하고 있었다. 80/20 법칙으로 알려진 파레토의 법칙은 머피의 경영 법칙으로 발전했다. 기업 이윤의 80퍼센트는 종업원 중 20퍼센트에서 나오며, 고객 서비스 문제의 80퍼센트는 고객 중 20퍼센트로부터 나오고, 의사결정의 80퍼센트는 회의시간 중 20퍼센트에서 나온다는 것 등이다. 이는 다른 영역에까지 변형되어 적용되었다. 예컨대, 범죄의 80퍼센트는 20퍼센트의 범죄자에 의해 저질러진다는 것이다.

세계화가 유발하는 '20대 80의 사회'라는 말은 노동 가능한 인구 중에서 20퍼센트만 있어도 세계경제를 유지하는 데 별 문제가 없다는 것을 의미한다. 달리 말하자면, 세계화의 과정은 중산층을 해체하면서 20퍼센트의 집중된 힘과 나머지 80퍼센트의 구도로 변하게 만드는 것이다. 국내적으로 세계적으로 날이 갈수록 크게 벌어지고 있는 빈부격차는 '20대 80의 사회'라고 하는 시나리오의 가능성을 높여주었다.

미국의 경우 빈부격차가 극도로 심화된 시기는 세계화와 관련된 신자유주의 정책을 편 레이건 행정부 시절의 1980년대였다. 빈부격차는 1979년에서 2000년 사이 갑절 이상 커졌다. 1979년 소득규모 최상위 1퍼센트의 소득은 하위 40퍼센트의 절반에 미치지 못한 데 비해 2000년에는 이들의 소득이 하위 40퍼센트의 소득을 넘어섰다. 또 1979년에는 최상위 1퍼센트의 소득이 전체 국민소득의 7.5퍼센트였던 데서 2000년에는 15.5퍼센트로 증가한 반면, 하위 40퍼센트의 소득 비율은 19.1퍼센트에서 14.6퍼센트로 줄어들었다.

신자유주의 정책을 추구한 대표적인 지도자인 마거릿 대처와 로널드 레이건.

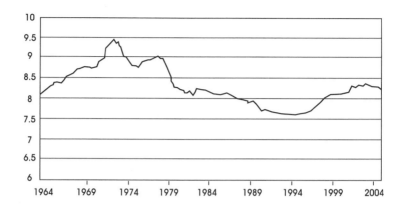

레이건 행정부가 들어섰던 1981년부터 클린턴 행정부 2기의 2000년까지 미국의 시간당 소득의 평균은 하향세를 유지했다.

세계의 '3극화'

미국 내의 그런 극심한 빈부격차는 나라들 사이에서도 그대로 나타났다. 임혁백은 "세계화란 북미, 유럽연합, 일본과 동아시아 신흥공업국으로 이루어지는 3극지역 간의 생산, 기술, 금융, 사회문화적 구조가 수렴, 통합되고 있는 현상을 의미한다고 해도 과언이 아니기 때문에 세계화를 삼극화(triadization)로 부르는 것이 더 정확한 표현일지도 모른다"며 다음과 같이 말한다.

"1980년에 가장 가난한 102개국의 수출 비중은 7.9퍼센트였으나 1990년에는 1.4퍼센트로 낮아졌고, 수입 비중은 9.0퍼센트였으나 1990년에는 4.9퍼센트로 낮아졌다. 그 결과 저발전국가들은 발전된 선진 자본주의국가들과의 '연결고리를 상실할(delinking)' 위험에 처해 있다. 저발전국가들은 새로이 형성되고 있는 글로벌 경제에서 배제되고 있는 것이다. 세계화는 점점 더 통합되고 있는 3극지역의 글로벌 경제와 3극지역 바깥에 있는 배제된 비글로벌 경제로 양극화하고 있다."

미국은 이미 1940년대 후반에 인구가 전 세계의 6.3퍼센트밖에 되지 않았지만, 세계 부(富)의 50퍼센트 정도를 소유하고 있었으며, 이는 계속 유지 또는 강화되었다. 또 세계 최고 부호 세 명의 자산이 가장 덜 개발된 국가 48개국의 국민총생산을 합한 금액보다 많으며, 세계의 억만장자 358명의 재산이 세계 23억 명(세계 인구의 45퍼센트)의 부를 합친 것과 같았다. 유엔 인간주거계획(유엔 해비타트; UN-HABITAT)의 한 정책분석가는 이렇게 말했다. "슬럼 문제는 전 세계적인 시한폭탄이다. 슬럼가 젊은이들이 모두 테러리스트가 되지는 않겠지만, 각국 정부가 효과적으로 이들의 환경을 개선해주지 못하면 어떤 파괴력을 갖게 될지는 아무도 알 수 없다."

세계화가 빈부격차를 심화하는 과정을 살펴보자. 세계화의 압력을 받고 있는 각국 정부는 기업의 경쟁력을 높여야 한다는 이유를 대고 법인세를 인하하고 보조금을 지급하는 경쟁을 벌인다. 물론 그만큼 국고와 재정은 비게 되며, 이 부족분을 채워주는 것은 보통사람들의 세금이다. 또 정부는 저항이 약한 분야의 복지혜택을 줄이는 방법으로 재정 고갈에 대응하는데, 그 결과는 바로 빈부격차를 더욱 크게 벌여놓는 것이다. 즉, 국내의 분배 문제는 늘 세계화로 인한 경쟁의 뒷전으로 밀려나게 되는 것이다.

선진국의 경우, 세계화로 인해 '20대 80의 사회'가 이루어진다면, 과연 그런 사회가 버텨낼 수 있을까? 80에 해당되는 사람들이 과연 가

만있겠느냐는 것이다. 그러나 그런 반발을 잠재울 대안이 없는 것은 아니다. 즈비그뉴 브레진스키(Zbigniew Brzezinski)는 '티티테인먼트 (tittytainment)'라는 신조어를 선보였다. 이는 entertainment와 엄마 젖을 뜻하는 속어인 titty를 합한 말인데, 기막힌 오락물과 적당한 먹거리의 절묘한 결합을 통해 이 세상의 좌절한 사람들을 기분 나쁘지 않게 만들 수 있다는 것이다.

1995년 말 샌프란시스코의 페어몬트 호텔에서 열린 세계 경영자들의 토론회는 바로 그런 대책회의의 성격을 갖는 것이었다. 마르틴과 슈만(Martin & Schumann 1997)은 세계의 경영자들은 이 토론회에서 20퍼센트의 잘사는 사람들이 나머지 사람들을 어떻게 하면 먹여살릴 수 있을지에 대해 진지한 논의를 펼쳤다며 그 토론회의 풍경을 이렇게 묘사했다.

"기업이 이들을 부담하기에는 범지구적인 경쟁이 너무나 치열하기 때문에, 실업자들에 대해서는 다른 누군가 보살펴야 한다는 데에 대부분의 참석자들이 동의한다. 이들은 차라리 자원봉사를 할 수 있는 종교단체나 이웃을 돌보기 위한 각종 프로그램, 스포츠 교실 또는 여러 시민단체 등에서 뜻 있는 일을 할 수도 있을 것이다. '이러한 활동들에 대해서 어느 정도 가치를 평가하여 보상을 해주어야 할 것입니다. 그리하여 수백만의 실업자들한테도 자존심을 지킬 수 있도록 해주어야 할 것입니다'라고 펜실베이니아주립대학의 로이 교수는 말한다. 사실상 이미 선진국에서는 수많은 사람들이 거의 보수도 받지 않는 상태에서 거리 청소를 하거나 가정부 노릇을 하여 생계를 겨우 이어나가고 있으며, 앞으로는 더욱 더 많이 그러할 것이라고 대기업 경영자들은 예상하고 있다."

티티테인먼트의 번영

미국은 이미 '20대 80의 사회'에 근접해 있었고 이를 지키기 위한 '티티테인먼트'가 가장 발달돼 있는 나라였다. 티티테인먼트의 번영을 위해서는 미국인들이 미국 사회의 진실에 접근하는 것 자체를 어렵게 만들어야 할 것이다. 노엄 촘스키(Noam Chomsky)에 따르면, 그런 노력의 일환으로 미국 통계청은 전체 인구의 상위 20~25퍼센트만을 기준으로 통계를 작성했다.

언론마저 티티테인먼트의 일부로 전락하고 말았다. 미국의 주류 언론매체가 20~25퍼센트에 해당하는 사람들의 이익을 대변하고 있다는 것이 그 점을 잘 말해주었다. 촘스키는 세계적으로 좋은 평판을 얻고 있는 『뉴욕타임스(The New York Times)』를 예로 들면서 티티테인먼트로 전락한 미국 언론을 비판했다. 그는, 예컨대 "1998년 4월 12일자 『뉴욕타임스』의 주간 뉴스를 보면, 미국이 번영하고 있으며 미국민은 행복하다고 쓰고 있다"고 지적하면서 이렇게 주장했다.

"분명 기자는 미국인을 말하고 있지만, 소득이 제자리걸음하거나 감소된 전 국민의 3분의 2를 차지하는 사람들을 가리키는 것은 아니다. 이건 바로 주식을 보유하고 있는 사람들의 이야기이다. 물론 그들은 의심할 여지없이 성공했고 행복한 사람들이다. 다만 문제는 전체 인구의 1퍼센트가 주식의 절반가량을 보유하고 있다는 점이다. 다른 자산의 경우도 마찬가지여서 대부분을 상위 10퍼센트의 국민이 소유하고 있다. 『뉴욕타임스』가 말하는 미국이 그들이었다면, 미국은 틀림없이 행복하고 번영하고 있다. 바로 『뉴욕타임스』가 옹호하는 동시에 독자로 삼는 일부 엘리트 계층들 말이다."

물론 이런 비판적 시각이 세계화에 대한 모든 그림을 보여주고 있는 건 아니었지만, 세계화를 둘러싼 갈등은 최악의 그림을 상정한 가운데 이념적 대립구도를 형성하며 치열하게 전개되었다. 세계화에 대한 본격적인 저항은 1999년 11월 30일 이른바 '시애틀 전투'로 표출된다.

참고문헌 Albert 2003, Barabási 2002, Brecher 외 2003, Chomsky 1996 · 1999, Chomsky & Barsamian 2002, Frank 2003, Krugman 2001, Martin & Schumann 1997, Moody 1999, Negroponte 1995, Rifkin 1996, Schiller 1990, Tabb 2001, Waters 1998, 강준만 2005, 신기섭 2003, 안병영 2000, 윤영관 1995, 이수훈 1996, 임혁백 1995 · 2000, 진덕규 1999, 홍성욱 2002

'신경제'의 탄생
인터넷의 원년

인터넷 브라우저 전쟁

1989년 3월, 스위스 제네바에 있는 유럽입자물리연구소(CERN) 연구원으로 일하던 영국 엔지니어 팀 버너스-리(Tim Berners-Lee)는 연구소 내 각종 연구자료와 다양한 정보를 공유하기 위한 프로젝트를 시작했다. 그는 컴퓨터에 자신이 적어둔 노트를 추적하는 일이 어려워지자 웹이라는 개념을 생각해냈다. 1990년에 지금 우리가 알고 있는 바와 같은 월드와이드웹(WWW; World Wide Web)을 개발해냈는데, 그 애초 생각은 이런 것이었다.

"우리가 실제 생활에서 겪는 연상 방식을 추적하면 된다고 생각했다. 나의 뇌는 종종 그렇지 못하지만 보통 사람들 뇌는 기억을 잘 하지 않는가. 사람의 뇌처럼 작동하는 소프트웨어를 만들자고 생각했다." (박금자 2001)

실제로 버너스-리는 기억력이 형편없는 사람이었다. 자신의 좋지 않

은 기억력 때문에 기억을 대신할 수 있는 소
프트웨어 개발에 뛰어들었다가 그 놀라운
발명을 할 수 있게 된 것이다. '웹'이라는
이름은 전 세계 네트워크를 '거미줄(web)'
처럼 얽는다는 취지 아래 붙여졌다.

웹의 창시자 팀 버너스-리. © Enrique Dans

1990년까지 인터넷은 전문가 중심의 네
트워크였지만, 월드와이드웹의 개발은 그
무한한 가능성을 예고한 것이나 다름없었
다. 이제 남은 것은 웹에 진입해 이동하는
데 필요한 프로그램인 브라우저(browser)의 문제였다. 버너스-리는 어
떤 종류의 브라우저 프로그램을 사용할지의 선택권을 컴퓨터 사용자
개인들의 몫으로 남겨놓았기 때문에 프로그래머들 사이에 치열한 브
라우저 개발 경쟁이 벌어지게 되었다.

초보적인 브라우저
들이 생겨났지만, 이
것들은 슈퍼컴퓨터에
서만 작동되었고 개인
용 컴퓨터(PC)에서는
작동하지 않았다. 그
리고 브라우저를 설치
하는 데에는 전문가
못지 않은 지식이 있
어야만 했고, 설치했

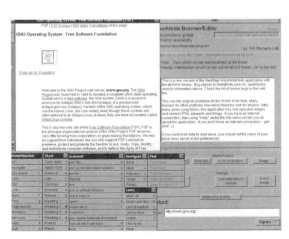

버너스-리가 만든 최초의 웹브라우저 WorldWideWeb은 텍스트 방식이었기
때문에 일반인이 사용하기에 어려워 대중화가 어려웠다.

다 해도 고장이 너무 잦았다. 인터넷의 일반인 접근은 원천부터 봉쇄되어 있는 듯 보였다.

1993년 1월 일리노이대학을 갓 졸업한 23세의 청년 마크 앤드리슨(Marc Andreessen)은 모자이크(Mosaic)라는 새로운 브라우저 프로그램을 발표했다. 이를 누구든지 인터넷을 통해 무료로 다운로드할 수 있게 공개했기 때문에 웹 이용자의 웹사이트는 급속히 확산되었다. 모자이크의 개발은 일반인들이 인터넷에 접근하는 계기가 되었다. 사용자 수가 100만 명에 이르렀고 1993년 한 해 동안 인터넷 이용자 수의 성장률이 무려 34만 2000퍼센트에 달했다. 사람들은 웹 상에 글을 올리기 시작했고 자료를 제공하는 등 서로 정보를 교환하기도 했다. 인터넷의 폭발이 일어나고 있었던 것이다.(Schwartz 1999, Kaplan 2000)

실리콘그래픽스의 회장이었던 짐 클라크(Jim Clark)는 1994년 3월 앤드리슨과 그의 동료들을 스카웃해 그들이 만들 새 제품과 그들의 회사에 넷스케이프라는 이름을 붙이고 새로운 브라우저 개발에 총력을 기울였고, 이는 내비게이터 프로그램의 개발로 나타났다. 1994년 웹브라우저 '넷스케이프 내비게이터'와 1995년 '야후'를 필두로 한 검색 엔진의 발명은 인터넷 대중화의 불을 지폈다. 마이크로소프트사도 1995년부터 새 버전의 인터넷 익스플로러 브라우저들을 잇달아 쏟아내기 시작했다. 이처럼 선점을 위한 '브라우저 전쟁'이 벌어진 이유는 "브라우저를 공급하는 업체가 소비자들의 주목을 끄는 데 결정적으로 유리한 위치를 차지할 수 있기 때문"이었다.(Schwartz 1999)

1995년 8월 9일 신경제의 탄생

1995년 8월 9일 넷스케이프의 기업 공개는 인터넷 투자의 열풍을 촉발시켰다. 벤처 자본가 존 도어(John Doerr)는 "넷스케이프의 기업 공개는 세계가 인터넷에 눈뜨라는 나팔 소리였다. 그때까지 인터넷은 일부 전문가와 컴퓨터광들만의 것이었다"고 말했다. 인터넷 분석가 메리 미커(Mary Meeker)는 그날이 "온라인 시대의 원년을 연 날"이라고 말했다. 이후의 인터넷 광풍(狂風)이 넷스케이프의 기업 공개에서 시작되었기 때문이다. 마이클 맨덜(Michael J. Mandel 2001)은 넷스케이프의 기업 공개일에 '신경제(New Economy)'가 태어났다고 주장할 수 있다면서 그 이유에 대해 다음과 같이 말한다.

"2년 전에는 존재하지도 않았던 회사가 세계에서 가장 거대하고 강력한 소프트웨어 회사인 마이크로소프트와 빌 게이츠(Bill Gates)에 도전하게 되었다는 것이 중요하다. …… 넷스케이프의 기업 공개는 신경제의 양식을 결정했다: 경쟁의 격화, 급속한 기술 변화, 그리고 낮은 인플레이션. …… 신경제는 이제 금융시장이 혁신을 지원하도록 명령을 내리고 있다. 이것은 엄청난 차이다."

넷스케이프가 기업 공개를 한 지 보름 만인 8월 26일 윈도우즈 95(Windows 95)가 출시돼 곧 전 세계 대다수 사람들이 사용하는 운영 체제가 되었다. 그때까지의 윈도우즈 버전과는 달리 내장된 인터넷 보조장치가 있어 브라우저뿐만 아니라 모든 PC의 응용 프로그램이 인터넷을 감지하고 인터넷과 상호 작용할 수 있었기 때문이다.(Friedman 2005)

이후 4년여 간 '인터넷'이나 'com'이라는 단어를 내비치기가 무섭

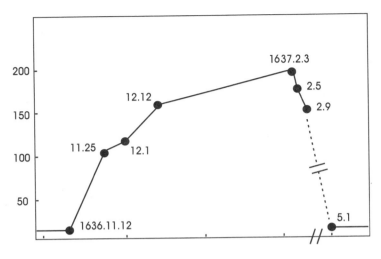

17세기 네덜란드의 튤립 파동은 사상 최초의 투기 열풍으로, 그림은 당시의 튤립 가격. 당시 구근 하나의 가격이 능숙한 장인이 1년 동안 버는 돈의 열 배를 넘었다. © JayHenry

튤립 파동을 빗댄 헨드릭 게리츠 포트의 우화. 꽃의 신 플로라가 여성, 환전상, 술꾼과 함께 수레에 올라탔고 그 뒤를 직조공들이 직조도구를 버리면서 따르고 있다.

게 주가가 하루아침에 수십 배 폭등하는 이상 현상이 발생했다. 투자 전문가 릭 베리는 "인터넷 주식의 광적인 매수에 비하면 17세기의 튤립 매수자들은 아무것도 아니다" 라고 말했다. 17세기 네덜란드에서 벌어진 튤립 열풍은 인류 역사상 손가락에 꼽히는 광기(狂氣)의 발산으로 간주돼왔다. 귀족과 상인은 말할 것도 없고 빈곤층까지 재산을 현금으로 바꾸어 튤립에 투자했지만, 2년여 만에 광풍이 가라앉으면서 주식은 휴지 조각이 돼버렸기 때문이다.(Perkins & Perkins 2000)

거품이 많이 끼기는 했지만 인터넷은 튤립과는 달랐다. 에번 슈워츠(Evan I. Schwartz 1999)는 월드와이드웹에서는 약 1분당 하나꼴로 새로운 사이트가 등장한다며 다음과 같이 말한다. "웹은 여러 면에서 실제 세계를 마치 거울처럼 되비춰주는 또 하나의 세계를 형성하지만, 다른 한편으로는 완전히 독창적인 특성들을 드러내기도 한다. 웹을 자주 들락거리다 보면 우리는 이 디지털 세계에서 하나의 완전히 새로운 경제체제가 형성되고 있음을 깨닫게 된다. 그리고 이 정보와 지식 시장이 어떻게 움직이는지에 대한 새로운 고찰 방법도 발견하게 된다. 이것을 웹경제학(Webonomics)이라고 부르기로 하자."

새로운 경제체제에는 새로운 행동방식이 필요하다고 생각했던 것일까. 닷컴 기업들은 점점 오만해졌다. 1999년과 2000년에 걸쳐 미국 최대의 광고주로 부상한 닷컴 기업들이 도대체 무슨 광고인지 알 길이 없는 정체불명의 이상한 광고를 해댄 이유 중 하나도 자신들만의 언어를 온 세상에 강요할 정도로 자신만만했던 그들의 오만 때문이었다.(D' Alessandro 2002)

주식 폭등세를 기록한 닷컴 기업 중에서도 가장 급등한 것은 검색 관련 분야, 즉 웹 항해(navigation) 사이트, 흔히 포털(portal=door)이라고 하는 분야였다. 포털 사이트가 사용자의 일차 정보를 모두 파악할 수 있다는 것 때문이었다. 언론사 등 주요 콘텐츠 업체들도 본격적인 포털 사이트로 나아갔다. 그래서 1999년 하반기부터는 기존의 포털 개념을 변형하거나 세분화한 보털(vortal; vertical portal), 호털(hortal; horizontal portal), 허브(hub) 개념의 사이트가 등장했다. 보털과 호털은 각기 산업적 차원에서 수직적으로, 또 사람 중심(예컨대 전문직이나 여성)으로 수평적으로 특화된 서비스를 제공하는 포털이고, 허브는 포털 사이트나 콘텐츠를 전문적으로 제공하는 업체들을 한 사이트에 모아 다양한 서비스를 제공하는 것이었다.(Bloor 2000, 김진호 1999)

'네트워크 사회'의 경제

'신경제'는 세계화와 신자유주의에 의해 구축된 경제를 가리키지만, 위에서 설명한 것처럼 기본적으로 기술적 변화에 무게를 두는 개념이며, 따라서 논자에 따라 각기 다양한 견해가 제시되어 있다. 스페인 출신의 미국 학자 마누엘 카스텔(Manuel Castells 2003)은 지금의 사회를 '네트워크 사회'라고 규정하며 네트워크 사회의 경제를 '신경제'로 파악한다. 네트워크 경제는 '신경제' 이외에도 정보경제, 디지털 경제, 지식기반 경제, '무게가 없는 경제' 등 다양한 용어로 불리고 있다. 신경제는 19세기에 발달한 산업자본주의 경제와는 본질적으로 다른 것인데, 홍성욱(2002)은 그 차이를 다음과 같이 설명한다.

"신경제는 정보적(informational)이다. 지식을 만들어내고 정보를 처리하는 능력이 기업의 생산성과 경쟁력을 결정한다. 이러한 의미에서 지금의 경제는 '정보적 생산양식'이다. 신경제는 전 지구적이다. 금융시장, 과학기술, 상품과 서비스의 국제교역, 생산과 그 보조 네트워크, 통신 미디어, 고숙련 노동력이 이제 전부 전 지구적 규모로 존재하게 되었다. 신경제는 네트워크화되어 있다. 신경제의 핵심에는 네트워크 기업이 존재한다. 큰 회사들은 내부 네트워크가 구성되어 있고, 작은 회사들은 이러한 네트워크에 연결되어 있다."

특히 네트워크를 따라 이동하는 금융자본의 규모는 놀랄 만하다. 국경을 넘나드는 거래의 97퍼센트가 순수한 금융거래다. 그래서 '미친 돈'이라는 말도 나오게 되었다. 투기용 '카지노 자본'이 실물경제와 유리된 것이다. 1995년 통계에 따르면, 뉴욕에서 3일간 거래되는 돈이 미국의 모든 기업의 1년 총생산과 동일하며, 1년간 국제 무역량은 2조 달러지만 세계 금융시장의 1일 거래량은 1조 달러에 이르는 것으로 나타났다. 바로 그런 이유 때문에 신경제의 가장 큰 특성은 경제 모델의 구축이 불가능하다는 것이다.

1980년대 초에서 1990년대 후반까지의 기간 동안, 미국의 국내총생산(GDP)에서 정보기술 설비에 대한 기업 지출이 차지하는 비중은 거의 3배나 증가했으며, 1990년대 중반에는 컴퓨터와 소프트웨어에 대한 투자가 모든 기업투자 증가분의 4분의 3을 차지했다. 요컨대 정보기술이 미국 경제성장의 원동력이 된 셈인데, 그래서 신경제는 정보통신 분야의 기술혁신을 통해 지속적으로 생산성을 증대시키는 경제라는 의미로도 받아들여졌다.

속도의 경제

특히 인터넷이 속도의 개념마저 바꿔놓고 있기 때문에 신경제를 가리켜 '속도의 경제'라고도 한다. 인터넷의 확산 자체가 '속도의 경제'를 웅변한다. 처음 발명되어 미국 시장의 25퍼센트에 침투하기까지 걸린 햇수는 가정 전기(1873년 발명)가 46년, 전화(1876년)가 35년, 라디오(1906년)가 22년, 개인용 컴퓨터(1975년)가 15년, 이동전화(1983년)가 13년인 데 비해 인터넷(1991년)은 7년이었다.

그런 '속도의 경제'에 발맞춰 '인터넷 시간(internet time)'이라는 개념이 등장했다. 원래 실리콘밸리에서 유행하기 시작한 '인터넷 시간'이란, 비즈니스를 빨리 하는 것뿐만 아니라 고객이 원하는 모든 시간 동안 비즈니스를 하는 것을 의미하기도 한다. 1년 365일 내내, 하루 24시간 내내 일하지 않는 기업은 도태된다는 것이다. '웹 이어(web year)'라는 말도 뒤따라 나왔는데, 웹 이어의 1년은 전통 산업의 36일에 해당된다. 인터넷 업계는 36일마다 새해가 된다는 의미다. 보통 첨단 업종은 3개월을 1년 단위로 간주해왔는데 인터넷은 더 빠르다는 것이다.

기업들은 앞다투어 통신 네트워크와 원거리 통신 인프라에 집중 투자하기 시작했다. 오마에 겐이치(2001)에 따르면, "미국 보험회사들이 미국과 더블린 간의 '시차'를 이용하여 보험금 지급청구 처리 서비스를 제공하기 위해 아일랜드에 전담 지사를 세우기 시작했다. 미국 보험회사들은 하루 일과가 끝나갈 무렵 당일 접수한 보험금 지급청구를 아일랜드 지사로 보냈다. 그러면 아일랜드에서는 미국이 잠든 사이에 처리 작업에 착수했다. 시차를 이용하여 서비스를 제공한다는 발상이 성공을 거두자 2500여 개의 미국 기업들이 더블린에 지사를 세워 회사 업무의 일부를 그곳에서 처리하게 되었다. 그로 인해 더블린에는 25만 개의 일자리가 창출되었다. 더블린 거주민의 14분의 1이 일할 수 있는 일자리가 생긴 것이다."

신경제는 전 세계를 대상으로 무한경쟁을 추구하기 때문에 필연적으로 '성장과 불평등' 을 수반하게 돼 있다. 성장과 불평등은 분리될 수 없는 것이다. 이와 관련, 장 보드리야르(Jean Baudrillard 1991)는 이렇게 말한 바 있다. "성장은 평등한 것인가 아니면 불평등한 것인가라는 잘못된 문제설정을 뒤집어서 성장 자체가 불평등에 의존하고 있다고 말해야 할 것이다. '불평등한' 사회질서, 즉 특권계급을 만들어내는 사회구조가 자신을 유지해야 할 필요성이 전략적인 요소로서 성장을 생산하고 재생산하는 것이다."

'성장과 불평등' 을 기본 축으로 삼고 있는 사회에서 생존경쟁은 무한경쟁으로 치닫는다. 자신의 마지막 땀 한 방울까지라도 짜내야만 생존하고 성공할 수 있기 때문이다. 로버트 라이시(Robert B. Reich 2001)는 다음과 같이 말했다.

"신경제에서의 최고 전문직을 수행하려면 거의 모든 것을 일에 바쳐야 한다. 전부 아니면 무의 세계, 빠른 길 아니면 느린 길일 뿐, 그 중간은 없다. 빠른 길에 계속 남길 원한다면 고객과 함께 밤늦게까지 일하면서 항상 대기해야 하고, 많은 사람을 만나 인맥을 다져야 하며, 끊임없이 소개되는 신기술과 보조를 맞추어야 한다. 그러나 아직도 많은 여성들이 가사에서 가장 큰 역할을 하고 있으며, 불행하게도 많은 남성들이 그것을 원하고 있다. 한 집에서 돈도 가장 많이 벌어오고 집 안일도 가장 많이 한다는 것은 거의 불가능에 가깝다."

신경제는 무슨 계획에 의해 도입된 것은 아니었다. 그 어떤 논란에도 불구하고 한 가지 분명한 사실은 지금 우리가 누리고 있는 생산성과 풍요의 수준과 정도를 어느 정도 양보하거나 그것에 대해 성찰할 뜻은 전혀 없으면서 각박한 삶에 대해 불평하는 것은 모순일 수 있다는 점이다. '신경제'에 대응해 미국인뿐만 아니라 한국인, 아니 전 세계인에게 요구되는 건 새로운 삶의 철학 또는 자세일 것이다.

20세기가 대두하면서 나타난 새로운 소비문화와 관련, "1910년경에 인간의 속성이 변했다"고 한 버지니아 울프(Virginia Woolf, 1882~1941)의 주장에 일리가 있다는 점을 인정한다면, 신경제의 대두와 더불어 인간의 속성이 또 한 번 변했다는 말이 가능할지도 모르겠다.

'신(新)러다이트'의 출현

모두 새로운 기술발전을 예찬한 것은 아니었다. 디지털 시대의 미래에 비관과 더불어 비판을 보내는 '신(新)러다이트(Neo-Luddite)'가 있었다. '신러다이트'는 '러다이트'의 후계자들이다. 러다이트는 18세기 영국에서 산업혁명이 가져올 실업의 위험에 반대해 기계파괴 운동을 주동한 러드(Ned Ludd)라는 사람에서 유래된 것으로 그러한 운동에 가담한 사람들 혹은 이념을 가리키는 말이다. 신러다이트는 컴퓨터, 인터넷 등 20세기의 신기술에 대해 비판적인 시각을 보여주는 사람들 혹은 이념을 가리킨다.

프랑스의 사회학자 도미니크 월턴은 인터넷에 구현된 것과 같은 지배적이고 기술적인 이데올로기를 거부하도록 지식인에게 촉구하기까지 했는데, 바로 이런 사람을 신러다이트로 볼 수 있다. 테러까지 일

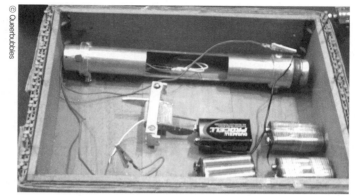

신러다이트의 대표적인 예인 유나바머의 몽타
주와 그가 소포로 보냈던 폭탄의 실물.

삼는 극단적인 신러다이트로는 '유나바머(Unabomer)'를 들 수 있을
것이다.

1993년 6월 예일대학 컴퓨터과학과 교수인 데이비드 거런터(David
Gelernter)는 연구실에서 우편물을 개봉하다가 우편물이 폭발하는 바
람에 오른손과 오른 눈의 시력을 거의 잃는 부상을 당했다. 그나마도
다행이었다. 폭발물이 장치된 우편물을 받았던 다른 세 사람은 모두
사망했기 때문이다.

거런터는 사고가 발생한 지 거의 2년이 지나서 유나바머에게 편지

를 받았는데, 그 편지는 거런터를 '테크노광'으로 비판했다. 그러나 그는 테크노광도 아니고 컴퓨터 예찬론자도 아니었다. 오히려 학교에 컴퓨터를 너무 빨리 도입하는 것을 반대한 인물이었다. 다만 '기계의 아름다움'을 예찬했고 진보를 믿었으니, 기계를 증오하고 진보와 성장에 반대하는 유나바머의 입장에서는 그게 테러를 가한 이유라면 이유였다.(Postrel 2000)

유나바머(Unabomber)는 대학(university)과 항공사(airline)에 폭탄(bomb)을 보내는 테러리스트라고 해서 미 연방수사국(FBI)이 붙인 이름이다. 18년간 모두 16차례의 우편물 폭탄 테러를 저질러 3명 사망에 23명을 부상시킨 유나바머는 1996년 4월 3일 체포되어 정체가 드러났는데, 그는 하버드 출신으로 버클리대학 종신교수 재직권까지 얻은 바 있는 테드 카진스키(Ted Kaczynski)라는 인물로 밝혀졌다.

유나바머는 상상하기조차 싫은 극단적인 인물이었지만, 그의 테러 행위가 시사하는 게 있다. 그것은 바로 디지털 시대의 미래가 아날로그 시대의 갈등에서 자유로울 수는 없으며 오히려 그 갈등이 증폭돼 나타날 수도 있다는 가능성에 대한 불길한 조짐이다. 1996년에 일어난 통신법 파동은 일부 사람들에게는 그런 가능성을 예시한 사건으로 여겨졌다.

참고문헌 Baylis & Smith 2003, Baudrillard 1991, Bloor 2000, Castells 2003, Cerf 2009, D' Alessandro 2002, Dyer-Witheford 2003, Friedman 2005, Gelernter 1999, Henwood 2004, Kaplan 2000, Mandel 2001, Perkins & Perkins 2000, Postrel 2000, Reich 2001, Schwartz 1999, Sennett 2002, Tabb 2001, Unabomber 2001, 김상현 2000, 김진호 1999, 문원택 외 1998, 박금자 2001, 손형국 2001, 오마에 겐이치 2001, 정상준 2002, 홍성욱 2002, 홍은주 2001

'커뮤니케이션 세계의 최대 사건'
통신법 파동

'커뮤니케이션 세계의 최대 사건'

1996년 2월 드디어 새 통신법(Telecommunication Act of 1996)이 모든 법적 요건을 통과해 세상에 그 모습을 드러냈다. 이 법은 정보사회를 맞이해 정보 관련 산업에 경쟁체제를 도입하고 정보산업을 활성화하여 더 많은 직업을 창출한다는 명분을 내세워 라디오와 텔레비전의 소유 규제 완화, 신문과 방송의 교차소유 부분 허용, 케이블 TV와 방송의 겸영 허용 등 미디어 산업의 소유 규제를 획기적으로 풀었다.

『월스트리트저널(Wall Street Journal)』은 이 법에 대해 "마르코니의 전신기 발명 이후 커뮤니케이션 세계의 최대 사건"이라고 평가했다. 그럴 만도 했다. 케빈 필립스(Kevin P. Phillips 2004)에 따르면, "1996년 연방정부가 원격통신 산업에 700억 달러 상당의 공공 주파수대역을 별다른 논의 없이 공여했을 때 일부 보수적 상원의원들조차도 그러한 조치가 100년 전 철도회사에 공공 부지를 멋대로 제공한 것과 다를 바

없다고 비난했다."

방송의 경우, 이 새로운 통신법에 따라 스테이션 소유 한도가 대폭 늘어났다. 한 회사의 방송사 소유 한도가 전 인구의 25퍼센트 수신 범위와 12개 스테이션을 넘지 않도록 하던 규제가 풀려 35퍼센트의 커버리지를 초과하지 않는 한 무제한 소유할 수 있게 된 것이다. 21세기 텔레비전의 사장 릭 제이콥슨(Rick Jacopson)은 "방송 사업은 그전 20년보다도 지난 3년 사이에 더 많이 변했다"고 평했다. 그러나 그 변화는 자연스러운 것은 아니었다. 미디어 학자 로버트 맥체스니(Robert W. McChesney)는 새 통신법을 다음과 같이 비판했다.

"1996년에 제정된 통신법을 둘러싼 논쟁은 하나의 '연극'이었다. 실제로 이 법안의 일부는 그것으로 인해 영향을 받을 통신회사들의 로비스트들에 의해 작성되었다. 당시 '논쟁'은 공중파 방송국, 장거리 전화회사, 지역 전화회사 또는 유선 방송국이 규제 철폐로 이익을 얻을 것인지 그렇지 못할 것인지에 국한되었다."

또 헬레나 노르베리-호지(Helena Norberg-Hodge 2000)의 평가에 따르면, "최근 미국 의회에서 통과된 법령은 통신 산업에 대한 모든 규제를 사실상 철폐하고 통신 인프라가 앞으로 나아갈 방향을 공익이 아니라 시장이 결정하도록 허락함으로써 기업들의 승리를 확인시켜주었다. …… 민간 기업이 아니라 공공이 전파를 통제해야 하는 것이 아닌가 하는 문제는 고려의 대상도 되지 못했다. 이 새로운 법이 가져온 결과의 하나는 미디어 사업체들에게 방송 주파수역을 추가로 건네준 것이다. 이 같은 양도의 값어치는 110억 달러에서 700억 달러에 달하는 것으로 추산된다."

뉴욕에 있는 뉴스 코퍼레이션 본사 건물. 이 그룹은 Fox TV, STAR TV, 20세기폭스 영화사, 스카이 TV, 하퍼콜린스 사, 『더 선』, 『타임스』, 『선데이 타임스』, 『월스트리트저널』 등 수많은 미디어 회사를 소유하고 있다.

Fox TV와 CBS

새 통신법 통과로 신이 난건 '식인 상어' 라는 별명을 갖고 있는 호주의 루퍼트 머독(Rupert Murdoch)과 같은 인수 · 합병의 대가들이었다. 1996년 7월 머독의 뉴스 코퍼레이션 그룹은 미국의 텔레비전 그룹 뉴월드 커뮤니케이션을 25억 달러에 매입했다. 1985년 20세기폭스 영화사를 매수하면서 미국 공략을 본격화한 뉴스 코퍼레이션의 1995년 매출액은 90억 달러였는데, 이 가운데 미국 내 사업이 70퍼센트를 차지했다. 미국에서 A스카이B, 일본에서 J스카이B를 추진해 기존의 B스카이B(영국), STAR TV(홍콩)와 함께 세계 위성방송망 장악을 시도해온 머독으로서는 새 통신법이 큰 축복이었을 게 틀림없다. 1996년 8월 NBC도 빌 게이츠의 마이크로소프트사와 제휴해 MS-NBC라는 24시간 뉴스채널을 만들었다. MS-NBC는 기존 공중파는 물론 인터넷을 통해 전 세계에 동영상과 정지 화상, 문자, 그래픽 등으로 뉴스를 전달했다.

머독이 호주 출신으로 미국식 자본주의의 탐욕을 한껏 부리면서 미국 방송계에 일대 지각 변동을 주도하는 데 큰 역할을 했다는 것은 흥미로운 일이 아닐 수 없다. 머독의 Fox TV는 특히 CBS에 큰 타격을 입혔는데, CBS는 1994년부터 1995년까지 두 시즌 동안 33퍼센트의 젊은 층 시청자들을 잃어 Fox의 아래로 처지는 굴욕을 감수해야만 했다. CBS는 프라임타임 광고 요금에 있어 1996년 여름 1시간당 5460만 달러를 받았는데, 이에 비해 Fox는 6330만 달러, NBC는 9090만 달러를 받은 것이다. 30초로 환산할 경우 네트워크 텔레비전의 주시청시간대 광고요금은 25만 달러 선이었는데, 1995년 수퍼볼 때에는 100만 달러까지 나갔다.(Emery & Emery 1996)

그간 CBS는 젊은층을 공략하는 전략을 써왔지만 문제는 젊은 층이 50세 이상의 노년층보다 텔레비전을 적게 본다는 것이었다. CBS가 역사와 전통을 자랑하는 네트워크로서 독자 노선을 걷지 않고 너무 Fox를 의식했던 게 문제였을까? 이와 관련, 『유에스 뉴스 앤 월드 리포트 (U. S. News and World Report)』 1996년 2월 19일자는 다음과 같이 보도했다.

"얼마 전, 〈CBS 이브닝 뉴스(CBS Evening News)〉는 주요 네트워크들이 광고주가 선호하는 젊은 층 시청자를 붙잡기 위해 어떻게 노년 시청자들을 저버리고 있는가에 대해 보도한 적이 있었다. …… 하지만 CBS 뉴스는 자신들만큼 노년 시청자들을 멀어지게 한 네트워크도 없다는 사실에 대해서는 언급이 없었다. 기본적으로 우리는 '35세 이상이면 포기'라는 말로 우리의 핵심 시청자층을 이야기했다고 CBS 엔터테인먼트의 사장 레슬리 문베스(Leslie Moonves)는 말한다. 그들은 이를 실행했다. 그리고 지난 가을 이래로 자신들의 프라임타임 시청자 가운데 16퍼센트를 잃었으며, 현재 시청률 3위로 전락해 있다. …… 문베스는 이제, 보다 전통적인 편성으로 복귀함으로써 시청자와 광고주들을 끌어모을 수 있기를 기대하고 있다." (MBC 1996b)

그러나 CBS가 아무리 발버둥을 쳐도 Fox보다 뻔뻔해지지 않는 한 예전의 영광을 되찾는 것은 어려운 일이었다. 물론 나중에 Fox를 뺨치는 뻔뻔한 전략으로 정상을 잠시 탈환하기도 하지만 말이다. 『TV 가이드(TV Guide)』 1996년 7월 19일자는 폭력과 섹스로 덮여가는 가족 시간대 프로그램의 문제를 지적했는데, 이는 Fox가 성인용 프로그램을 8시간대에 편성해 인기를 끈 것과 무관하지 않았다. Fox는 여론의 비판에 몰려 9시대로 옮겼지만 일단 금기를 깼다는 점에서 다른 네트워크들에게 모범(?)을 보였던 것이다. 그러나 Fox보다는 텔레비전 시청 행태의 변화가 가장 큰 이유인 것으로 지적되었다. 20년 전만 해도 한 가구당 한 세트의 텔레비전이 있었으나 이젠 73퍼센트의 가구에 2대에서 4대의 수상기가 있어 각자 따로따로 시청하는 것이 그런 문제를 낳게 한 가장 큰 이유라는 것이다. (MBC 1996c)

세계에 무식한 미국인

말초신경을 자극하는 오락에만 빠져 지내는 사람들이 세상 돌아가는 일에 신경을 쓰리라 기대하기는 어려운 일이었다. 『TV 가이드』 1996년 8월 3일자는 이와 같은 문제를 지적했다. 1994년 타임스 미러(Times Mirror) 센터가 실시한 조사에 따르면, 미국, 독일, 프랑스, 이탈리아, 스페인, 영국, 캐나다, 멕시코 등 8개국 사람들에게 외국에서 일어나는 사건과 외국 지도자에 관한 다섯 가지 기초적인 질문, 예컨대, "현재의 러시아 대통령은 누구인가?"라는 종류의 질문을 던졌더니 미국인의 3분의 1이 모든 문항에 틀린 답을 했고 6퍼센트만이 다섯 문항 모두에 맞는 답을 했다는 것이다.

물론 여기에는 텔레비전 뉴스의 책임도 있었다. 미국인 대부분이 텔레비전에서 뉴스를 얻고 있었는데, 1989년 3대 네트워크에서 해외 특파원들이 보도한 기사의 총 분량은 4032분이었으나 1995년에는 1991분으로 줄었다. 1980년대 중반 오너십의 변동에 이어 네트워크 3사가 공통적으로 단행한 뉴스 부문 예산의 대폭 삭감으로 인해 해외 지사 수가 급격히 감소한 것도 뉴스의 부실을 낳았다. CBS의 경우 전성기에는 20개의 해외지사를 보유했으나 1996년 모스크바, 텔아비브, 도쿄, 런던의 4개만 열고 있었으며, ABC는 이 네 곳 이외에 북경, 홍콩, 파리, 로마까지 7곳의 뉴스 지국을 갖고 있었고, NBC는 멕시코시티와 프랑크푸르트에도 지사를 갖고 있다는 점을 자랑스럽게 생각했으니 더 말해 무엇하랴. 그러나 앵커들의 연봉은 계속 치솟아 1994년 다이앤 소여(Diane Sawyer)는 ABC와 연봉 600만 달러 계약을 체결했고 1993년에는 피터 제닝스(Peter Jennings, 1938~2005)가 700만 달러, 바버라 월터스(Barbara Walters)가 1000만 달러 계약을 체결했다.

다만 CNN은 네트워크 3사의 지국을 합친 것보다 더 완벽한 20개의 해외지국을 운영하고 있었으며, 지사가 설치된 도시 가운데는 암만, 브뤼셀, 방콕, 베를린, 카이로, 예루살렘, 요하네스버그, 나이로비, 산티아고, 자카르타, 뉴델리, 서울, 리우데자네이루 등이 포함돼 있었다.

미국의 대표적인 앵커 다이앤 소여, 바버라 월터스,
피터 제닝스(왼쪽 위부터 시계 방향).

문제는 현실적으로 해외 뉴스가 미국인들의 텔레비전 뉴스 기사 선호
도에서 중요치 않다는 점이었다. 소련 공산주의 붕괴와 걸프전 종식
이후 외부 세계로부터의 위협에 대한 염려가 줄고 그 대신 취업, 인플
레이션, 경제, 범죄 등과 같은 국내 문제에 더 큰 관심을 보였다는 것
이다.(MBC 1996d)

1996년 8월 연방통신위원회(FCC)는 어린이 프로그램의 '주당 3시간 방송 의무화'를 확정했다. 이는 클린턴 행정부가 텔레비전 내용 규제 부문에서 거둔 두 번째 승리였다. 1996년 초 하원은 미국에서 판매되는 모든 수상기에 브이 칩(V-chip)을 내장하도록 하는 법안을 통과시켰는데, 이는 부모들이 폭력물 혹은 섹스물을 원천적으로 차단할 수 있게 하고 또 텔레비전 업계도 자발적으로 내용 등급 시스템을 만들어 프로그램에 표기하도록 만든 것이었다. 이것이 바로 첫 번째 승리였는데, 빌 클린턴(Bill Clinton) 대통령은 브이 칩과 어린이 TV법 모두를 '가정의 가치'가 승리를 거둔 것으로 평가했다. 물론 1996년 대선을 염두에 둔 자화자찬이었다.(KBS 1996)

1996년 10월 9일 머독 소유의 네트워크 폭스는 24시간 전용 뉴스 채널 폭스 뉴스채널(FNC; Fox News Channel)을 출범시켰다. 이 채널은 곧 극우 정치 성향을 드러내면서 반 민주당, 반 클린턴 성향을 강하게 드러내지만, 당시 가장 인기가 있는 것은 스포츠뉴스였다. 1996년 11월 1일 ESPNews와 폭스 스포츠 넷(FSN; Fox Sports Net)이 첫 전파를 발사한 것도 그런 시장 상황에 부응한 것이었다. 이들 방송은 모두 3000시간에 달하는 1200개의 프로 또는 대학 게임들을 뉴스로 생중계할 것과 게임 장면에서만 볼 수 있었던 선수들과의 인터뷰를 사이사이에 내보낼 것을 약속했다. 12월 12일에는 100명이 넘는 『스포츠 일러스트레이티드(Sports Illustrated)』 필진과 기자 그리고 600개에 이르는 CNN의 국내외 가맹사를 자원으로 활용할 스포츠뉴스 전문 채널 CNNSI가 CNN과 『스포츠 일러스트레이티드』 양사에 의해 개국되었다.(KBS 1996a, MBC 1996e)

1996년 기준으로 미국의 10대 미디어 기업은 ①타임워너(연간 매출액 209억 달러): CNN, 워너브러더스, 『타임(Time)』(1996년 합병) ②월트 디즈니(187억): ABC-TV, 브에나 비스타 영화사, ESPN(1995년 7월 ABC 합병) ③뉴스 코퍼레이션(143억): 20세기폭스, 『TV 가이드』, 폭스 스포츠(루퍼트 머독 소유) ④비아콤(121억): 파라마운트, MTV(1999년 9월 CBS 인수) ⑤TCI(80억): 리버티 미디어, 디스커버리(미국 1위의 케이블 방송사 보유) ⑥소니(79억): 컬럼비아 영화사, 일본의 소니뮤직 ⑦제너럴일렉트릭(52억): NBC-TV ⑧CBS(52억): CBS-TV ⑨가넷(44억): 『USA 투데이(USA Today)』 ⑩제너럴모터스(41억): 디렉 TV(미·일·남미에서의 위성방송 사업) 등이었다.

통신법이 전제한 '큰 것이 아름답다'는 원리는 할리우드 영화에도 그대로 나타났다. 앞서(13권 4장) 보았듯이, 월트디즈니사의 사장 제프리 카첸버그(Jeffrey Katzenberg)는 '대형영화 제일주의(blockbuster mentality)'가 영화산업을 망치고 있다고 경고했지만, 블록버스터 신화에 사로잡힌 영화사들은 이 경고를 외면했다. 1996년 여름 사상 최초로 전 세계 흥행 수입 10억 달러 선을 돌파한 초대형 블록버스터 〈인디펜던스 데이(Independence Day)〉(1996년, 감독 롤랜드 에머리히)의 성공 때문에 대형영화 제일주의는 1997년 여름 정점에 이르렀다. 전국적으로 개봉된 35편의 영화 중 최소한 10편이 1억 달러 이상의 제작비를 썼지만, 대부분 실패했거나 기대에 못 미쳤다.(Bart 2001)

소수민족 우대정책 논란

인종 문제마저 '큰 것이 아름답다'는 원리에서 자유로울 수 없었던 걸까? 지난 30년간 시행돼온 소수민족 우대정책(Affirmative Action)이 캘리포니아 주를 비롯한 미 전역에서 뜨거운 쟁점으로 등장하기 시작했다. 1996년 3월 6일, 소수민족 우대조치를 철폐하기 위한 법안이 하원 법사위원회에서 통과되었다. 이 법안을 발의한 플로리다 주의 공화당 소속 찰스 캐나디(Charles T. Canady) 하원의원은 "소수민족 우대조치는 아주 좋은 목적으로 도입됐지만 현재는 미국사회의 '발칸화(balkanization; 극심한 내부분열 경향)'를 촉진하는 부작용이 나타나고 있고, 철폐돼야 한다"고 주장했다.(세계일보 1996)

1996년 4월 29일, 연방 상원 법사위원회는 캘리포니아 주가 1996년 11월에 주민투표를 실시할 '캘리포니아 공민권 시민 발의안'에 대한 청문회를 열었다. 이 발의안은 주정부 공무원직 고용, 주정부가 실시하는 공공사업을 위한 계약 입찰, 주립대학 입학 등 각 분야에서 소수민족을 상대로 실시돼온 우대정책을 대부분 철폐하는 내용이었다. 이 청문회에서 백인인 피트 윌슨(Pete Wilson) 주지사와 흑인인 워드 커넬리 주립대학 총장은 발의안을 강력히 지지하는 입장을 표명했다. 커넬리 총장은 "대학 입학과 관련된 우대정책의 문제점을 보면 일부 흑인 부유층 자녀들이라도 오직 '흑인'이라는 이유 때문에 입학시험에 점수가 가산되고 입학이 허용될 경우가 있다"고 지적하고 "소수민족 우대정책이 이와 같은 역효과를 나타내는 경우가 많다"고 말했다. 사법위원회의 공화당 의원들은 이 같은 캘리포니아 주의 움직임에 지지를 표명한 반면, 민주당 의원들은 "우대조치는 일부 수정할 필요는 있을 수 있으나 철폐해서는 안 된다"는 입장을 강조했다.(세계일보 1996a)

1996년 6월 28일, 연방대법원은 소수민족에 로스쿨(법과대학) 입학

우선권을 주는 제도를 위헌으로 판시한 법원의 판결에 불복해 텍사스 주정부가 제기한 항고를 기각했다. 이에 대해 법무부 관계자는 대법원의 이 같은 결정이 루이지애나, 텍사스, 미시시피 주 등에 소재하는 240개의 종합 및 전문대학의 소수민족 특혜입학제도를 폐지하는 결과를 낳을 것이라고 우려했다. 반면 "높은 입학점수를 받았지만 백인이라는 이유로 낙방처리됐다" 며 소송을 제기한 백인 학생 2명의 변호를 맡은 시어도어 올슨(Theodore Olsen) 변호사는 "실력을 갖춘 백인 학생의 입학기회가 소수민족으로 인해 박탈당하는 일은 조만간 사라질 것" 이라고 전망했다. 그는 대법원의 결정이 흑인 등 소수민족의 기회를 부당하게 빼앗는 것이 아니냐는 질문에 "백인 학생이 피부 색깔이 흰색이기 때문에 교육기회를 잃게 된다면 이야말로 인종차별" 이라고 답했다.(세계일보 1996b)

1996년 11월 5일 캘리포니아 주민들은 주민투표에서 소수민족과 여성에게 공공기관 취업이나 입학, 승진 등의 혜택을 주었던 기존 우대정책의 폐지를 요구하는 '주민발의안 209' 를 찬성 54퍼센트, 반대 46퍼센트로 지지했다. 캘리포니아 주를 비롯한 미 전역에서는 이 발의안 통과에 대한 반대시위와 지지성명이 잇따랐다. 캘리포니아 주립대 학생 1000여 명은 가두 반대시위를 벌인 반면, 워싱턴의 비영리단체인 '무소속 여성포럼' 은 지지성명을 내고 소수계 우대정책의 폐지를 거듭 촉구했다.(유혜주 1996)

1997년 2월 18일, 연방대법원은 시 예산의 일정 비율을 소수계 및 여성 소유의 사업체 지원에 사용하도록 규정한 기존 법규를 존속시켜 달라는 필라델피아 시의 청원을 기각, 위헌판결을 내림으로써 소수계 우대정책의 법적 근거를 박탈했다. 대법원의 이 같은 조치는 시 공공부문 예산 중 4분의 1을 소수계 및 여성 소유사업체에 사용하도록 지정한 법규가 위헌이라고 주장한 필라델피아 시 백인 건설업자 협회가 1989년 시를 상대로 이를 철회하라는 소송을 낸 데 맞서 시 당국이 낸 청원에 대한 것으로 대법원은 앞서 오하이오 주 콜럼버스 및 마이애미의 유사한 법규에 대해서도 같은 판결을 내렸다.(세계일보 1997)

1997년 8월 21일, 일부 민권단체의 재심청구로 그간 발효가 지연돼 왔던 캘리포니아 주민발의안 209호가 연방고등법원에서 합헌으로 확정됨에 따라 곧 시행에 들어가게 됐다. 이에 캘리포니아의 윌슨 주지사는 "이는 인종과 민족, 성을 근거로 한 차별의 종식을 의미하는 것이며 지난 1960년대에 시작된 민권운동의 정당성을 입증하는 것"이라고 찬양하고, 이제 남은 일은 주민발의안 209호에 역행하는 모든 주법을 폐지하는 것이라고 선언했다. 그는 "앞으로 직장과 직위를 얻고 대학에 입학한 소수계 주민들이 공연히 죄책감을 느낄 필요가 없게 됐다"고 강조했다.(문화일보 1997)

세계화와 신경제의 소용돌이 속에서 다시 뜨거운 찬미의 대상이 된 경쟁 논리의 관철이 그런 식으로 옹호될 수 있다는 게 흥미롭다. 그런 논리대로 하자면, 모든 복지 정책은 빈곤계층에게 공연한 죄책감을 강요하는 나쁜 정책이라는 말이 아닌가. 1996년 대선은 이런 경쟁 논리의 시험대로 등장하지만, 대세는 이미 경쟁 예찬으로 흐르고 있었다.

참고문헌 Bart 2001, Emery & Emery 1996, KBS 1996 · 1996a, MBC 1996 · 1996a · 1996b · 1996c · 1996d · 1996e, Norberg-Hodge 2000, Phillips 2004, 김대호 · 정용준 1998, 문화일보 1997, 세계일보 1996 · 1996a · 1996b · 1997, 유혜주 1996, 정태철 1999

제2장

문명 충돌과 문화 충돌

1996년 대선
빌 클린턴의 재선

콜린 파월과 패트릭 부캐넌

1996년 대선에서 빌 클린턴 대통령과 맞설 유력 공화당 후보로 걸프 전쟁의 흑인 영웅 콜린 파월(Colin Powell)이 거론되었다. 그는 이미 1992년 대선 당시 민주당 빌 클린턴 후보의 러닝메이트가 되어달라고 요청 받은 바 있지만, 거절했다. 선거가 끝난 뒤 대통령이 된 클린턴이 파월에게 국무장관직을 맡아달라고 두 번이나 교섭했지만 이 또한 허사로 돌아갔다.

1995년 파월은 유력한 공화당 후보로 떠올랐다. 그가 공화당 후보로 나와 민주당인 클린턴과 대결할 경우의 여론조사 결과는 54대 39로 조사됐다. 그래서 공화당은 파월을 끌어들이기 위해 애를 썼지만, 그는 11월 8일 기자회견에서 "이미 정치적 열정이 이미 식었고, 마지막 결정에서 가족에 대한 염려가 최우선적이었다"고 거절의 뜻을 분명히 했다.

미국 역사상 대선에서 수차례 러닝메이트로 언급될 정도로 강력한 경쟁력을 갖춘 흑인 거물 콜린 파월. 그러나 그는 민주·공화 양당의 끈질긴 구애를 모두 뿌리쳤다. ⓒ World Economic Forum

　이를 두고 한편에서는 파월이 정계를 스스로 물러난 것이 아니라 당선 가능성이 없다는 판단 때문이었다는 분석이 제시되기도 했다. 당시 공화당 우파의 입장을 대변한 패트릭 부캐넌(Patrick Buchanan)은 "낙태, 사회적 약자보호법, 사회보장제도 등에 대한 진보적 입장을 볼 때 콜린은 도저히 공화당 보수혁명의 깃발 아래 설 수 없는 인물이다"라고 말해 콜린의 정치적 입장이 공화당과 다르다는 견해를 내비치기도 했다.

　1996년 2월, 공화당 후보를 선출하기 위한 지명전은 상원 원내총무 밥 돌, 정치평론가 패트릭 부캐넌, 전(前) 테네시 주지사 라마르 알렉산더(Lamar Alexander) 간 3파전으로 좁혀졌다. 리처드 닉슨(Richard Nixon, 1913~1994)의 유명한 명제, 즉 '예비선거에서는 우경화 노선을 취하고,

본선에서는 중도 노선을 취해야 승리한다'는 테제가 잠시나마 그 어느 때보다 더욱 드라마틱하게 빛을 발한 선거였다.(이철희 2002)

2월 20일 뉴햄프셔 예비선거에서 부캐넌이 선두주자 밥 돌을 누른 일대 이변이 일어났다. 매카시즘의 주인공 조지프 매카시(Joseph McCarthy, 1908~1957)에게 존경심을 품고 있는 부캐넌은 보수 정당 공화당 내에서 비주류 보수 이단론자로 통했다. 선거 슬로건으로 '미국 제일주의(America First)'를 표방한 그는 미국 정치의 이념적 스펙트럼 상에서 극우를 지향하며 보호무역주의와 신고립주의를 소리 높이 외쳤다. 한때 CNN의 인기좌담 프로 〈크로스파이어(Crossfire)〉의 사회자로도 활약한 바 있는 그는 유세 도중에 공화당의 전통적 지지기반인 대기업과 미국 경제의 심장부 뉴욕의 월스트리트까지 공격 대상으로 삼아 파문을 불러일으켰다.

부캐넌은 낙태의 전면 불법화를 주장하고 있는 보수적 가치관의 소유자로 미국이 세계무역기구와 북미자유무역협정(NAFTA; The North American Free Trade Agreement)에서 탈퇴해야만 미국 근로자의 일자리와 기본임금을 지킬 수 있다고 주장하는 정치·경제적 민족주의론자였다. 또한 향후 5년 동안 합법적 이민을 포함, 모든 이민을 금지하는 동시에 일본 상품과 중국 상품에 각각 10퍼센트와 20퍼센트의 관세를 적용해야 한다는 일방적 주장도 펼쳤다. 자유무역을 이념적 지주의 하나로 삼아온 전통적 공화당 노선에 명백히 등을 돌린 것이다. 그는 뉴햄프셔 유세를 통해 공화당을 '근로자의 당'으로 만들겠다고 호언장담, 미국 내 '최후의 좌파'라는 말까지 들었다.(신상인 1996)

그러나 부캐넌은 사우스캐롤라이나 예선에서 치명타를 맞았고 '주니어 슈퍼 화요일' 예선을 통해 재기불능 상태에 빠지고 말았다. 몰락은 강력한 지지기반이던 기독교 보수층이 그에게 등을 돌리면서 시작됐다. 기독교 보수파들은 그의 확고한 낙태반대 공약에도 불구하고 대이스라엘 원조 중단, 소수민족 우대정책 폐지, 보호무역주의 등 그의 공약이 지나치게 과격하다는 사실을 깨닫기 시작했다.

대부분의 기독교 신자는 친이스라엘 성향인 데 반해 부캐넌은 유대인과 유대국가에 대해 부정적인 태도를 보였다. 흑인, 히스패닉, 아시아계 등 소수민족에 대한 인종차별적인 발언도 기독교 보수층의 정서와는 어긋났다. 770만 조지아 주 주민 중 과반수가 침례교 신자인데 이들은 3월 5일 선거에서 부캐넌에 대한 지지를 거두어들인 것으로 나타났다. 하지만 그의 추락과는 관계없이 그에 대한 근로자 계층의 열광적인 지지를 간과해서는 안 된다는 자성론이 공화당 내에서 강력하게 대두되었다. 따라서 감원 선풍과 실질임금 하락 등 미래에 대한 불안감을 떨치지 못하고 있는 대중의 불만을 대변하고 있는 부캐넌의 '미국 제일주의'는 그의 후보 지명 여부와는 별개로 공화당의 정책수립 과정에 커다란 영향을 미칠 것으로 분석되었다.(이상석 1996a)

'레이건에 대한 추억'

1996년 3월, 공화당 밥 돌 후보와의 지지율 격차가 두 자릿수로 벌어지면서 클린턴의 재선은 사실상 확정된 듯 보였지만, 민주·공화 양당은 1996년 5월부터 서로 상대 당의 대통령후보를 '자격미달자'로 매도하는 신랄한 텔레비전 비방 광고를 시작해 대선전을 때 이르게 가열시켰다. 5월 25일 민주당은 선거운동에 전념하기 위해 의원직 포

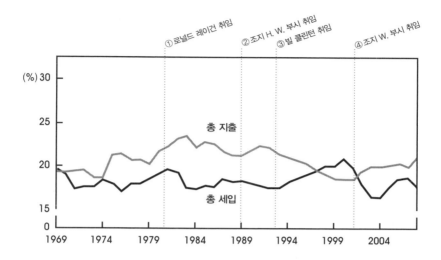

① 로널드 레이건 취임 ② 조지 H. W. 부시 취임 ③ 빌 클린턴 취임 ④ 조지 W. 부시 취임

(%) 30

25

총 지출

20

총 세입

15

0

1969   1974   1979   1984   1989   1994   1999   2004

미국 정부 총 세입과 총 지출의 변화 그래프. 정부지출 감소, 소득세 대폭 감면, 규제 철폐, 안정적인 금융공급 등이 특징인 1980년대의 레이거노믹스는 보수 중산층에게 인기가 있어 그 후 공화당 정권의 정책이 되었다. 레이건 취임(①) 후 소득세 대폭 감면으로 세입이 줄어들고 조지 H. W. 부시 정권(②)에서도 그 추세가 유지된다. 민주당 빌 클린턴 취임(③) 이후 세입이 증가로 돌아섰다가 다시 공화당의 조지 W. 부시 정권(④)에서 다시 줄어드는 흐름을 볼 수 있다.

기를 발표한 밥 돌 공화당 상원 원내총무를 '중도포기자'로 비난하는 내용의 광고를 내보내기 시작했다. 한편 공화당은 클린턴 대통령의 징집기피 및 여성 편력을 부각시킨 광고를 제작해 현충일인 5월 27일부터 방영했다.(이상석 1996)

1996년 8월 12일 미국 샌디에이고 컨벤션센터에서 개막된 공화당 전당대회의 주요 테마는 '레이건에 대한 추억'이었다. 연단 오른쪽에 설치된 대형 스크린에는 전성기의 로널드 레이건(Ronald Reagan, 1911~2004) 대통령이 활짝 웃고 있었다. 레이건과 부인 낸시 레이건(Nancy Reagan) 여사의 다정한 모습을 보면서 대의원들은 감격했고 더러는 울었다. ABC 방송은 이날의 대회를 "가장 감성적인 대회였다"

고 평했다. 무엇이 대의원들을 눈물짓게 했을까. 알츠하이머병(치매)에 걸려 대회장에 나오지 못하고 멀티비전 스크린을 통해 축하인사를 대신한 공화당 출신 전직 대통령에 대한 연민의 정이었을까. 대의원들은 통치 당시의 부정적인 측면은 모두 잊은 듯 1980년대의 레이건 시대에 대한 강한 향수에 빠져 있었다. 힘을 통해 구소련 제국의 붕괴를 결정적으로 앞당겼고 레이거노믹스로 불리는 세금삭감 정책을 통해 보수 중산층의 삶에 활력을 주려 했던 그에게서 대의원들은 오늘의 공화당 정책의 당위성을 인정받고 싶어 하는 것처럼 보였다. 대선 후보 내정자인 밥 돌이 애써 그의 후계자임을 강조한 것도 바로 그런 분위기 때문이었다.(이재호 1996)

1996년 10월 클린턴 진영은 대선 텔레비전 광고에 1981년 당시 레이건 대통령의 암살미수 사건을 자료 화면으로 삽입했다. 당시 현장에 있다가 총에 맞아 상반신이 불구가 된 레이건의 공보비서 제임스 브래디(James Brady)에게 고증까지 받은 이 광고는 클린턴이 총기규제에 앞장서온 강력한 지도자라는 인상을 주기 위해 만든 것이었다. 광고에는 브래디가 휠체어에 탄 채 "클린턴 대통령의 훌륭한 인품을 존경한다"고 말하는 모습과 함께 저격 장면이 있었다. 브래디와 그의 아내 사라(Sarah Brady)는 클린턴 대통령의 총기사용규제 정책에 영향을 미친 것으로 알려졌다. 그러나 광고는 본의 아니게 당사자인 레이건 부부의 아픈 상처를 되살려주는 결과가 되고 말았다. 잠을 자다가도 그때만 생각하면 소름이 끼친다는 낸시가 곧바로 펜을 들어 클린턴에게 항의 편지를 썼다. "당신들은 최소한의 정치 도의도 없느냐. 그 광고를 즉각 중단하고 대통령은 사과하라." 이에 클린턴은 10월 23일 낸

시에게 사과 편지를 썼다.(이재호 1996a)

'클린턴 미스터리'

1996년 11월 5일에 치러진 선거에서 클린턴은 51퍼센트(밥 돌 41퍼센트, 로스 페로 8퍼센트)의 득표율로 승리를 거두었다. 클린턴은 민주당 대통령으로는 1944년 프랭클린 루스벨트(Franklin D. Roosevelt, 1822~1945) 이후 처음 재선에 성공한 기록을 남기게 됐다. 1994년 중간선거 참패와 더불어 재임 4년간 각종 스캔들로 얼룩졌음에도 재선에 성공해 '클린턴 미스터리'라는 말까지 나왔지만, 이 기현상의 일등공신은 바로 안정세를 회복한 경제였다.

클린턴의 재임 4년 만에 미국에는 모두 1100만 개의 일자리가 새로 생겨 실업률이 7.4퍼센트에서 5.1퍼센트로 줄어들었고, 재정적자는 1992년 2900억 달러에서 1996년 1160억 달러로 대폭 줄었다. 일자리, 세금, 인플레, 외교문제 등 현직 대통령을 괴롭힐 수 있는 이슈들이 모두 파괴력을 잃고 잠복했다. 그 대신 마약, 범죄, 자녀교육, 보건문제 등 그가 비교적 공을 많이 들인 소소한 이슈들이 유권자들의 관심사가 됐다. 유권자들은 비록 인기는 없지만 살기는 괜찮게 해준 클린턴 대통령의 손을 다시 들어준 것이다.(이기동 1996)

또한 균형예산 편성을 둘러싼 두 차례의 정부 폐쇄 사태를 통해 클린턴은 국민 복지를 중시하는 중도파 정치인으로 부각된 반면 정부 폐쇄를 강요한 공화당 의회 세력은 잔혹한 과격파로 낙인찍혔다. 정부 폐쇄 사태를 통한 클린턴의 '중도노선 선점'은 1994년 중간선거 승리로 기세가 올랐던 공화당의 보수혁명을 잠재우는 결정적 계기가 됐다. 클린턴은 의회 내의 진보적 민주당 세력과 보수적 공화당 세력 간에 중도노선을 철저히 지켜왔다. 특히 지난 7월 말, 공화당이 주도한 복지개혁 법안을 받아들임으로써 이번 대선의 최대 쟁점을 사전에 제거해버렸다.(박인규 1996)

클린턴은 복지 예산 삭감뿐만 아니라 세금 감면, 불법 이민 억제 등 보수적인 공약을 내세워 승리했다. 공화당이 "공화당의 구호를 훔쳐갔다"고 펄펄 뛴 거나 민주당 좌파가 "민주당이 여피의 정당으로 전락했다"고 분노한 것도 무리는 아니었다. 1996년 대선에 진보 진영 후보로 출마한 랠프 네이더(Ralph Nader)는 클린턴을 '렙뎀(Rep-Dem)', 즉 '공화당원(Republican)과 민주당원(Democratic)의 혼혈'이라고 비난했다.

어디 그뿐인가. 클린턴은 민주당 대통령후보 수락연설에서도 "미국은 가장 강력한 국방력과 외교력을 가진 세계의 지도 국가로 남을 것"이라고 선언했다. 실제로 취임 후 그때까지 해외파병을 10회 이상 단행했는데, 이는 역대 행정부 중 최다 기록이었다. 1997년 그는 민주당의 지도자 모임에서 자신의 정책 기조를 이렇게 설명했다. "우리는 이제 과거의 잘못된 구분에서 벗어나야 합니다. 우리는 자유주의자인가 아니면 보수주의자인가를 따지는 진부한 논쟁에서 탈피해야 합니다. 그런 논쟁은 미국을 분열시키고 우리를 후퇴시키는 데만 성공했을 뿐입니다."(Brooks 2001)

뉴트 깅리치의 위기

클린턴의 그런 '렙뎀' 전략 때문이었을까? 1994년 중간선거에서 '혁명' 을 일으켰던 뉴트 깅리치(Newt Gingrich)가 1996년 대선에서는 오히려 공화당의 약점이 되었다. 그는 공화당 대선 후보와 의원 후보들에게 지원 유세를 해주겠다고 했지만 모조리 거절당하는 수모를 겪어야 했다.

깅리치의 인기 하락에는 윤리 문제에 관한 그의 언행 불일치도 크게 작용했다. 그는 1996년 세계적인 미디어 재벌 루퍼트 머독이 경영하는 하퍼콜린스 출판사에서 책 계약금 450만 달러를 받아 하원 윤리 규정을 어겼는데, 비난이 빗발치자 돈을 되돌려주었다. 이미 그해에 기부금 전용 문제로 하원 윤리위원회 조사를 받은 바 있던 깅리치는 금전과 관련된 그런 잇단 스캔들에도 불구하고 용케 살아남았지만 결국 1997년 초 하원 윤리위원회로부터 탈세 혐의로 30만 달러의 벌금에 견책 처분을 받았다.

깅리치는 30만 달러의 벌금을 내지 못해 전전긍긍했는데, 놀랍게도 1996년 대선에 출마해 낙선했던 전 공화당 상원 원내총무 밥 돌이 1997년 4월 깅리치에게 2005년까지 원금에 연리 10퍼센트의 이자까지 합친 64만 3000여 달러를 상환하는 조건으로 30만 달러를 빌려주었다.

깅리치는 또다시 '신(新)깅리치' 전술을 구사할 필요를 느꼈던 건지 1998년 3월에 출간한 회고록 『험로에서 배운 교훈(Lessons Learned The Hard Way)』에서 자신의 오산과 잘못을 인정했다. 1995년 미 연방 정부의 업무중단 사태를 몰고온 예산안 삭감 투쟁 당시를 회고하며 "클린턴 대통령을 '약한 대통령'으로 잘못 판단, 결과적으로 공화당이 여론의 비판에 몰리는 상황을 초래했다"고 말했다. 또 그 실수 때문에 1996년 대통령선거에서 공화당의 밥 돌 후보에게도 상처를 주었다고 실토했다.

하원 윤리위원회로부터 30만 달러의 벌금과 견책을 받은 뒤 가까스로 하원의장에 재선되었던 깅리치는 당시 공화당 내부의 반란으로 하원의장직에서 축출될 위기에 몰렸던 것과 관련, "당내 일부 세력의 음모에 주의를 소홀히 했다"는 말도 했다. 또 1995년 클린턴 대통령과 공군1호기에 동승, 귀국하는 길에 좌석배치에 대한 불평을 하면서 "클린턴이 날 홀대하는데 한번 혼내주겠다"고 발언해 이미지가 실추된 것에 대해서도 "이따금 노련한 사람들도 순진하게 굴 때가 있다"고 실수를 인정했다.(박인규 1998)

미국식 선거운동법의 수출

1996년 대선에서는 미국 민주주의의 위기를 알리는 두 개의 적신호가 켜졌다. 사상 최저의 투표율과 의회 선거 당락에 큰 영향을 미친 금권 열풍이 바로 그것이다. 투표율은 48.8퍼센트로 클린턴이 첫 당선을 엮어낸 1992년 대선의 55.9퍼센트는 물론 1988년의 50.2퍼센트를 밑도는 사상 최저치였다. 언론은 이를 '무관심(DO NOT CARE) 신드롬'으로 표현하며 위기감을 나타냈다. 계층 간 투표율 격차도 두드러졌다. 소득 분포의 최하위 20퍼센트에 속하는 계층의 38.7퍼센트만이 투표한 반면에 최상위 20퍼센트에 속하는 계층은 72.6퍼센트가 투표에 참여한 것으로 나타났다.(Phillips 2004)

또 미 연방선거위원회(FEC; Federal Election Commission)가 발표한 컴퓨터 조사결과에 따르면 돈을 많이 쓴 후보일수록 당선한 경우가 압도적으로 많았다. 하원에서는 당선자 10명 중 9명 이상(93퍼센트), 상원에서는 8명 이상(82퍼센트)이 상대 후보보다 많은 선거자금을 쓴 것으로 분석됐다. 하원 당선자의 경우 유권자 1인당 평균 4달러를 쓴 데 반해 낙선자는 2.8달러에 그쳤다. 의회 선거에 소요된 자금 총액도 4년 전보다 30퍼센트 이상 증가한 8억여 달러(6640억 원)로 이번 선거가 유례없는 '돈 싸움'으로 전락했다는 세간의 평가가 확인되었다. 특히 공화당이 상하 양원을 장악할 수 있었던 것도 막대한 자금 동원력 덕분인 것으로 분석되었다. 공화당은 종전보다 6배나 늘어난 총 3200만 달러의 선거 지원금을 자당 후보에게 보냈으며, 비록 인기는 하락했지만 깅리치는 별도로 1억 달러를 마련, 소장파 및 신인 후보들의 뒤를 밀었다.(이상원 1996)

그런 문제에도 불구하고 미 선거전문가들은 유럽 등 세계 각국으로 '수출'되었다. 광고회사 카피라이터 생활을 하던 스콧 밀러(Scott Miller)와, 연극배우를 지망하다 기록영화 제작자의 길을 걷던 데이비드 소여(David Sawyer, 1936~1995)가 만든 '소여 밀러 그룹(Sawyer/Miller Group)'은 남미의 에콰도르와 페루, 아시아의 필리핀과 한국, 유럽의 스페인, 포르투갈, 그리스에 이르기까지 세계 각국 정치인들에게 미국식 선거 전략과 선거운동법을 수출했다. 이들의 전략·전술 중에는 '대중의 분노는 전염성이 있다', '집에 불이 나면 물동이를 들고 불을 끄려 하지 말고 이웃집에 불을 붙여라', '사람들은 네거티브 광고를 좋아하지 않지만 결국 마음이 움직인다', '열성 지지자 한 사람이 나머지 사람들의 감정을 휘저어 놓을 수 있다' 등이 있었다.(Harding 2010, 이왕구 2010, 이한수 2010)

'소여 밀러 그룹'은 밀러가 회사를 떠나고 내분을 겪은데다가 1995년 소여가 사망하면서 없어졌지만, 이 회사에 몸담았던 직원들은 이후에도 세계 각국의 선거판에서 활동했다. 1997년 7월, 김광현(1997)은 "작년 미국 대통령선거에서 클린턴의 재선에 일등공신 역할을 했다는 2명의 선거 전문가가 최근 영국 총선을 거쳐 독일에도 왔다. 두 사람의 이름은 더그 쇼엔(Doug Schoen, 44)과 헨리 행크 셰인코프(Henry 'Hank' Sheinkopf, 47). 대학에서 정치학과 법학을 전공한 쇼엔은 여론조사 전문가이고, 셰인코프는 라이벌 공략법과 미디어 전문가로 알려져 있다. 이들을 초청한 정당은 독일 제1야당인 사민당(SPD). 클린턴–영국의 토니 블레어(Tony Blair)–프랑스의 조스팽(Lionel Jospin) 등으로 이어지는 압승의 물결을 내년 9월 독일 총선으로 연결시켜 헬무트 콜(Helmut Kohl) 총리의 16년 장기 집권을 종식시켜보자는 목표에서다"라며 다음과 같이 말했다.

"이들은 최근 본의 사민당 중앙당사에 이틀 동안 머무르면서 주로 선거 포스터나 선거 구호에 관한 자문을 해주고 갔다. 또 클린턴이 몇 초간의 텔레비전 출연을 위해서도 꼬박 하루를 어떻게 준비했는지, 인터뷰의 메시지를 어떻게 정확히 전달해야 하는지 등도 알려주었다. 이들을 초청한 프란츠 뮌테페링(Franz Müntefering) 사민당 사무총장은 '초청비용이 너무 비싸 이번에는 일단 장기 고용보다 단기 초청만 해보았다'면서 '그러나 이들로부터 이미 많은 것을 배웠다'고 말했다. 특히 1998년 총선서 결정적 역할을 할 것으로 예상되는 매스미디어 활용법을 많이 배웠다고 그는 전했다. 이들은 지난 1990년과 1994년 총선에서 사민당이 콜에게 패한 이유를 적시하면서 특히 상대편인 콜

진영에 대한 적극적인 대비책을 강조한 것으로 알려진다. 상대방의 약점 공략법도 많이 전수(?)했다. 두 사람은 독일로 오기 전에 그리스 보수당수 콘스탄티노스 미초타키스(Konstantinos Mitsotakis)와 전 터키 총리 탄수 칠레르(Tansu Çiller), 시몬 페레스(Shimon Peres) 후보의 이스라엘 노동당 등의 선거전에도 이미 참전(?)했다. 이 중 이스라엘 노동당만 작년에 베냐민 네타냐후(Benjamin Netanyahu) 현 총리 진영에 패했을 뿐 나머지는 모두 이겼다. 그래서 쇼엔은 '우리의 승률은 약 75퍼센트선' 이라고 주장하기도 했다."

1996년 대선과 양당 체제

1996년 대선은 다시금 '텔레비전과 정치' 의 관계에 대해 많은 것을 생각게 한 이벤트였다. 기존 양당 정치의 벽을 텔레비전 광고로 깰 수 있을까? 로스 페로(Ross Perot)는 1992년 대선에서 무소속의 한계를 절감했던 것인지 1996년 대선에 임하면서 개혁당(Reform party)이라는 신당을 창당했다. 그러나 재수(再修)에 임하면서 그의 신선미는 떨어져 가고 있었다. 그럴듯한 전당대회도 열고 대통령후보 지명을 위한 투표도 실시해 개혁당의 대통령후보로 지명되었지만 투표 과정에 대한 부정 시비가 일어 스타일을 구기고 말았다.

게다가 후보로 지명되자마자 1996년 선거에서 자기 돈은 안 쓰고 연방기금으로 선거를 치르겠다고 발표해 많은 사람들을 놀라게 만들었다. 1992년 대선 당시 그는 "공화·민주 양당 후보가 엄청난 국민의 혈세를 낭비하고 있다" 며 "납세자들의 돈을 단 한 푼도 건드리지 않고 내 재산을 미국을 재건하는 데 사용할 것" 이라고 큰소리를 쳤기 때

문이다.(박인규 1996a)

뒤이어 터져나온, 페로가 4억 5000만 달러어치의 외국 채권을 보유하고 있다는 언론보도도 그에게 적잖은 타격을 주었다. 외국 채권 보유는 북미자유무역협정(NAFTA)과 같은 무역협정들이 미국인의 일자리를 빼앗는 '거대한 흡수판'이라고 비판해온 페로의 평소 지론과 상반되는 것이었기 때문이다.

이런 악재들이 겹치면서 페로는 1996년 대선에서는 1992년 대선에 비해 10퍼센트 포인트나 떨어진 9퍼센트의 득표율밖에 획득하지 못했다. 페로의 패배에 대해 유병선(1996)은 "페로가 4년 전 19퍼센트의 득표를 할 수 있었던 것은 냉전 종식 이후 몰아닥친 경제난 속에서 변화를 기대하던 유권자들이 갑부 정치신인 페로의 신선함에 잠시 한눈을 팔았을 뿐이라는 얘기다"라며 다음과 같이 말했다.

"페로가 1992년 대선 결과에 고무돼 '유나이티드 위 스탠드'라는 시민운동단체를 만들었을 때 미국민이 환호한 것도 바로 이 변화에 대한 욕구 때문이었다. 그런데 4년이 지나면서 정치판의 때가 묻은 페로의 신선도는 떨어졌고 4년 전의 칼칼한 외침도 메아리를 만들지 못했다. 페로는 대선후보 텔레비전 토론에서 제외되자 텔레비전 광고를 332건이나 내는 등 양당의 '횡포'에 맞서기도 했다. …… 페로는 이번 대선 출사표에서 '모래가 굴조개를 자극해 진주를 만들어내듯 양당제 개혁에 모래알 같은 존재가 되겠다'고 밝혔다. 그렇지만 그의 몰락과 함께 그의 바람은 공허한 소리로 남게 됐다."

페로의 몰락이 어찌 그 자신만의 탓이랴. 그 어떤 문제에도 불구하고 미국식 양당제도의 건재는 그만큼 미국 사회가 정치를 통해 변화하기는 어려울 정도로 그 나름의 굳건한 작동 메커니즘을 갖게 되었다는 사실을 말해준 것은 아닐까? 여기에 새뮤얼 헌팅턴(Samuel Huntington, 1927~2008)의 '문명 충돌론'처럼 외부로부터의 위협이 끊임없이 외쳐지는 한 미국 내부의 변화는 더욱 기대하기 어려운 게 아닐까?

참고문헌 Brooks 2001, Harding 2010, Phillips 2004, 강준만 외 1999~2000, 김광현 1997, 동아일보 1996a, 박인규 1996 · 1996a · 1998, 신상인 1996, 유병선 1996, 이기동 1996, 이상석 1996 · 1996a, 이상원 1996, 이왕구 2010, 이재호 1996 · 1996a, 이철희 2002, 이한수 2010, 한국일보 1996

기독교와 이슬람·유교의 충돌인가?
새뮤얼 헌팅턴의 '문명 충돌론'

헌팅턴은 '제2의 X' 인가?

인류를 크게 분열시키고 국가 간 분쟁의 최대 씨앗이 되는 것은 이제 더 이상 이데올로기나 경제적 이해관계가 아니라 문화다. 서구 문명이 보편적이라는 환상은 버려야 한다. 서방 지도자들은 다른 문화권에 개입할 것이 아니라 서방 문화권을 보호하고 부활시키는 데에 리더십을 발휘해야 한다.

1993년 하버드대학 교수 새뮤얼 헌팅턴이 『포린 어페어스(Foreign Affairs)』를 통해 제기한 '문명 충돌론'의 요지다. 얼른 보면 미국의 겸손을 부르짖는 것처럼 보이지만, 그건 아니다. 헌팅턴은 동시에 미국의 패권 유지를 다음과 같이 강력하게 주장했기 때문이다.

"미국이 그 어떤 나라보다 많은 영향을 미치는 세계와 달리 미국이 일등적 지위를 구가하지 않는 세계는 더 많은 폭력과 무질서 그리고 더 적은 민주주의와 경제성장이 존재하는 세계가 될 것이다. 국제적

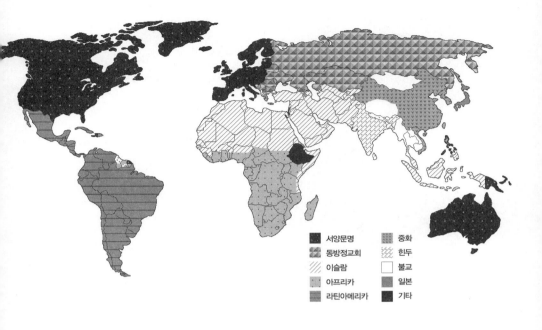

■ 서양문명	▨ 중화
▨ 동방정교회	▨ 힌두
▨ 이슬람	☐ 불교
▨ 아프리카	▨ 일본
▨ 라틴아메리카	■ 기타

새뮤얼 헌팅턴은 냉전 이후 국가 간의 분쟁은 각기 다른 문명에 속해 있기 때문이라고 주장해서 전 세계에 논란을 불러일으켰다. ⓒ Kyle Cronan

으로 미국이 일등적 지위를 유지하는 것은 미국의 복지와 안보에만이 아니라 전 세계의 자유, 민주주의, 개방경제 그리고 국제질서에 핵심적인 일이다."

선의로 해석하자면, 헌팅턴의 주장이 가슴에 와닿는 점이 없지는 않다. 그러나 헌팅턴의 전력(前歷)과 '문명 충돌론'이 미국의 대외정책에 실제적으로 적용될 경우 궁극적으로 야기할 수 있는 문제들을 생각하면 문제는 그리 간단치 않았다. 헌팅턴은 '제2의 X'는 아닐까? 『뉴스위크(Newsweek)』 베를린 지국장 빌 파월(Bill Powell)은 1996년 12월 18일자 기사에서 헌팅턴의 '문명 충돌론'이 미국의 대외정책사에

냉전의 설계자였던 미국 외교관 조지 케넌. 소련 봉쇄를 외친 그의 주장은 마셜 플랜과 함께 유럽의 냉전 전략의 기본 축이 되었다.

서 갖는 의미에 대해 다음과 같이 말했다.

"미국의 소장 외교관 조지 케넌(George F. Kennan, 1904~2005)은 1947년 7월 'X'라는 가명으로 『포린 어페어스』에 쓴 논문에서 소련의 팽창주의 세력화는 불가피하다고 주장했다. 그는 따라서 '기민하고 주의 깊게 대응세력을 동원해' 소련을 봉쇄할 필요가 있다고 했다. 이렇게 해서 '봉쇄'라는 하나의 독트린이 탄생했고 그 이론은 1989년 소련 진영이 내부 붕괴할 때까지 서방 외교의 기조가 돼왔다. 우리는 1989년 이래 혼란에 빠진 탈냉전 세계에 대한 대책을 제시할 제2의 X를 고대해왔다. 현재까지는 가장 유력한 시도가 지난 1993년 역시 『포린 어페어스』를 통해 나타났다. 하버드대학의 새뮤얼 헌팅턴 교수는 「문명의 충돌」이라는 글에서 탈냉전시대에 세계는 민족국가 간의 갈등이 아니라 '문명들을 갈라놓는 문화적 단층선'에 의해 규정될 것이라고 주장했다. 일정한 가치를 공유하는 집단이 다른 집단의 가치와 충돌한다는 것이다. 요컨대 기독교를 믿는 서방 세계 대 회교·유교권 동아시아·정통파 범슬라브 등 여타 세계의 대결이라는 것이 그 주장이었다."

그런 배경을 감안한다면, 헌팅턴의 글이 나왔을 때 세계 외교계와 지식계가 떠들썩했던 것은 당연한 일이었다. 미국의 대외정책에 일희일비하는 한국이 빠질 리 없었다. 1993년 12월 20일 한승주 외무부 장관은 외무부 과장급 이상 간부 50여 명에게 그 글을 읽게 한 다음에 자체 토론회를 개최했다. 『문화일보』 1993년 12월 23일자는 이 토론회를 1면 머릿기사로 보도했으며 『한국일보』의 김성우(1993) 논설위원은 외무부의 토론회를 칭찬하는 칼럼을 썼다. 그 밖에도 헌팅턴에 관한 칼럼과 기사들이 엄청나게 쏟아져나왔다.

1995년 초 MBC는 헌팅턴과의 신년 대담을 내보냈으며, 헌팅턴은 1995년 6월 1일부터 3일까지 방한해 강연을 했으며 언론매체들과 활발한 인터뷰를 했다. 그의 글은 1996년 책으로 확대돼 출간됐으며, 1997년 6월 국내에서도 『문명의 충돌』이라는 제목으로 번역판이 나왔다. 번역판의 책 광고는 "독창적 통찰, 번뜩이는 예지, 위대한 지식으로 가득 찬 세계적인 석학 새뮤얼 헌팅턴의 21세기 세계 예측!"이라고 주장했으며, 국내 다수 언론도 이와 같은 주장에 동조하는 듯한 기사를 양산했다. 그런데 과연 그런 것인지 검증해보기로 하자.

종교 냄새가 풍기는 '종교 충돌론'

인간들은 조상, 종교, 언어, 역사, 가치, 관습, 제도 등으로 자신을 규정한다. 인간은 정치를 단지 그들의 이익 추구를 위해서만 사용하는 것은 아니며 그들의 정체성을 규명하는 데에도 사용한다. 헌팅턴이 자신의 논지를 뒷받침하기 위해 내세운 이런 전제는 상당한 설득력이 있다. 문화적 갈등이 중요하다는 점을 부인할 사람은 없을 것이다. 그러나 헌팅턴이 계급 갈등보다 문화적 갈등이 더 중요하다고 단언하는 데에 이르러서는 고개를 갸우뚱거리지 않을 수 없다.

이 주장은 계급 갈등을 은폐하기 위한 것은 아닌가? 그러나 아무리 은폐하려고 해도 그리 쉽게 감춰지지는 않을 것이다. 문화적 갈등이 라고 하는 것도 엄밀히 따지고 들어가면 대부분 계급 갈등이기 때문이다. 빈부갈등은 분명 빈곤의 문화와 풍요의 문화 사이의 갈등을 포함하지만 문화적 갈등이 우선적인 것은 결코 아니다. 문화적 갈등은 부차적인 것이거나 보완적인 것이며 잠재돼 있는 경제적 갈등을 촉발하는 역할을 할 수 있을 뿐이다. 그런 점에서 일찍이 '이데올로기의 종언'을 선언했던 대니얼 벨(Daniel Bell)이 헌팅턴의 생각이 문화를 정치로 착각한 데서 온 오류라고 비판한 것은 타당했다.

헌팅턴은 '문명'이니 '문화'니 하고 말하지만 사실 그가 말하는 것은 '종교'다. 그의 '문명 충돌론'은 '종교 충돌론'인 것이다. 그가 말하는 8개 문명권은 구미(기독교), 러시아·동유럽(그리스 정교), 이슬람, 범중국(유교), 힌두, 일본, 아프리카, 남미 등인데, 이는 곧 종교권이다. 헌팅턴(Huntington 1991)은 1991년에 낸 『제3의 물결(The Third Wave: Democratization in the Late Twentieth Century)』에서도 민주주의와 종교 간의 관계에 대해 이야기한 바 있다. 그는 종교를 민주화에 있어 경제발전 다음으로 중요한 이유로 제시했다. 한국을 예로 들어 기독교가 민주화에 기여한 반면 이슬람교와 유교는 민주주의에 장애가 된다고 주장했다.

일리 있는 주장이다. 종교가 문명권을 형성하는 가장 중요한 동인이라는 것도 부인할 수 없는 사실이다. 문제는 이 주장 자체가 강한 종교적인 냄새를 풍긴다는 점이다. 그러나 헌팅턴은 사회과학자다. 그는 그 냄새를 감추기 위해 사회과학적인 포장술 솜씨를 한껏 발휘한다. 그래도 허점이 없을 리 없다.

헌팅턴은 이슬람과 기독교 사이의 지속적이고 깊은 갈등적 관계에 비하면 20세기의 자유민주주의와 마르크스-레닌주의 사이의 갈등은 순간적이고 외양적인 역사적 현상에 지나지 않는다고 말한다. 맞는 말이다. 그러나 헌팅턴의 '문명 충돌론'이 설득력을 가지려면 눈앞에 닥친 정책적 문제에 대해서는 침묵하고 조용히 문명사적인 차원에서 분석하는 것으로 그쳐야 한다. 그러나 그는 그렇게 하지 않는다. 바로 여기에 근본적인 문제가 있는 것이다.

서울대 정치학과 교수 김홍우(1997)는 『문명의 충돌』에 대한 서평에서 헌팅턴의 작업에 대해 매우 긍정적인 평가를 내리면서도 다음과 같은 의문을 제기했다. "필자가 한 가지 궁금하게 생각하는 것은 세계 문명의 충돌을 상론하는 이 책이 유독 북아일랜드 지역의 가톨릭과 프로테스탄트 간의 뿌리 깊은 유혈투쟁에 관해서만은 시종 침묵하고 있는 이유가 무엇인가 하는 점과 '문화는 힘을 뒤따른다'고 했을 때, 지금까지 애써 강조했던 문화 우선성의 원칙이 힘 우선성의 원칙으로 다시 역전된다는 느낌과 또 '문화는 상대적이지만 윤리는 절대적이다'라고 했을 때, 과연 문화와 윤리를 이처럼 절대적으로 구분짓는 것이 저자가 정의한 원래의 문명의 개념과 부합되는지 등에 관한 의문점이다."

'리얼폴리틱'과 '문명'의 이상한 결혼

헌팅턴은 일본을 독립적인 문명권으로 간주한 반면 한국의 문명은 중국 문명에 포함시켰는데, 이런 분류는 많은 애국적인 한국인을 분노케 했다. 류근일 논설실장은 『조선일보』 1995년 6월 2일자에 실린 헌팅턴과의 인터뷰에서 그 점을 파고들었다. "「문명의 충돌」이라는 논문에서 일본의 문명을 독립적인 하나의 문명으로 가정한 것은 의문입니다." 그러자 헌팅턴은 일본 문명이 워낙 독특하다고 대답한다. "그렇다면 한국의 문명도 아주 독특하고 하나의 독자적인 문명이라고 생각되는데요." 헌팅턴의 답은 간단했다. "한국은 독자적인 문명을 가지고 있지 못하다고 제 저서에 쓴 적이 있습니다. 한국 문명은 중국 문명과 매우 밀접하게 연관관계를 갖고 있습니다."

한국의 언론인들은 헌팅턴과 인터뷰만 했다 하면 꼭 그 질문을 물었다. 『중앙일보』 1999년 5월 11일자에서 김영희 국제문제 대기자도 "한국을 중국 문명권에 편입시키면서 일본 문명은 별도로 분류하는데 학자들이 의견을 달리합니다"라고 말했다. 헌팅턴은 "일본 문명이 중국 문명의 한 지류라고 보는 견해도 있지만 나는 일본이 7세기부터 독자적 문명을 발전시켰다고 생각해요. 특히 중국은 체험하지 않은 봉건사회를 일본이 거친 것은 일본 문명의 중요한 차이라고 봐요"라고 답했다.

우리는 여기서 헌팅턴이 말하는 '문명'이라는 개념이 독특하다는 것에 주목할 필요가 있다. 헌팅턴은 국제관계에서 철저하게 힘을 숭상하는 '현실주의자'다. 그는 문명과 문화마저도 이른바 '리얼폴리틱(현실 정책)'의 관점에서 보는 것이다. 그렇다면 왜 일본이 독립적인 문명권이고 한국이 중국의 문명권에 속할 수밖에 없는지 이유는 자명해진다. 한국은 힘이 없기 때문이다. 독자적인 문화적 전통이 전혀 없는 나라일지라도 큰 힘을 갖고 있으면 독자적인 문명권으로 분류되게 돼 있다. 그러니 그가 한국 문명을 깔본다고 흥분할 일은 아니다. 또 말이야 바른 말이지만, 한국 문명을 세계에서 매우 독특한 독자적 문명이라고 주장하는 것은 지나친 국수주의 아닐까?

어찌 됐든 헌팅턴은 유교문화권과 이슬람문화권의 협력과 그에 따른 서방 세계에 대한 위협을 강조하는데 근거로 제시한 것은 무기 구매 등과 같은 일시적 교류에 지나지 않는다. 그에게는 기독교 문화권 이외의 나라들이 전부 비슷하게 보이는 걸까? 그는 미국의 패권주의에 대한 제3세계의 혐오를 문명과 문화의 문제로 돌리는 고의적 오류를 범하고 있다. 예컨대, 걸프전쟁 시 회교권 국가의 정부들이 미국과 이라크 사이에서 갈팡질팡했지만 회교권 민중은 이라크 편에 섰다는 사실을 강조하는데 그게 문명의 문제이기에 앞서 미국의 패권주의에 대한 반감 때문에 그런다는 점을 모른단 말인가?

헌팅턴은 자신의 논지를 정당화하기 위해 북한 핵 문제에 대해서도 이상한 이야기를 늘어놓는다. 남한 사람들은 북한 핵을 '한국의 핵'으로 간주한다는 것이다. 그런 사람이 전혀 없지는 않을 것이다. 그러나 그게 과연 남한 국민의 정서에 얼마나 먹혀들어 갈 수 있는 이야기일까?

헌팅턴이 이 책을 통해 던지고자 하는 메시지는 유교와 이슬람 문명권이 연대하여 서방 세계의 이익과 가치 그리고 힘에 도전하고 있는 마당에 미국은 유럽과 결속을 다져야지, 이른바 '아시아 · 태평양 시대'라는 구호에 휘말려들어 그쪽에 신경을 쓰면 안 된다는 것이다. 그러나 그렇게 노골적으로 이야기하면 인종차별주의자라고 욕을 먹기 십상이다. 그래서 그는 '문명 패러다임'을 내세운다. 하지만 언제 문명이 패러다임이 아닌 적이 있었나? 문명은 문명이고 국제관계는 국제관계였다. 그것은 차원이 다른 문제였던 것이다. 그런데 헌팅턴은 이제 그 다른 차원을 하나로 뭉뚱그려 새로운 구도를 만들어내려고 한 것이다.

헌팅턴에 대한 미국 내의 반론

헌팅턴은 보스니아전쟁(Bosnian War)도 '문명충돌'로 간주했다. 미국이 크로아티아에 대해 일종의 문화적 동류의식을 느끼고서야 비로소 보스니아내전 종식에 개입하기 시작했다는 것이다. 이에 대해 헌팅턴의 '제2의 X' 혐의를 제기한 빌 파월은 "그 같은 주장은 '문명적' 측면을 지나치게 과장한 것이다. 미국이 보스니아내전에 오랫동안 개입

보스니아 북부의 바냐루카에 있던 마냐차 캠프에 억류된 크로아티아인과 보스니아인. ⓒ 국제유고전범재판소

하지 않은 데는 많은 이유가 있지만 직접 개입이 '회교도'를 도울 것 같아서 피했던 것은 결코 아니다. 이 '단층선 전쟁'의 많은 잘못은 미 정부에 있다. 세계 최강대국 미국이 석유를 대량 생산하지 않는 이 지역에 개입하는 것

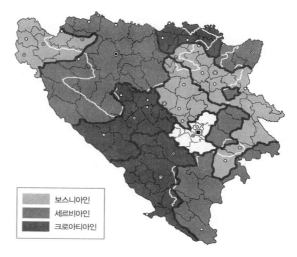

보스니아전쟁 동안 나왔던 여러 가지 분리안 중 하나인 번스-오언 평화중재안. 그러나 유엔과 미국이 함께 내놓은 이 제안은 거부되고 인종청소가 벌어지게 된다.

을 꺼렸던 것이다"라고 반박했다.

파월은 헌팅턴과는 달리 미국이 아시아에 적극 개입해야 한다고 주장했다. "미국은 왜 급신장하는 아시아보다 유럽과의 결속을 더 강조해야 하는 것일까. 물론 아시아 시장은 뚫고 들어가기가 만만치 않다. 문화적으로도 '우리'와는 아주 다르다. 그러나 미국이 국익상 아시아 문제에 개입해야 함은 자명하다. 적어도 유럽에 버금갈 정도로 말이다. 미국이 문화적 편의성에 이끌려 외교정책을 결정하는 것은 곧 헌팅턴이 그렇게 염려하는 쇠퇴를 재촉하는 유일한 길이 될 것이다. 그렇게 하지 말자."

『뉴 리퍼블릭(The New Republic)』의 로널드 스틸(Ronald Steel 1996) 논설위원은 "헌팅턴은 국가들이 서로 의심에 사로잡혀 분쟁을 피하지 못한다는 이른바 '현실주의적' 사고를 타기해야 한다고 말하면서도

스스로도 이 현실주의적 논리에서 해방되지 못하고 있다. 그는 현실주의자들의 이 '국가' 개념을 단지 '문명' 이라는 말로 바꿨을 따름이다. 결국 그가 처방내리는 정책은 냉전 때와 아주 유사하다. 러시아 대신 중국이나 회교도나 힌두가 '다른 편' , '나쁜 편' 이 된다. 그에게는 아직도 세계가 서양 대 나머지의 구도인 것이다"라며 다음과 같이 말했다.

"문명 사이의 갭에 천착해 그 갭들은 어떻게 해도 메울 수 없다고 선언하는 대신 헌팅턴은 각 문명의 내부에 내재한 갭을 파헤치는 데 자신의 뛰어난 분석력을 활용했어야 했다. 그러면 그는 가장 위험한 충돌선은 외부가 아니라 내부에 있음을 알아차렸을 것이다. 서양 문명과 여타 문명이 서로서로 뒤섞인 마당에 회교도와 서구인, 일본인과 힌두교인, 중국인과 남미인 등 외형적으로 상이한 문명권 간에는 분쟁의 전선이 형성되지 않는다. 충돌은 오히려 근대화주의자와 전통주의자 사이에 생기는 것이다. 사우디의 엔지니어와 벽지의 율법학자, 중국 상해의 사업가와 문맹 농부들 사이이며 가진 자와 못 가진 자, 혹은 맥도널드 햄버거가 있는 곳과 전통의 벽에 걸혀 있는 곳 사이에 충돌이 있다. 이런 갈등들은 심각하기가 종교에 비할 만하지만 종교적 갈등은 아니다. 이 갈등은 문명의 경계를 무시하고 일어나며 세상을 헌팅턴이 말하는 것보다 더 비조직적이고 취약한 곳으로 만든다. 이 갈등은 서양 대 그 나머지의 구도라기보다 모든 문명이 모두 자기 스스로와 맞서는 대결 구도다."

보스턴대학의 월터 클레먼스(Walter Clemens 1997) 교수도 『인터내셔널 헤럴드 트리뷴(International Herald Tribune)』에 기고한 글에서 반론을 제시했다. 그는 냉전은 문명권의 경쟁과는 아무런 관계가 없으며, 1945년 이후 대부분의 전쟁은 한국, 베트남, 캄보디아, 소말리아, 이라크와 쿠웨이트 등 동일 문명 내의 라이벌 사이에서 벌어졌다는 점을 지적하면서 다음과 같이 말했다.

"어떤 문명도 그 스스로 단일화돼 있지 않다. 수니파의 이라크와 시아파의 이란은 신학을 위해 다투는 것이 아니라 수로를 확보하기 위해 싸운다. 이스라엘뿐만 아니라 회교도들은 예지자 아브라함의 자손이라고 주장한다. 그러나 그들은 성지가 아니라 토지와 자원을 위해 싸우고 있는 것이다. 즉 문명들 사이의 알력은 세상사의 다른 요인들에 비해 2차, 3차적인 것들이다. 국가들은 전과 마찬가지로 현재도 국가 이익에 토대를 두고 협력하거나 충돌할 수 있다. 상호의존의 심화와 기술의 발전은 점점 더 문명이라는 경계선을 뛰어넘어 협력하는 것을 가능케 하고 유용하게 만들고 있다. 문명은 진화한다. 헌팅턴이 서구적 방식의 토대로 파악한 신교도의 개인주의와 거리가 먼 포르투갈, 스페인, 일본과 다른 국가들에서 최근 수십 년간 민주적 가치가 꽃피어났다. 우리는 '서구와 나머지 문명' 사이에 해소할 수 없는 갈등이 있다고 가정할 필요도 없고 그래서도 안 된다. 우리는 잠재적 갈등 요인들을 상호 이익이 되도록 바꾸어야만 한다."

중국을 견제하기 위한 '황화론'

앞서 언급했던 조지 케넌은 소련의 팽창주의를 경고하기 위해 X라는 가명으로 논문을 썼다. 그렇다면 '제2의 X' 라 할 헌팅턴이 구체적으로 겨냥한 것은 무엇인가? 그것은 소련의 해체 이후 누가 가장 강력한 미국의 경쟁자로 떠오르는지를 생각하면 될 것이다. 바로 중국이었다. 중국은 새롭게 개막된다는 이른바 '아시아 태평양' 시대의 종주국으로 자처했으며 실제로 그렇게 부상하고 있었다.

미국은 중국의 부상에 대해 몹시 불편해하고 있었다. 사실 같은 황인종인 한국인도 불편하게 생각하는데 미국이 어찌 불편해하지 않겠는가. 1995년 9월 『타임』은 「우리는 왜 중국을 봉쇄해야 하는가」라는 칼럼에서 "21세기에는 중국이 2차 세계대전 당시 독일 같은 위협적인 존재가 될 것"이라며 중국 봉쇄론을 주장했다. 또 『타임』의 리처드 번스타인(Richard Bernstein) 전 베이징 지국장 등 언론인 2명은 1997년 2월 『다가오는 중국과의 갈등(The Coming Conflict with China)』이라는 책을 공동 출간했는데, 이 책은 "중국의 최종 목적은 아시아에서 미국을 몰아내고 이 지역 국가들이 중국의 동의 없이 아무 일도 할 수 없는 강력한 국가를 만드는 것"이라면서 중국의 패권주의를 경고하고 나섰다. 그런가 하면 『또 다른 전쟁: 미국 내 산업스파이』라는 책은 중국 산업 스파이가 미국 기업에 침투, 정보를 캐내 이를 중국군 무기 개발에 이용한다는 내용을 담았다. 이 책들은 미국에서 큰 반향을 불러일으켰다.(Liu 1997, 윤태형 1997)

『타임』이 미국의 여론을 대변한다고 볼 수는 없지만 무턱대고 여론을 조작해낼 수는 없다. 이른바 '황화론'은 오랜 역사를 자랑하는 백인들의 패권주의적 정서가 아니던가. 헌팅턴은 그런 정서에 그럴듯한 이론을 제공한 것이다. 그것도 공개적으로 당당하게 천명하면서 황인종에게도 '과연 석학'이라는 찬사를 받을 수 있는 이론 말이다. 사실 『타임』의 그런 시각도 헌팅턴의 논문으로부터 영향받은 것인지도 모른다.

헌팅턴은 자신의 주장을 드라마틱하게 제시하기 위해 아예 '3차 세계대전'이라는 시나리오까지 제시했다. 이와 관련, 정운영(1997)은 "확실히 이 책에도 종말론 신드롬과 각종 '포스트' 유행이 스며 있다. 그중의 하나가 지구적 문명 충돌, 즉 세계대전의 시나리오이다. 2010년—불과 13년 뒤—중국은 해저 유전 문제로 베트남과 충돌한다"며 다음과 같이 주장했다.

"베트남 근역에 이해가 막대한 미국이 참전하고, 일본은 중립을 선언한다. 중국이 묶인 틈에 인도는 파키스탄을 침공하고, 이슬람 국가들은 파키스탄을 지원한다. 시베리아에서 러시아가 중국에 개전한다. 나토가 망설이는 동안 발칸의 정교와 이슬람 전쟁이 재발한다. 알제리의 핵미사일이 유럽을 강타하면서 마침내 전 지구적 전쟁이 폭발한다. 공멸, 휴전 혹은 '서구와 러시아 연합군의 천안문 진주로' 전쟁이 끝난 뒤 인도가 새로운 강자로 부상하고, 참화를 면한 남미 제국의 지원으로 미국에 히스패닉계 대통령이 탄생한다. 아아, 문명 충돌을 거친 21세기의 구원은 인도에 있고, 다혈질의 라틴 인종이 미국의 '성골'이 되는 것인가? 정치학자의 공상 소설로는 다소 조잡하고, 정치학자의 만화치고는 몸살 나게 재미있다."

헌팅턴(Huntington 1997)은 이미 정운영처럼 생각하는 독자들이 있을 것이라고 예상했던지 자신의 '시나리오'가 결코 황당무계한 게 아니라며 다음과 같이 강변했다. "이것이 독자 여러분에게 황당무계한 시나리오로 받아들여진다면 참으로 다행스러운 일이 아닐 수 없다. 지구적 차원의 문명 전쟁을 예고하는 다른 시나리오들도 이에 못지않게 황당무계한 것으로 받아들여지기를 나 역시 진심으로 바란다. 그러나 나의 시나리오에 상당한 개연성이 있고 우리의 마음을 불안하게 만드는 것은 전쟁 발발의 원인으로 지적하는 내용이 매우 현실적이기 때문이다."

'문화제국주의'의 종언?

헌팅턴(Huntington 1994)은 자신의 논지가 지나치게 단순하다는 비판에 대해 "세계를 고찰하는 데는 단순화된 패러다임이 반드시 필요하다"고 반박했다. 서구의 강경파들이 그의 이론을 군비 축소에 대한 반대 논리로 이용할 가능성에 대해서도 "세계는 우호적인 곳이 못 되며 각종 폭력이 확산되고 있다는 것을 부인할 수는 없다"고 대꾸했다. 일리가 없지는 않다. 그러나 그의 이론은 세계를 고찰하기 위한 용도가 아니었다. 그는 미국 정부에 지극히 현실적인 정책을 제공하고 싶어하는 관변 학자가 아닌가.

헌팅턴은 영악하다. 그는 밖에서 실속 없이 손해만 보고 들어오는 아이를 때리는 어머니 같다. "이 바보 같은 자식아. 왜 그렇게 물러빠졌니?" 그는 서방 세계를 질타한다. 서방 문명을 가장 보편적인 문명으로 생각하고 이를 다른 국가나 민족에게 강요하는 것은 오만이라고 단언한다. '멋져!' 라고 박수를 보내기에는 아직 이르다. 그것은 다른 국가나 민족을 아예 상대하지 말고 힘으로 눌러버리면 간단히 해결될 일을 무슨 문화적 교류랍시고 그들의 기(氣)를 살려주면서 헛힘을 빼느냐는 질책이기 때문이다.

그러나 '세계적인 석학'이라는 말을 듣는 헌팅턴이 그런 직설법을 사용할 리 만무하다. 그는 '바보 같음'을 '오만함'이라는 단어로 대체하여, 서방 문명의 오만함은 흔히 두 가지 형태로 나타난다고 말한다. 하나는 미국의 음식, 옷, 노래, 영화, 소비재 등이 세계적으로 판을 치니까 서방, 특히 미국의 대중문화가 세계를 에워싸는 것으로 생각하는 경우다. 다른 하나는 서방이 근대화된 사회를 이끌어냈으니까 다른 문명권의 근대화도 곧 서방화를 의미한다고 믿는 경우다. 이 두 가지 생각은 잘못된 것으로, 오만하고 어리석고 위험하다는 게 헌팅턴의 주장이다.

지구상의 거의 모든 사람이 코카콜라를 마신다고 해서 이들이 미국인처럼 사고하고 행동한다고 볼 수는 없으며, 따라서 이른바 '코카콜라 식민지화론'은 성립되지 않는다는 것이다. 마찬가지로 근대화된다고 해서 서구화되는 것은 아니며 오히려 비(非)서방 국가들은 근대화되면 될수록 '토착화' 경향을 강하게 보이고 있다는 것이다.

그는 서방인들이 이제 서방 문명이 보편적이라는 환상에서 깨어날 때가 됐으며, 서방의 이익은 다른 국가와 민족의 일에 멋대로 개입해 서방적인 가치나 기준을 보편성이라는 이름하에 강요하는 데서는 결코 찾을 수 없고 지역 갈등은 이제 지역 문명권의 주도적인 국가들에 맡겨야 한다고 설파한다.

헌팅턴은 말한다. 1993년 세계에서 상영된 100대 영화의 88퍼센트가 미국 영화였으며 서방의 4대 통신사가 세계 뉴스를 지배한다. 어디 그뿐인가. 텔레비전과 비디오 등 미국 문화상품의 지배는 미국 항공기산업의 세계 지배를 능가한다. 그러나 그렇다고 해서 제3세계 사람들과 미국인들의 태도와 신념이 똑같아졌단 말인가? 오락과 문화적 변화는 전혀 다른 것이다. 문화제국주의에 대한 비난은 제3세계 지도자들이 정치적 목적을 위해 이용하는 것이지 전혀 근거 없는 것이다.

그게 바로 헌팅턴의 주장이다. 그는 여태껏 문화제국주의를 떠들어온 사람들을 그렇게 단숨에 제압해버린다. 문화제국주의와 같은 것은 아예 없다고 말이다. 그는 영어 제국주의마저 부인한다. 아직도 영어는 세계 공통어가 아니며 이른 시일 내 공통어가 될 가능성도 희박하거니와 세계 각 지역에서 지역 언어가 살아나고 있다는 것이다.

헌팅턴의 주장에 일리가 없는 것은 아니나, 그것보다는 그의 지나친 과장과 왜곡에 주목해야 할 것이다. 그는 미국 영화를 자주 보는 사람이 미국인과 똑같이 생각하고 행동해야만 문화제국주의가 성립한다는 것과 별다르지 않은 주장을 하고 있는 것이다. 또 모든 제3세계 사람들이 모국어를 버리고 영어를 공용어로 채택해야만 영어 제국주의가 성립한다고 주장하는 것과 다를 바 없는 주장을 하고 있는 것이다.

일부 제3세계 국가들의 경제력이 강해지면서 토착화에 대해 강한 애착을 보이는 것은 부인할 수 없는 사실이다. 한국의 '신토불이' 바람도 한국인들이 좀 살 만하니까 나오는 것 아니겠는가. 그러나 그건 '대세' 나 '주류' 는 아니다. 돌아갈 수 없는 세계에 대한 강한 향수로 보는 게 타당하다.

그리고 많은 제3세계 국가에서 헌팅턴이 지적하는 토착화는 자기 인정욕구의 충족이거나 서방 패권주의에 대해 대등한 관계를 요구하는 저항의 성격이 강하다. 자긍심을 느끼고 싶은 욕망이나 제국주의의 횡포에 저항하는 움직임이 토착화의 형태로 나타나는 것이다. 서방 세계가 약소국가들에 대해 횡포를 부리지 말라는 저항의 메시지를 과장하여 나라들 사이엔 뛰어넘을 수 없는 문명과 문화의 갭이 있고 그것이 충돌로 나타날 수밖에 없다고 말하는 건 지나치다. 마치 남편이 아내를 실컷 두들겨 패놓고 '우린 문화적 갭이 너무 커요' 라고 말하는 것과 무엇이 다른가? 요컨대, 헌팅턴은 서방 세계가 저지른 그간의 모든 횡포를 당연시하면서 그 횡포에 대한 저항까지도 문명과 문화의 차이로만 설명하려고 드는 고의적 오류를 범하고 있는 것이다. 헌팅턴의 그런 논리는 미국에까지 적용된다. 그는 미국의 이상이며 건국이념이기도 한 문화적 다원주의까지 부정한다. 제3세계로부터의 이민을 억제해 서방 문화의 특성을 보호하라는 것이다.

베트남전쟁을 입안한 '미친 개'

헌팅턴을 비판만 할 것이 아니라 그를 옹호하는 반론도 들어보자. 하버드대학에서 헌팅턴의 지도를 받아 박사학위를 받은 경희대 국제관계학과 교수 이영조(1994)는 "문명 충돌론의 의미는 1차적으로 탈냉전과 더불어 고조되고 있는 평화의 기대가 지나치게 성급하다는 것을 일깨우고 있다는 데서 찾아야 한다. 이념의 대결은 끝이 났을지 모르지만 새로운 분쟁의 가능성이 자라나고 있음을 헌팅턴은 지적하고 있다. 헌팅턴의 글이 장안의 지가를 높인 것은 이 같은 지적의 시의성이다"라며 이렇게 말한다.

"헌팅턴 교수는 냉전시대의 대결적 사고에 젖어 있고 따라서 탈냉전 이후의 방향감을 상실한 많은 인사들에게 심리학에서 이야기하는 '인식상의 부조화' 를 줄여주었다. 헌팅턴의 글이 유명해진 것은 각종의 '종언주의' 에 담긴 유포리아를 아주 적절한 때에 경계한 데 그 이유의 일단이 있다. 그러나 이것뿐이라면 '문명 충돌론'은, 이 글을 읽은 많은 사람들이 오해하듯이, 군비의 유지를 주장하는 우익 '매파'를 대변하는 데 지나지 않을 것이다. 내가 아는 헌팅턴은 그런 천박한 학자가 아니다. 문명 충돌론의 행간에는 탈근대적(포스트모던) 세계질서를 보는 새로운 패러다임이 숨어 있다. 17세기 이래 근대 국제관계의 주된 행위자는 주권을 지난 국민국가였다. 상호의존의 증가와 세계화로 이제 국민국가는 약화되고 있다. 탈근대 세계질서의 주된 규정력으로 헌팅턴은 문명을 끌어들이고 있다. 이렇게 그려진 탈근대 세계는 놀랍게도 중세와 흡사하다."

그렇게도 볼 수 있겠다. 그러나 똑같은 말이라도 어떤 사람이 하느냐에 따라 달라질 수밖에 없다. 이영조는 헌팅턴이 '그런 천박한 학자'가 아니라고 말했지만, 개인으로서의 헌팅턴과 미국의 매파 정책의 브레인으로서의 헌팅턴은 구별해야 하지 않을까? 앞서 지적했지만, 그는 미국의 베트남전쟁 프로그램을 입안하고 정당화한 인물이었으며, 반전 데모를 하는 대학생들에게 '미친 개'라는 별명을 얻기까지 했다.(Bowen 1987, Nation 1987)

헌팅턴은 1987년 미국의 권위 있는 미국과학자조직(NAS; National Academy of Sciences)에서 제명을 당하는 수모를 겪기도 했다. 당시 제명의 이유는 그가 계량화할 수 없는 것을 계량화하는 사이비 사회과학을 일삼고 있다는 것이었다. 예컨대, 『변화하는 사회에서의 정치적 질서(Political Order in Changing Societies)』(1968)에서 "좌절과 불안정의 상관관계는 0.5이다"라는 따위의 주장을 했는데, 이에 대해 헌팅턴을 내쫓는 일에 앞장섰던 예일대학 수학교수 세르주 랑(Serge Lang,

1927~2005)은 다음과 같이 주장했다.

"이건 터무니없는 난센스다. 헌팅턴은 어떻게 해서 사회적 좌절과 같은 것을 측정할 수 있단 말인가? 그는 사회적 좌절을 잴 수 있는 잣대라도 갖고 있단 말인가? 나는 단지 정치적 견해에 지나지 않는 것을 과학으로 위장하는 것에 대해 단호히 반대한다."(Bowen 1987)

랑이 그런 이유로 헌팅턴을 내쫓은 것은 지나치다고 할 수 있을망정, 그가 마지막에 한 말은 매우 중요한 의미를 갖는다. 즉, 정치적 견해를 학문적인 것으로 위장하는 것의 위험성 말이다. 베트남전쟁을 적극 지지했던 사람이 미국의 개입 정책을 비판한다? 좌절과 불안정의 상관관계가 0.5라고 주장했던 사람이 문명에 대해 이야기한다? 그러니 어찌 헌팅턴의 숨은 뜻을 의심하지 않을 수 있으랴. 요컨대, 헌팅턴은 자신의 정치적 견해에 사회과학의 포장을 씌우는 일에 탁월한 인물이었으며 그것이 지나쳐 미국과학자조직에서 제명까지 당한 것이다.

갈등과 전쟁을 정당화하는 '문명 충돌론'

헌팅턴은 이슬람 인구가 늘어나는 것을 매우 불안하게 생각했다. 이슬람 인구는 과거 세계 인구 대비 18퍼센트에 못 미쳤으나 이제 23퍼센트를 차지하고 있으며 다음 세기에는 50퍼센트 수준에 육박할 것이라는 점을 강조했다. 이슬람 근본주의의 영향력은 점점 커지고 있으며 이들은 극단적으로 반서방적이라는 지적도 빠트리지 않았다.

박장희(1995)가 헌팅턴과의 인터뷰에서 "지난번 오클라호마시티 폭탄테러 사건이 일어나자 많은 미국인들은 곧바로 아랍인들의 소행으로 단정했다. 사람들이 귀하의 이론을 그대로 믿고 또 행동함으로써 오히려 갈등이 증폭될 수 있지 않을까"라고 묻자, 헌팅턴은 다음과 같이 답했다. "내 이론이 자기실현적 예언(self-fulfilling prophecy)이 될 소지가 있다는 것은 잘 안다. 그러나 과거 30년 전에 제기됐던 미소 간 핵전쟁 가능성이 결국 이에 대한 우려로 인해 현실로 나타나지 않았듯이, 문명 충돌의 가능성을 직시함으로써 폭력 발생을 방지하는 자기부정적 예언(self-denying prophesy)으로 변할 가능성도 있다고 생각한다."

그러나 핵전쟁 가능성과 문명 충돌론은 전혀 다른 이야기다. 핵전쟁 가능성을 떠들어대는 것으로 인해 피해를 보는 사람은 없지만 문명 충돌론은 그렇지 않다. 노르웨이 국제평화연구소장 댄 스미스(Dan Smith 1994)는 1994년 3월 아태평화재단 학술회의에서 발표한 논문 「왜 문명들은 충돌해야 하는가」에서 '문명 충돌론'이 문명을 안보와 국제분쟁을 설명하는 독립변수로 채택함으로써 국제관계와 전략 연구 분야의 제한된 시각을 확대하는 데 공헌했다고 말하면서도 그 정치적 함의에 대해 다음과 같이 경고했다.

"헌팅턴의 '문명 충돌'에 내포돼 있는 위험은 문명의 차이 때문에 갈등이 솟아나리라고 예측함으로써 정책 입안자들로 하여금 갈등을 야기할 제반 행동을 채택하도록 설득하게 된다는 점이다. 그의 글은 미국 내 정책 브레인들의 절박한 요구와 맞아떨어지고 있다. 우리가 예측할 수 있는 미래사회의 일차적 갈등요인은 빈곤이며 문명권을 위한 투쟁보다는 민족 주체성을 위한 투쟁이다. 또한 앞으로는 부유한 국가와 더 부유한 국가 간에 갈등이 나타날 수 있다. 따라서 평화를 위한 전략은 보다 평등한 세계를 향한 전략과 병행해서 빈곤을 경감하는 것이다."

헌팅턴의 '문명 충돌론'은 이론과 추상의 차원에서 논의될 때엔 설득력 있는 점도 없지는 않지만 그것이 미국의 구체적인 외교정책으로 가시화될 때 여러 가지 심각한 문제점을 안고 있다. 세계적 차원의 인권운동은 쇠퇴할 것이고 빈곤 문제는 더욱 심각해질 것이다. 또 미국은 '문명 충돌'이나 '문화 갈등'이라는 면죄부를 흔들면서 미국의 패권주의적 정책을 정당화하려 들 것이다.

헌팅턴의 '문명 충돌론'에 있어서 사실 더 근본적인 문제는 미국의 패권주의를 어떻게 보느냐 하는 문제다. '문명 충돌론'은 미국의 패권주의를 보는 그의 독특한 시각에 근거해 나온 것이기 때문이다. 미국의 정치학자 한스 모르겐타우(Hans J. Morgenthau, 1904~1980)는 『뉴욕타임스』 1974년 10월 10일자에 기고한 「억압의 친구」라는 칼럼에서 세계무대에서의 미국의 역할에 대해 다음과 같이 말한 바 있다.

"우리는 2차 세계대전 이후 일관되게 혁명과 급진적 개혁을 반대하고 보수주의적이며 파시스트적인 억압을 편드는 개입을 해왔다. 여러 사회가 혁명 혹은 전혁명의 단계에 돌입한 시대에 있어서, 우리는 지구상에서 가장 반혁명적이고 현상유지적인 국가가 되었다. 그러한 정책은 오직 도덕적, 정치적 파국에 이를 뿐이다."

헌팅턴(Huntington 1999)은 『미국정치론(American Politics: The Promise of Disharmony)』(1981)에서 모르겐타우의 이 발언을 인용한 다음 그것을 '미국의 억압이라는 신화'라고 부르며 대대적인 반격을 가한다. 반격의 핵심 내용은 우익 권위주의 정권이 좌익 전체주의 정권보다 낮다는 것이다.

문제는 바로 여기에 있다. 이는 논리적으로 잘못된 양자택일 구도가 아닌가. 헌팅턴의 '문명 충돌론'도 잘못된 양자택일 구도에 근거하고 있다. 물론 그 양자택일 구도는 꽤 그럴듯해 보인다. 그러나 이 세상의 모든 야만적인 집단 범죄 행위는 그와 같은 잘못된 양자택일 구도를 미리 설정해놓고 이루어졌다는 점에 주목해야 할 것이다. 앞서 스미스가 지적한 바와 같이, "보다 평등한 세계를 향한 전략과 병행해서 빈곤을 경감하는" 노력을 왜 처음부터 포기해야 한단 말인가?

문명의 충돌과 한반도

그러나 순전히 한국의 관점에서만 보자면 헌팅턴의 주장은 긍정적으로 평가할 점이 있다는 것도 지적해두는 게 공정할 것이다. 중국의 패권주의는 미국과는 다른 입장에서 한국 역시 경계해야 할 일임이 틀림없다. 한국은 미국과 중국의 갈등에서 실리를 취해야 하며, 그런 관점에서 한국이 헌팅턴에게 배울 게 있다.

헌팅턴은 1995년 MBC와의 신년 특별대담 〈문명의 충돌과 한반도〉에서 "10~20년 내에 통일 한국은 핵무기를 보유하게 될 것이며, 다른 나라들도 이를 제지하지는 못할 것"이라고 전망한 바 있다. 분단 40년의 장벽은 5000년의 문화적 전통에 비추어보면 아무것도 아니라는 그의 말은 지극히 타당하거니와 한국인들의 가슴에 깊이 와닿으리라. 그의 충고를 들어보자.

"위험천만한 이웃들이 도사리고 있는 이 지역에서 한국은 통일을 이룩해야만 한다. 통일된 한국은 인구 6000만 명에 달하는 강대국이 될 것이다. 게다가 높은 생산성을 지닌 북한의 인력과 활력 있는 남한의 경제가 합쳐질 것이고, 군사적으로도 막강해져 핵무기도 보유할 수 있을 것으로 본다. 그렇게 될 때 통일된 한국은 위험천만한 이웃 나라들 사이에서 나라를 유지할 수 있을 것이다. …… 필연적으로 한국은 동아시아의 주요 문명인 중국과 일본 사이에 끼여 있어 갈등이 빚어질 것이다. 한국은 역사적으로 볼 때 중국 쪽에 기울어져 있다. 그러나 나는 한국의 지도자들이 이 두 나라 사이에서 입장을 잘 조절해야 한다고 생각한다. 통일된 한국의 외교정책에서 그 문제가 가장 중요하게 떠오를 것이다.”(Huntington 1995)

혹 MBC와의 대담인 만큼 한국을 의식하고 마음에 없는 소리를 한 것은 아닐까? 결코 그렇지 않다. 헌팅턴은 그렇게까지 천박한 학자는 아니다. 그는 이 일본의 요미우리 신문사가 발행하는 『이것이 요미우리다(This is 讀賣)』(1996년 5월호)와의 인터뷰에서도 이렇게 말했다.

“한반도의 통일에 대해 미국은 기본적으로 이를 환영하더라도 일본은 ‘통일 한국’을 위협으로 받아들일지도 모른다. 그럴 경우 통일 한국으로 인해 동아시아의 긴장이 높아질 것이라는 우려가 있는데, 나는 그렇게 생각지 않는다. 한반도의 평화통일은 동아시아의 긴장을 완화할 것이다. 지금까지 동아시아와 일본의 안정에 있어 주요한 위협 중 하나는 핵무기가 사용되는 제2의 한국동란이 일어날지 모른다는 가능성이었다. 따라서 남북한이 통일되면 동아시아 전체에 커다란 안정 요인이 될 것이다.”(Huntington 1996a)

참으로 고마운 말씀이다. 그러나 헌팅턴이 한국을 생각해서 그렇게 말하는 건 아니니 감격해할 것까지는 없다. 그는 2010년의 상황을 가상하여, 미군은 통일 한반도에서 철수하리라는 시나리오를 제시했다. 즉, 한국은 문명 충돌이라는 헌팅턴의 가설을 충족시켜주기 위해 통일돼야만 하는 것이다.

그러나 그게 무슨 상관이랴. 세상이 헌팅턴의 뜻대로만 돌아가랴. 중요한 것은 남북한은 반드시 통일돼야 한다는 것이다. 동아시아 전체와 세계 평화를 위해서도 말이다. 문제는 한국의 외교역량에 달려 있다. 헌팅턴이 지적했듯이, 한국의 지도자들은 중국과 일본 사이뿐만 아니라 모든 강대국들 사이에서 입장을 잘 조절해야 하며 그건 통일된 한국의 외교 정책은 물론 당장의 외교 정책에서도 매우 중요한 의미를 갖는다. 그런데 우리는 그런 문제까지 고민하고 있는 것인가? 우리의 국익을 위해 미국의 세계경영 전략을 역이용할 수 있을 만큼 우리는 슬기롭게 생각하며 처신하고 있는 건가? 헌팅턴의 책을 읽으면서 고민해야 할 것은 바로 그런 게 아닐까?

참고문헌 Bowen 1987, Brzezinski 2000, Clemens 1997, Huntington 1991 · 1994 · 1995 · 1996 · 1996a · 1997 · 1999, Huntington & Allis 1993, Ignatieff 1996, Liu 1997, Nation 1987, Smith 1994, Steel 1996, 강준만 2000, 김성우 1993, 김홍우 1997, 윤태형 1997, 이영조 1994, 정운영 1997

미국 문화와 프랑스 문화의 충돌인가?
문화 국가 논쟁

'문화 국가' 논쟁

1996년 2~3월, 미국의 『뉴욕타임스』, 『워싱턴포스트(The Washington Post)』, 월간 『배니티페어(Vanity Fair)』 등이 프랑스 문화의 '창의력 결여'와 '문화적 위기'를 거론하면서 이른바 '문화 국가 논쟁'이 벌어졌다. 이 매체들은 과거에는 세계의 문화 중심지였던 프랑스가 현재에는 창의력 결핍과 현상 안주, 고답적 엘리트주의 등으로 옛 영광을 상실했다고 비판했다. 더 나아가 '관치 예술', '길거리 문화' 등으로 혹평했다. 이 논쟁의 발단은 1992년으로 거슬러 올라간다.

국가는 문화에 어느 정도로 개입하는 것이 바람직한가? 이 질문을 놓고 자주 거론되는 것이 프랑스의 문화 정책이다. 프랑스는 서방 국가로서는 처음으로 1959년 문화부를 창설했다. 문화에 대한 국가의 개입에 대해 자유주의자와 문화 엘리트들은 문화의 관제화와 통속화를 우려했다. 그런 우려를 대변한 책이 프랑스의 지식인 마르크 퓌마롤리(Marc Fumaroli 2004)가 1992년에 출간한 『문화 국가(L' État culturel: une religion moderne)』라는 책이었다. 퓌마롤리는 이 책에서 프랑스를 '문화 국가'로 규정하면서 문화 국가는 '집단적 여가활동의 정치경제학'에만 몰두한다고 우려했다. 프랑스의 문화는 여가활동이나 취미생활로 변했고, 프랑스의 문화공간은 일종의 라스베이거스로 변했다는 것이다.

고종석(2000)은 퓌마롤리의 『문화 국가』가 예술에 대한 우파적·엘리트주의적 입장에 근거해서 오늘날의 문화 국가를 비판하고 있기는 하지만, 이 책에 담긴 프랑스 중심주의를 걷어내면, 그것은 또 하나의 '문화 국가'가 되어가는 한국에서 성찰의 틀이 될 법하다고 논평했다. 아닌 게 아니라 한국은 프랑스의 '문화 국가' 모델을 추종하고 있는 대표적인 나라 중 하나다. 한국은 1973년부터 10월 셋째주 토요일을 '문화의 날'로 제정해 기념해왔으며, 1990년에는 문화부(현재의 문화체육관광부)를 창설했다.

자크 랑을 어떻게 볼 것인가?

과연 국가와 문화의 관계는 어떠해야 하는가? 고종석(1993)은 1992년 말 12년간 장수한 사회당 정부의 최장수 문화·교육 장관 자크 랑(Jack Mathieu Émile Lang)에 대한 프랑스 내부의 평가를 다뤘는데, 이 글은 프랑스 내부의 이른바 '문화 국가' 논쟁의 핵심을 잘 소개하고 있다. 이 기사 내용을 요약해 소개하면 다음과 같다.

랑의 시대에 프랑스 문화예산은 급격히 늘었다. 1981년에 31억 프랑에 머물러 있던 문화부의 예산은 그 이듬해에 갑절인 60억 프랑으

로 늘었고, 1991년에는 104억 프
랑, 그리고 마침내 1993년 들어
전체 정부 예산에서의 비율이 1
퍼센트에 이르렀다. 문화예산의
급격한 팽창과 함께 문화 각 분
야의 쇼윈도가 화려하게 장식됐
다. 오데옹의 유럽 극장과 콜린
극장이 새로 건설됐고, 국립안
무센터와 현대무용극장이 창설
됐으며, 정부의 보조를 받는 극
단 수는 1981년의 189개에서
1992년에 600개 이상으로 늘었

프랑스 사회당 정부에서 자크 랑이 12년간이나 문화·교육
부의 장관을 맡은 동안에 문화예산이 급격히 늘어 '문화 국
가' 논쟁이 뜨거워졌다. © Lucasbfr

다. 랑은 '전시행정' 이라는 말을 들을 정도로 일을 많이 벌여놓고 이
를 널리 선전했는데, 그 결과 '센터', '연구소', '극장', '문서보관소'
들이 우후죽순처럼 생겨났다.

랑의 문화정책의 가장 큰 특징 가운데 하나는 '주변 문화'를 주류
화해 놓은 것이다. 서커스·사진·만화·의상·요리 등이 문화의 중
심부로 진입했고, 재즈와 전자음악이 음악학교의 정식과목으로 채택
됐다. 전통적으로 문화당국이 홀대하던 이 분야가 정식 예술로 대접
받게 된 것에 대한 평가는 엇갈린다. 그걸 랑의 공(功)으로 보는 사람
들도 있고, 과(過)로 보는 사람들도 있다.

자크 랑에 대한 가장 격렬한 비판자 가운데 한 사람인 소설가 앙리
보니에(Henry Bonnier)는 "랑은 문화의 파괴자다. 그는 문화부를 이용

자크 랑 시대에 건축한 그랑 트라보. 루브르 박물관, 아랍 연구소, 그랜드 아치, 바스티유 오페라 극장(위쪽부터 반시계 방향).

해 소위 문화적이라고 일컬어지는 사회주의 이데올로기를 확산시킴으로써 프랑스의 보편적 문화를 붕괴시키고 계급투쟁을 부추겼다. 마르크시즘과 돈이 어색하게 결혼해서 랑의 문화를 낳고 있다"고 주장했다. 반면에 그라세 파스켈(Grasset & Fasquelle) 출판사의 외국문학 담당자인 마리-엘런 도비디오(Marie-Hélène d'Ovidio)는 "음악 축전, 영화 축전 그리고 '독서 열풍' 같은 행사들을 통해 프랑스 문화를 끊임없이 자극한 것은 그의 큰 공로가 아닐까"라며 랑을 옹호했다.

보니에는 프랑스인의 문맹률이 20퍼센트에 이르는 사실을 지적하면서 "비디오, 문화, 랩뮤직을 활성화하는 것이 젊은이들의 문맹을 퇴치하는 길은 아니다. 랑은 젊은이들을 미국 문화로 오염시키고 있다"고 개탄했다. 아닌 게 아니라 장관 취임 초 미국의 문화제국주의에 대한 투쟁을 선포했던 랑은 자신의 공언과는 달리 영화 〈람보 2(Lambo 2)〉(1985년, 감독 조지 P. 코스마토스)와 그 주연배우 실베스터 스탤론(Sylvester Stallone)에게 문화훈장을 수여해 좌파 지식인들의 분노와 우파 지식인들의 비웃음을 샀고, 프랑스 문화의 실질적 '개방'을 통해 미국화를 방치했다.

랑의 시대를 거론할 때 빼놓을 수 없는 것은 흔히 '그랑 트라보(Grands travaux)'라고 불리는 파리의 대형 기념물들이다. 자기 시대를 역사에 각인하고 싶은 프랑수아 미테랑(François Mitterrand) 대통령의 욕심을 반영한 것이겠지만, 어쨌든 랑의 지휘 아래 바스티유에 오페라 극장이 새로 지어졌고, 루브르 박물관이 증축되면서 피라미드가 세워졌으며, 그 밖에 라빌레트 공원, 라데팡스의 그랜드 아치, 아랍세계연구소 등 대형 건조물들이 세워졌다.

'그랑 트라보'에 대한 찬반 논쟁은 더 격렬했다. 1991년 출간된 마리본 드 생-퓔장(Maryvonne de Saint-Pulgent)의 『오페라 증후군(Le syndrome de l'opéra)』은 멀쩡하게 제구실을 하는 기존의 팔레 가르니에를 놔두고 새 오페라 극장(바스티유)을 짓게 되기까지 사회당 정권의 문화관료들이 저지른 의사결정 과정의 무사안일과 직무유기를 추리소설처럼 서술해내 일대 센세이션을 일으켰다. 알베르 캉 박물관의 연구원인 질 보-베르티에(Gilles Baud-Berthier)는 랑의 문화정책에 대해 이런 평가를 내렸다.

"예전에 문화로부터 소외되어 있던 사람들이 문화적인 것에 더 쉽게 접근할 수 있게 된 것은 사실이다. 그러나 그것으로 충분하다. 돈이 예술적 감수성을 낳을 수 있는 것은 아니다. 사실은 문화부라는 부처의 존재 자체가 우스운 것이다. 국가의 문화에 대한 개입은 유적의 관리 정도로 충분한 것이 아닐까. 도대체 문화를 관리하는 부처라니, 한국에도 몇 년 전에 문화부가 생긴 것은 다른 나라의 나쁜 관례를 따온 것 같다."

『뉴욕타임스』-『르몽드』 논쟁

프랑스식 문화정책의 반대편에 미국이 있다. 한국은 과연 어느 편에 서는 게 좋을까? 그 점에 대한 안목을 기르기 위해서는 미국 언론과 프랑스 언론 사이에서 벌어진 문화논쟁을 이해할 필요가 있다. 1992년에는 파리에 개장한 유로 디즈니랜드 때문에, 1993년에는 우루과이 라운드 협상 가운데 시청각 분야 때문에 두 나라의 언론이 서로의 문화를 헐뜯는 논전이 벌어졌는데, 앞서 지적한 1996년의 논쟁을 자세

1992년 파리 외곽에서 개장한 유로디즈니랜드는 미국 밖에 세워진 두 번째 테마파크로, 미국 문화의 침투를 놓고 벌어진 격렬한 논쟁의 한가운데에 있었다. ⓒ deror avi

히 살펴보도록 하자.

『뉴욕타임스』는 국가 예산의 1퍼센트를 문화에 투자한다는 프랑스 당국의 지원에도 불구하고 오늘날 진정한 가치를 지닌 프랑스의 화가나 음악인, 작가는 찾아볼 수 없다고 주장했다. 그리고 정부의 지원과 보호를 받기 때문에 문화인들이 관료화되고 독단에 빠졌으며 상업적 성공을 경멸하게 되었다고 분석했다. 또 프랑스 지식인들이 대중적인 것은 미국적인 것으로 간주해 미국적인 '비속함' 보다는 프랑스적인 세련됨을 추구하고 있다면서 프랑스 작가나 영화인들은 철학을 알기 보다는 이야기를 제대로 할 줄 알아야 한다고 주장했다.

또 『워싱턴포스트』는 '미와 우아, 예술 그리고 보들레르(Charles Baudelaire, 1821~1867)와 이브 생로랑(Yves Saint-Laurent, 1936~2008)' 의

시대는 지나갔으나 프랑스인들은 아직 예술과 철학, 인권, 국제정치, 요리에 이르기까지 거의 모든 분야에서 우월감에 빠져 있다고 지적했다. 『베니티페어』는 앙리 마티스(Henri Matisse, 1869~1954)가 사망한 이후 프랑스에 위대한 화가는 없다면서 파리는 더 이상 문화 중심지가 아니라고 주장했다.

이에 대해 미 뉴욕대학 프랑스문화센터의 톰 비숍(Tom Bishop) 교수는 미언론의 혹평을 "사랑하는 사람에 대한 질시"에 비유하면서 관심이 없다면 비판도 없을 것이라고 지적했다. 그는 프랑스 일간지 『리베라시옹(Liberation)』과의 회견에서 미언론이 독일이나 이탈리아 등 다른 나라들은 일절 언급하지 않으면서 유독 프랑스만을 비판하고 나선 것은 프랑스 문화가 그만큼 미국 문화에 영향력을 미치고 있기 때문이라고 프랑스 측을 옹호했다.

프랑스의 『르몽드(Le Monde)』는 1996년 3월 21일자에서 미언론의 지적에 '일부 공감'을 나타내면서도 미국과 프랑스는 예술 지원 환경이 다른 만큼 일방적으로 한쪽의 체제를 비난할 수 없다고 주장했다. 또 프랑스의 예술·문화정책이 주로 소수 관료들에 의해 입안, 집행돼 엘리트화하고 있음을 시인하면서 '국가문화화' 경향을 비판하긴 했지만, 문화 분야에 대한 국가의 이 같은 개입에 대해 미국처럼 민간분야의 '독지가'가 없는 프랑스의 상황에서 불가피함을 지적하고 그렇다고 국가가 특정 예술 사조를 편애하는 것은 아니라고 주장했다.

『르몽드』는 프랑스에서의 수많은 예술 공연이 국가의 보조로 이뤄지고 있는 현실을 지적, "국가가 아니면 누가 지원을 할 것인가"라고 반문하면서 문화행사를 정부가 지원함으로써 국민 각자가 좋아하는 예술에 접근할 수 있도록 도와주고 있으며 이 같은 지원이 결국 훌륭한 예술가의 탄생을 부추기는 환경을 조성하고 있다고 주장했다.

『뉴욕타임스』는 프랑스 문화의 현재 주역들이 제임스 콘론(James Conlon)과 바로크 음악 전문가로 최근 프랑스에 귀화한 윌리엄 크리스티(William Christie), 연극 분야의 로버트 윌슨(Robert Wilson), 피터 브룩(Peter Brook) 등 외국 출신들이라고 지적했으며 『뉴스위크』는 프랑스의 진정한 예술가들이 외국 이민자나 북 아프리카 출신들이라고 꼬집었다.

이에 대해 『르몽드』는 앨프리드 히치콕(Alfred Hitchcock, 1899~1980)이나 빌리 와일더(Billy Wilder, 1906~2002), 스탠리 큐브릭(Stanley Kubrick, 1928~1999) 등 미국 영화사의 거장들이 미국 출신이 아니며 또 카네기홀을 수놓았던 대 피아니스트 아르투르 루빈스타인(Arthur Rubinstein, 1887~1982)이나 블라디미르 호로비츠(Vladimir Horowitz, 1904~1989) 역시 유럽 출신임을 지적했다. 그리고 프랑스가 무용의 세르게이 댜길레프(Sergej Dâgilev, 1872~1929)나 게오르게 발란친(George Balanchine, 1904~1983), 화가 샤갈(Marc Chagall, 1887~1985)이나 피카소(Pablo Picasso, 1881~1973), 쿤데라(Milan Kundera) 등을 맞아들여 이들의 예술 환경을 조성해주고 있음을 들면서 결국 한 국가의 문화적 저력은 예술가들의 인종적 순수성보다 이들을 동화하는 힘으로 평가돼야 한다고 강조했다. 또 "한 나라의 문화적 저력은 '인종적 순수성'에 있는 것이 아니라 이질적인 것을 동화하는 데 있다"고 주장했다.

호사품은 상업문화가 아닌가?

미국 조지메이슨대학의 경제학과 교수 타일러 코웬(Tyler Cowen 2003)은 1998년에 출간한 『상업문화 예찬(In Praise of Commercial Culture)』에서 프랑스 문화부는 연간 30억 달러의 예산을 쓰며, 고용한 관리도 1만 2000명에 이른다는 사실을 지적하면서 이렇게 주장했다.

"그런데도 프랑스는 세계 문화를 주도하는 위치를 잃어버렸고, 미국의 대중문화를 수용하는 데 어느 나라 못지않게 열심이다. 문화를 보존하는 데 정부가 개입하는 것은 직접적인 세금 부담 이상의 손실을 자아낸다. 국가의 지원은 예술에 관료적인 성격을 깃들게 하고 그 역동성을 억누른다. 정보는 손이 큰 고객의 역할을 할 때 시장에 긍정적인 영향을 미친다."

미국 언론과 프랑스 언론 사이에 벌어진 논쟁의 쟁점 가운데 하나는 문화의 대중성에 관한 것이다. 그런데 한 가지 흥미로운 사실은 전 세계 사치 호사품 시장의 반을 프랑스가 장악하고 있다는 사실이다. 이에 대해서 미국 플로리다대학 광고학 교수 제임스 트위첼(James B. Twitchell 2003)은 2002년에 출간한 『럭셔리 신드롬(Living It Up: Our Love Affair With Luxury)』에서 새로운 사치 호사품들을 생각할 때 참으로 어이없는 일은 대부분의 유럽 사람들이, 그 가운데서도 특히 프랑스 사람들이 자신들의 대중문화가 미국화되고 있다고 앓는 소리를 내면서도 정작 사치 호사품에 관해서는 미국인들을 마음대로 주무르고 있다는 사실이라며 분개한다. 프랑스인은 미국이 자기네 오락 산업을 디즈니화하고, 자기네 식단을 맥도널드화한다고 불평하면서 우아함에 대한 미국인의 감각을 프랑스화하고 있다는 것이다. 트위첼은 이렇게 열변을 토했다.

"프랑스 사람들은 『일 없네, 엉클 샘』, 『세상은 상품이 아니다』, 『미국의 전체주의』, 『누가 프랑스를 죽이는가』, 『미국의 전략』과 같은 종류의 책들을 즐겨 출판한다. 그러나 얼마나 후안무치한 짓인가? 옛날의 제국주의적 침략이야 세월이 갔으니 그렇다고 쳐도 주도면밀한 현대의 프랑스 호사품 확장주의는 어떻게 설명할 것인가?"

묘하게도 호사품 장사는 미국보다는 프랑스가 훨씬 뛰어나다. 미국 기업인 캘빈 클라인의 경우에서 알 수 있듯이 미국인들은 호사품 업체 경영을 잘하지 못한다. 캘빈 클라인의 제품은 고속도로 편의점이나 할인점 매장에 너무 흔하게 널려 있어 브랜드의 매력이 없어졌는데, 이건 너무도 미국적인 방식이다.

미국과 프랑스의 문화적 갈등은 2000년 6월 말, 프랑스 엔지니어링 업체인 비방디(Vivendi)가 위스키 시바스 리갈로 유명하거니와 미국 유니버설스튜디오를 거느린 캐나다 시그램을 인수해 비방디 유니버설을 탄생시켰을 때에도 나타났다. 어떤 일이 벌어졌던가? 레스터 C. 서로(Lester C. Thurow 2005)는 "프랑스가 미국 문화를 매수한다며 분통을 터뜨리는 미국인은 한 명도 없었다"며 다음과 같이 말했다.

"그러나 프랑스에서는 대중의 항의가 일어났다. 프랑스 사람들은 프랑스가 할리우드를 인수했다거나 프랑스 사람이 세계적인 영화사를 소유하게 되었다며 기뻐하지 않았다. 대신 프랑스인 소유주가 자신이 인수한 것에 매혹당하거나 비방디의 케이블 채널이 미국화할 것이라고 우려했다. 미국화에 저항하려는 프랑스인의 노력은 프랑스의 역사를 보면 쉽게 이해할 수 있다. 프랑스는 2차 세계대전에서 독일군에게 패배하지는 않았지만 스스로 붕괴한 사회였다. 프랑스인 대부분이 독일인과 협력했던 것이다. 독일의 패전이 확실시되기 전까지 레지스탕스(resistance) 운동에 참여한 사람은 거의 없었다. 파리가 자유를 되찾은 것은 연합군의 힘 덕분이었다. 적과 협력한 뒤 자존심을 회복하려면 자신을 구해준 사람에게 용감히 맞설 필요가 있다. 프랑스에서 영국 요리책이 출판되었을 때 그렇게나 소란스럽고 시끄러웠던 걸 이외에 다른 어떤 말로 설명할 수 있을까?"

프랑스를 조롱하는 듯한 미국인 특유의 냉소가 엿보이지만, 일리가 없는 말은 아니다. 그런데 프랑스인의 그런 피해의식은 그 나름의 근거가 있다는 게 곧 입증되었다. 2002년 4월 16일 이제 세계 2위의 미디어 그룹이 된 비방디 유니버설의 최고 경영자 장 마리 메시에(Jean-Marie Messier)는 자회사인 카날플뤼스(Canal+)의 사장을 전격 해임하면서 프랑스의 자국문화 보호정책은 시대에 뒤떨어진 것이라며 문화계에도 미국식 자유경쟁 시스템을 도입해야 한다고 주장한다. 이 주장을 둘러싸고 프랑스의 문화보호정책에 대한 새로운 논란이 뜨겁게 벌어진다.

참고문헌 Cowen 2003, Fumaroli 2004, Thurow 2005, Twitchell 2003, 강준만 2004, 경향신문 1996, 고종석 1993 · 2000, 문화일보 1996, 방형남 1996

'질병과 죽음을 수출하는 나라'
미국의 담배 수출 논쟁

"미국의 혼을 내게 달라"

문명 충돌이든 문화 충돌이든, 정작 국제사회에서 자주 문제가 된 것은 미국의 이중 기준이었다. 문명 충돌론이 활발하게 거론되던 1990년대 중반 그 대표적 사례로 떠오른 건 바로 미국의 담배 수출 논란이었다. 이 논란의 발단은 1990년으로 거슬러 올라간다.

1990년 5월 4일 에드워드 케네디(Edward M. Kennedy, 1932~2009) 의원이 분과위원장으로 있는 상원 노동·인간자원위원회는 제3세계에 대한 미국의 담배 판매와 관련된 청문회를 열었다. 담배 수출을 비난하는 의학자들은 흡연으로 인해 전 세계적으로 연간 300만 명 정도가 목숨을 잃고 있으며, 특히 개발도상국에서는 흡연으로 인한 질병으로 사망하는 경우가 앞으로 10년 동안 으뜸을 차지하게 된다고 주장했다. 선진국에서는 해마다 흡연이 1퍼센트씩 줄어들고 있는 데 반해 개발도상국에서는 오히려 2퍼센트의 증가율을 보이고 있는데, 이런 높은 증가율은 세계 제일의 담배수출국인 미국이 이들 나라에서 공격적이고 때로는 불법적인 광고까지 실시하고 있기 때문이라는 것이다.

　불법 광고는 담배 광고를 금하는 아시아 일부 국가에서 특히 심했다. 가령 타이에서는 학생들의 노트 앞장이나 날리는 연에 '말보로'와 '윈스턴'이라는 글자가 찍혀 있고, 수영복에도 말보로의 상표가 박혀 있었다. 담배 광고를 전면적으로 금하는 말레이시아에서는 텔레비전에 담배는 보여주지 않고 대신 말보로 담뱃갑 디자인과 안내문만 살짝 보여주는 광고를 교묘하게 내보냈다. 필리핀에서는 록 음악에 따라 춤을 추는 미국 젊은이들을 보여주면서 "미국의 혼을 내게 달

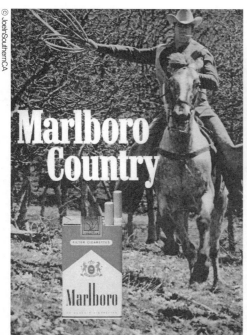

미국 담배 브랜드 말보로의 홍보 포스터와 루마니아에 있는 윈스턴, 켄트의 대형 옥외 광고. 미국은 자국에서는 강력한 금연정책을 펴면서도 해외 수출은 공격적으로 밀어붙이고 있다.

라”는 말로 미국 담배를 선전했다. 그래서인지 마닐라에서는 초등학생들까지 담배 피우는 범위가 상당하다는 것이었다.

미국 질병통제예방센터(CDC)의 소장을 지낸 바 있는 윌리엄 페이지(William H. Foege)는 이날 증언에서 “미국은 이 나라에서는 담배와 관련된 건강 문제를 그렇게 강조하면서 외국에 대해서는 경제우위를 먼저 내세운다”고 비난했다. 케네디 의원도 제3세계, 특히 아시아 여러 나라들에 대한 담배판매 전략이 너무나 공격적이어서 “미국은 이들 나라로부터 ‘질병과 죽음을 수출하는 나라’라는 평판을 얻고 있다”고 개탄하면서, “자유무역이 결코 폐암을 수출할 수 있는 면허장은 아니다”라고 통박했다.(정연주 1990)

자국에서는 강력한 금연정책을 실시하면서 해외로의 담배 수출은 공격적으로 하는 미국의 이중성은 1986년 9월부터 미국 담배를 포함한 이른바 ‘양담배’의 시장 개방이 이루어진 한국 등 많은 나라들에서 반미주의를 자극하는 결과를 초래했다.

“나는 한 조각의 양심도 갖지 않았다”

1995년 미국 담배의 국내 소비량은 10년 전인 1986년에 비해 약 1000억 개비가 줄어들었지만 전체적인 생산량은 약 900억 개비가 오히려 늘었다. 이는 수출량 증가 때문으로 총생산량 7400억 개비의 약 3분의 1이 수출된 것으로 추정되었다.

1995년 12월 8일 『월스트리트저널』은 미국 담배제조업체 필립모리스사의 비밀 보고서가 니코틴을 그 구성과 뇌에 대한 영향의 측면에서 마약에 비유하고 있다고 보도했다. 이 보고서는 흡연자들이 니코틴을 몸속으로 전달하기 위해 담배를 피우며 니코틴은 코카인, 모르핀, 키닌 또는 아트로핀 등의 마약과 비슷한 구조를 가진 화학물질이라고 지적했다.

미국 담배회사 브라운 앤드 윌리엄슨(Brown & Williamson)의 연구소 부소장으로 일하면서 담배의 중독성을 낮추려는 연구를 하다가 해직된 제프리 와이갠드(Jeffrey Wigand)는 1996년 3월 11일자 『타임』과의 인터뷰에서 "저는 (담배) 산업 전체가 터무니없이 기만적이고 부정직하다고 믿습니다. 말과 행동이 달라요. 전 사람들이 이 점을 알아야 한다고 생각해요"라고 말했다. 담배회사들이 담배에는 중독성이 없다고 주장하자, 와이갠드는 그것은 새빨간 거짓말이며 실제로는 담배회사들이 중독성을 높이기 위해 애를 쓰고 있다고 폭로해 큰 사회적 반향을 불러일으켰다. 이 내부고발로 인해 그는 모진 고통과 시련을 당한 끝에 부인과 이혼하고 혼자 살면서 '담배에서 자유로운 아이들 (Smoke-Free Kids)'이라는 조직을 만들어 금연운동을 전개했다.(Current Biography 2005a)

소설가 리처드 클루거(Richard Kluger)는 1996년에 출간한 『재에서 재로(Ashes to Ashes)』에서 미국 담배시장의 47퍼센트를 차지한 필립모리스사에 초점을 맞춰 이 회사의 위선을 가차 없이 공격했다. 그는 담배산업이 광고의 도움을 받아 성장했음을 강조했다. 또 조지프 컬먼 (Joseph Cullman, 1912~2004), 조지 와이스먼(George Weissman, 1919~2009) 등 담배업계의 거물들과 만나 이들이 돈 버는 재미에 빠져 인간에게 끼치는 폐해에 대해서는 관심을 쏟지 않는다는 것을 실토하도록 유도했다. 컬먼은 은퇴 후 "나는 한 조각의 양심도 갖지 않았다"

고 말한 것으로 기록돼 있다.(설원태 1996)

확실히 양심은 없었는가 보다. 1996년 6월 미국의 담배회사 필립모리스사가 유럽 9개국을 대상으로 "간접흡연이 폐암을 일으킬 가능성은 매일 과자 하나를 먹음으로써 심장병에 걸릴 가능성보다 낮다"는 등의 광고 캠페인을 시작하자 금연운동단체와 의료계가 격렬히 반발하는 일이 벌어졌다. 필립모리스사는 이 광고 캠페인의 목적이 순수한 흡연자 권리보호에 있지 상업적 이익추구와는 무관하다고 천명했는데 영국암연구운동(CRC)의 고든 맥비(Gordon McVie) 본부장은 "과자와 담배를 비교하는 것은 우리 지능에 대한 모독"이라고 비난했다.(동아일보 1996)

"담배는 마약이다"

1996년 8월 23일 빌 클린턴 대통령은 남부 지역 민주당원들의 반대에도 불구하고 재선 전략의 하나로 식품의약국(FDA)의 건의를 받아들여 담배를 '중독성 약물'로 선언했다. 이 선언의 배경에는 여론의 압력 외에 대선을 앞둔 정치적 계산이 깔려 있는 것으로 분석되었다.

임민(1996)에 따르면, "지난주 막을 내린 공화당 전당대회로 전열을 가다듬고 본격적인 선거전을 개시한 밥 돌 후보가 적잖은 타격을 받을 수 있다. 얼마 전 돌 후보는 클린턴 행정부의 담배 규제 움직임을 공격하면서 '흡연이 매일 우유를 마시는 습관처럼 전혀 무해할 수도 있다'고 실언해 비난을 자초한 바 있기 때문이다. 그 덕분에 돌 후보는 필립모리스, 유에스 토바코 등 담배회사에서 각각 163만 달러와 44만 8000달러라는 거액의 헌금을 받기도 했으나, 청소년 흡연 등 교육 문제에 깊은 우려를 나타내는 유권자들 쪽에서는 상당한 표가 떨어져 나갔다."

이는 미국 담배회사들이 더욱 수출에 목을 걸어야 할 이유가 되었다. 미국 담배판매협회(TMA; Tobacco Merchants Association)에 따르면, 1996년 한해 동안 미국의 담배수출액은 1995년에 비해 5.5퍼센트 늘어난 2439억 달러에 달했다.

1996년 11월 한국을 방문한 랠프 네이더는 '21세기의 컨슈머리즘과 소비자운동' 이라는 주제의 강연에서 "한국의 10대들에게 담배 피우기를 강요하다시피 하는 미국 담배회사의 시도에 왜 한국의 소비자와 정부는 침묵하고 있는지 모르겠다"며 "우리 모두는 '공적 시민' 으로서의 의무를 먼저 실천해야 하고 소비자 모두의 힘을 기업이나 정경유착 세력에 대항할 수 있도록 고도로 조직해야 한다"고 역설했다.(강상헌 · 김화성 1996)

1997년 4월 25일 미 연방법원은 식품의약국이 담배를 마약으로 규제할 수 있다고 판결했다. 담배업계는 식품의약국의 담배 판촉 및 광고 규제에 대해 소송을 제기하면서 일부러 담배 산지의 아성인 노스캐롤라이나 주 그린즈버러를 재판 장소로 선택했는데 이곳에서도 보기 좋게 패소함으로써 앞날이 더욱 험난함을 예고했다.(홍선근 1997)

1997년 6월 20일 미국 담배업계는 피해보상 소송을 제기한 미국 내 37개 주 사법당국과 17개 개별 · 집단 소송청구인들을 상대로 한 3개월간의 마라톤협상 끝에 피해보상 및 의료지원에 3685억 달러(약 328조 원)를 제공키로 합의했다. 협상에 참여한 필립모리스, RJR 나비스코, 브리티시아메리칸토바코(BAT)의 자회사 브라운 앤드 윌리엄슨은

천문학적 액수의 비용 부담을 받아들이는 대가로 수십 건에 이르는 크고 작은 소송을 취하한다는 약속을 얻어냈다. 이들 3대 담배회사는 이번 합의를 통해 향후 25년간 매년 공중보건 및 금연운동 지원에 100억 달러(약 8조 9000억 원), 개인 진료비 등을 충당키 위한 보상기금에 50억 달러(약 4조 4500억 원)씩 지불키로 동의했다. 이번 합의는 이밖에도 청소년과 미래 세대의 흡연을 억제하기 위해 ●담뱃갑의 경고문구 강화 ●유명인과 만화 주인공의 광고이용 금지 ●옥외 · 인터넷 광고 전면금지 ●자판기 금지 등의 조치들을 규정했다.(강기석 1997)

해외시장에 목숨 건 미국 담배회사들

미국 담배회사들은 미국에서의 그런 합의로 인한 손실을 벌충하겠다는 듯 해외 판촉을 더욱 강화하고 나섰다. 1997년 8월 25일 『뉴욕타임스』는 미국 담배회사들이 매년 수십억 달러 상당의 담배를 무역업자 등을 통해 스페인, 캐나다, 중국 등 외국 암시장에 공급하고 있으며 이 같은 뒷거래 판매량이 전체 해외 담배 판매량의 4분의 1에 달한다고 보도했다. 이 신문은 이 같이 공급된 담배가 각종 세금을 물지 않은 채 싼 가격으로 소비자들에게 판매됨으로써 해당 국가들의 세입감소 피해가 연간 160억 달러 규모에 달한다고 폭로했다.

『뉴욕타임스』는 이에 따라 최근 10년 동안 전 세계의 담배 밀수량이 3배 정도 늘었으며 이 같은 담배 밀매량 증가는 미국 담배회사들이 국내 흡연규제에 따른 판매 감소분을 만회키 위해 해외 판로를 적극 개척하고 있는 추세와 일치한다고 지적했다. 이와 관련, 이 신문은 업계 2위인 R. J. 레이놀즈타바코(RJR)사가 캐나다에서 담배밀수 혐의로

기소된 업자들을 접대한 사실이 드러났으며 브라운 앤드 윌리엄슨사가 고용한 판매관계자들이 담배 밀거래업자들을 도운 혐의를 인정했다고 밝혔다.(한국일보 1997)

1998년 1월 14일, 미국 굴지의 담배회사인 RJR사의 최고경영자들이 어린 10대 청소년들을 대상으로 집중적인 판촉 계획을 비밀리에 마련한 것으로 드러나 충격을 주었다. 이들은 지난 25년간 시장점유율을 높이기 위해 13세의 어린이들까지도 공략대상으로 삼았다는 것이다. 공개된 1987년도 회사 내부문서에 따르면 RJR사는 당시 경쟁사인 필립모리스사의 말보로 담배를 피우는 13~24세의 저연령층 남성 흡연자들에게 새로운 '카멜 와이드' 상표의 담배를 보급하기 위한 비밀 계획을 수립했다. 1974년 RJR의 부사장이 이사회에 제출한 비망록에는 "이들 13~24세 연령층은 미래의 담배시장을 대표한다. 이들이 성장하면 앞으로 최소한 25년은 담배 총 판매량의 핵심적 부분을 차지하게 될 것"이라고 명료하게 기록돼 있다. 이 회사는 이밖에도 어린 청소년을 대상으로 한 도심 행사, 티셔츠 및 관련 제품 보급 등 담배 판촉 계획을 마련한 것으로 나타났다. 한편 클린턴 대통령은 15일 RJR사가 미성년자들을 상대로 흡연광고 활동을 벌였다는 보도와 관련, 의회에 대해 미성년자를 겨냥하는 담배 광고를 불법화하도록 촉구했다.(한국일보 1998)

담배광고가 제약을 받으면서 영화를 통한 간접광고 방식이 급속히 늘고 있는 것으로 나타났다. 1998년 2월, 영국 노스런던대학 영화학 교수 케네스 매키넌(Kenneth MacKinnon)은 영국 보건교육국(HEA)의 의뢰로 1990년과 1995년의 히트 영화 10편을 비교분석한 결과, 청소

1995년에는 영화를 이용한 간접광고가 심했다. 그해 영화 가운데 담배가 가장 많이 등장하는 영화 〈워터월드〉의 테마파크. ⓒ Little Mountain 5

년들에게 모방심리를 부추기는 배우들의 흡연 장면이 83건에서 298건으로 4배 정도 늘었다고 밝혔다. 또 영화에 등장하는 담배 종류도 1995년의 경우, 주로 한 가지 담배를 집중적으로 보여주던 1990년 영화보다 6배나 많았다면서 가장 자주 등장하는 담배는 말보로였다고 말했다. 담배가 가장 많이 등장하는 영화는 케빈 코스트너(Kevin Costner) 주연의 〈워터월드(Waterworld)〉(1995년, 감독 케빈 레이놀즈)로 121건이었다. 미국 담배회사들과 할리우드는 여전히 제3세계 젊은이들로 하여금 "미국의 혼을 내게 달라"고 말하게 하고 싶었던 걸까?

참고문헌 Current Biography 2005a, 강기석 1997, 강상헌 · 김화성 1996, 동아일보 1995 · 1995a · 1996, 설원태 1996, 임민 1996, 정연주 1990, 한겨레 1997 · 1998, 한국일보 1997 · 1998, 홍선근 1997

제3장

'어플루엔자 신드롬'과
'브랜드 신드롬'

"행복은 돈으로 살 수 있다"
어플루엔자 신드롬

'어플루엔자'란 무엇인가?

1997년 미국 공영방송인 PBS에서 방영돼 화제를 불러일으킨 다큐멘터리 〈어플루엔자(Affluenza)〉는 우리 시대에 새로운 종류의 전염병이 창궐하고 있다는 진단을 내렸다. 그 병의 이름이 바로 어플루엔자다. "고통스럽고 전염성이 있으며 사회적으로 전파되는 병으로, 끊임없이 더 많은 것을 추구하는 태도에서 비롯하는 과중한 업무, 빚, 근심, 낭비 등의 증상을 수반한다."

이 다큐멘터리는 책으로도 나왔는데, 『어플루엔자(Affluenza: The All-Consuming Epidemic)』(2001)의 저자들에 따르면, "역사상 최대의 풍요를 누리고 있는 시대, 우리 사회는 탐욕에 감염되고 있다. 인간은 더 많은, 더 좋은 그리고 특히 새로운 것들을 살 수 있는 가능성에 모든 넋을 빼앗겼다. 미국뿐 아니라 전 세계가 소비중독 바이러스, 어플루엔자에 감염되고 있는 것이다. 그 속에서 인간마저 소비되고 있다. 어

플루엔자는 최악의 전염병이다." (Graaf, Wann & Naylor 2002)

　이 병은 "소위 '아메리칸 드림'의 핵심 원리가 된 경제적 팽창에 대한 강박적인, 거의 맹신에 가까운 욕구에서 비롯된다." 그래서 어플루엔자의 구체적 증상은 쇼핑 중독으로 나타났다. 미국의 소비 산업은 추수감사절에서 크리스마스에 이르는 기간에 이윤총액의 25퍼센트를 올렸다. 1986년만 해도 미국에는 고등학교가 쇼핑센터보다 많았지만, 불과 15년도 안 되어 쇼핑센터가 고등학교의 2배를 넘어섰다. 1987년에 이루어진 한 조사에 따르면, 미국의 10대 소녀 가운데 가장 좋아하는 소일거리로 쇼핑을 꼽은 사람은 전체의 93퍼센트에 이르렀다. (Durning 1994)

　그들의 쇼핑을 가능케 하는 게 바로 신용카드였다. 미국인은 1인당 평균 5장이 넘는 카드를 소지하고 있었는데, 소지 연령이 점점 낮아져 12살짜리 아이들까지 신용카드를 갖기에 이르렀다. 신용카드 회사들은 소비를 조장할 뿐만 아니라 되도록 가입자들이 가급적 빚을 많이 지게 하기 위해 여러 가지 마케팅 기법을 구사했다. 대부분의 상점들도 별개의 고객 카드를 발행했다. 단골 구매자를 대상으로 구매 물품을 항목별로 추적하기 위해 약간의 할인 혜택을 주면서 그 거래정보를 마케팅에 이용하기 위해서였다. (Garfinkel 2001)

　신용카드사들의 공격적인 마케팅 전략 덕분에 미국의 한 가정 평균 7500달러가 넘는 빚을 지고 있었으며, 대학생 1인당 평균 빚은 2500달러에 이르렀다. 당연히 가난할수록 빚이 더 많았다. 연수입이 2만 달러에 못 미치는 가구도 카드빚은 보통 1만 달러가 넘었다. 이들이 걸린 어플루엔자라는 전염병은 주로 미디어의 매개를 통해 이루어졌다.

한 예로, 『어플루엔자』의 저자들은 미국의 홈 쇼핑 방송에 대해 다음과 같이 말했다.

"비판론자들은 그런 방송을 멍청이들에게 끊임없이 싸구려 물건들을 보여주는 채널이라고 조롱하지만 그런 방송을 케이블 TV에서 아주 볼만하고 대단히 유익한 채널로 꼽는 미국인들이 상당한 비중을 차지한다. 과거에 누

소비중독 바이러스 어플루엔자를 다룬 『로스앤젤레스 타임스 매거진』 2005년 4월호. ⓒ debaird™

군가 텔레비전을 '광대한 쓰레기장'이라고 불렀는데, 쇼핑채널이 등장하기도 전의 일이었다. 통신판매 카탈로그와 쇼핑채널은 단순히 상품만 전하는 것이 아니다. 대단히 효과적으로 어플루엔자를 확산하는 매개체인 것이다."

'행복은 돈으로 살 수 있다'

낸시 에트코프(Nancy Etcoff 2000)는 "시기심은 민주주의의 기초"라고 했던 철학자 버트런드 러셀(Bertrand Russell, 1872~1970)의 말을 인용하면서 "이는 모든 것을 달성 가능한 것으로 보이게 함으로써 많은 사람

들을 궁극적으로 만족시키기 불가능한 갈망의 상태로 몰아넣는다"고 말한다.

그게 바로 어플루엔자다. 어플루엔자는 사람들을 끊임없이 비참하게 만든다. 상대적 박탈감을 느끼게 만들기 때문이다. 그래서 미국에선 연간 10만 달러를 벌면서도 자신이 가난하다고 느끼는 사람들이 많아졌고 그 수는 갈수록 늘었다. 모두들 최정상의 사람과 자신을 비교하게 된 것이다. 과거에는 자신이 부자라는 것을 감추려 했지만 이젠 뽐내는 세상이 되었고 대중매체가 그것을 미화하는 바람에 그렇게 된 건지도 모르겠다. 이에 "돈은 민주주의를 지배하지 않는다. 돈이 민주주의다"라는 말까지 나오게 된다.(Twitchell 2003)

그렇다면 어플루엔자는 자본주의를 살찌우는 전염병인가? 그렇지는 않았다. 대니얼 벨(Daniel Bell 1990)은 『자본주의의 문화적 모순(The Cultural Contradictions of Capitalism)』(1976)에서 자본주의 경제 영역의 법칙과 문화의 법칙은 사람들을 상반되는 방향으로 이끌고 있다는 점을 지적했다. 경제 영역에서 필요로 하는 조직의 종류와 규범에 대해 문화의 중심을 차지하는 자기실현이라는 규범이 분열을 일으키고 있다는 것이다. 자본주의 정신의 맹아라 할 청교도 신념은 오늘날과 같은 어플루엔자와는 거리가 먼 것이었으며, 경제와 문화는 결합하여 단일한 성격 구조를 구성하고 있었던 것이다.

그런 분열 또는 모순을 촉발하는 동인 가운데 하나는 바로 대중매체였다. 미국 텔레비전에 등장하는 가정들은 실제 미국 평균 가정보다 4배 정도 부유했다. 그렇게 해야 재미가 있기 때문일 것이다. 가난에 찌든 사람들의 이야기가 무슨 재미가 있겠는가. 더글러스 러시코프(Douglas Rushkoff 2002)는 정치 선전과 선동이 몰락한 이유는 대기업들이 그 기법들을 소비 자본주의의 촉진에 이용했기 때문일 것이라며 다음과 같이 말한다.

"대기업은 이전에 구경꾼 민주주의를 만들기 위해 쓰였던 기법을 사용하여 이제 전쟁 후에 '마음대로 쓸 수 있는' 소득을 활용하도록 '소비자' 민주주의를 설계했으며, 텔레비전 광고와 프로그램은 물론 영화까지도 '행복은 돈으로 살 수 있다'는 세계관을 조장하게 되었다."

자본주의의 문화적 모순

경제학자 레스터 서로(Lester C. Thurow 1997)는 대니얼 벨의 뒤를 이어 텔레비전의 소비문화가 자본주의와도 맞지 않는 면이 있다고 역설했다. 자본주의 문화와 텔레비전 문화는 서로를 생산해내며, 둘 모두 돈 버는 일에 관심을 갖고 있기 때문에 훌륭하게 조화를 이루고 있는 것 같지만, 그것들의 가치가 일치하는 것은 아니라는 것이다. 무엇보다도 텔레비전 세계는 생산이 없는 소비의 세계이기 때문에 미래에의 투자는 전혀 일어나지 않는 반면, 자본주의 경제가 살아남기 위해서는 미래에 투자하는 것이 필요하다는 것이다.

"자본주의 문화는 어느 정도 미래에 초점을 맞추어야 하는 반면, 텔레비전 문화는 희생을 필요로 하는 어떤 미래도 보지 못하고 있다. 지금 재미있게 여겨지는 것이 사실은 흥미로운 것이라고 시민들을 설득함으로써 매체의 내용을 변경할 수 있지만 그것은 매우 어려운 일이다. 개인들이 미래에 투자할 수 있게 소비를 억제하는 역할을 하면서도 흥미진진한 텔레비전 쇼를 만들 수 있는 방법이 있다는 건 상상하기조차 어려운 일이다."

그러나 좌파 지식인들의 생각은 이와 달랐다. 오히려 소비주의 문화가 자본주의를 지탱하는 힘이 되고 있다는 것이다. 허버트 쉴러(Herbert I. Schiller 1990)는 자본주의가 소비자 중심주의를 길러냄으로써 괄목할 만한 대중적 지지를 획득했다는 점에 주목한다. 인간의 복지를 구매 가능한 재화와 용역의 개인적 소유와 결부하는 생활양식과 신념체계는 매우 성공적인 장사였다는 것이다.

"물질적인 재화를 획득한다는 것은 사랑과 우정 그리고 공동체의식과 맞먹거나 혹은 그보다 선행하는 것이었다. …… 자기네 사회의 정치적, 경제적 구조를 결정적으로 변화시키기 위한 서유럽의 급진운동이 그토록 무기력해진 것은 상당 부분 소비재 상품과 사소한 이익의 소유와, 그것을 획득할 수 있다는 희망을 잃고 싶지 않은 대부분의 사람들의 마음가짐으로 설명될 수 있다. 소비재의 획득 혹은 유지의 기회는 그 어떤 대가로도 상쇄될 수 없다는 생각이 팽배해 있음은 명백하다."

그러나 쉴러가 말하는 소비주의 문화가 어플루엔자의 광기(狂氣)마저 포함하는 것은 아닐 것이다. 과연 어플루엔자가 앞으로 자본주의의 뼈대와 얼굴을 어떻게 바꿀 것인지 두고 볼 일이지만, 그 이전에 소비행위에서 삶의 의미와 보람을 찾는 것을 다시 생각해보는 게 어떨까.

'천국의 문' 신도 집단자살

행복을 돈으로 살 수 없다고 생각하는 사람 중에는 '천국의 문'만을 꿈꾸는 이들도 있었다. 1997년 3월 26일, 익명의 제보 전화를 받은 경찰은 캘리포니아 주 샌디에이고 외곽의 한 저택을 급습했다. 경찰을 맞이한 것은 짙은 색 의상과 운동화 차림을 한 39구의 시신이었다. 21명의 여성, 18명의 남성으로 이루어진 이 집단은 '천국의 문(Heaven's Gate)'이라 불린 사교집단의 신도였다. 피 흘린 자국도, 외상도 없이 조용히 누워 있던 시신들의 옷 주머니에는 수면제와 보드카를 섞어 마시라는 자살 방법이 적힌 메모가 들어 있었다.

백승찬(2010)은 "'천국의 문'을 이끈 이는 음대 교수를 지낸 적이 있는 마셜 애플화이트(Marshall Applewhite, 1931~1997)였다. 1972년 심장마비로 쓰러졌다가 살아난 그는 간호사 보니 루 네틀스(Bonnie Lu Nettles, 1927~1985)에게 '당신은 지구로 돌아왔다'는 말을 들은 뒤 인생의 항로를 바꿨다. 애플화이트와 네틀스는 오리건 주, 콜로라도 주 등지를 떠돌며 '천국의 문'을 포교했다. 집단 내에서 애플화이트는 도(Do), 네틀스는 티(Ti)라고 불렸다"며 다음과 같이 말한다.

"이들이 믿는 신은 외계인이었다. 두 교주는 미확인비행물체(UFO)를 탄 외계인이 나타나 믿는 자들을 '하늘 왕국'으로 데려갈 것이라고 설파했다. 이들에 따르면 인간의 육체는 더 높은 차원의 존재로 고양되기 위해서 버려야 할 용기(容器)에 불과했다. 애플화이트는 금욕을 주장했으며, 일부 남성 신도들은 교리를 실천하기 위해 스스로 거세하기도 했다. 그러나 열띤 포교에도 불구하고 UFO는 오지 않았고, 네틀스는 1985년 암으로 숨졌다. 홀로 남은 애플화이트는 1990년대 초반부터 '천국의 문' 재건에 나섰다. 1995년 헤일 밥(Hale-Bopp) 혜성의 존재가 확인되자 신도들은 열광하기 시작했다. 3000년 만에 지구를 찾는 헤일 밥은 지름 40킬로미터의 거대 혜성이었다. '천국의 문'

신도들은 인간의 관찰이 미치지 못하는 혜성 꼬리를 따라 UFO가 지구에 접근하고 있다고 믿었다. 1997년, 마침내 헤일 밥 혜성이 지구에 가장 가까이 접근하는 날이 다가왔다. 천문학자들이 천체를 관찰하면서 흥분하는 사이, '천국의 문' 신도들은 자신들의 영혼을 거두어갈 UFO를 기다리며 마지막 숨을 쉬고 있었다."

헤일 밥 혜성이 지구에 가장 가까이 접근하는 날을 기다려온 '천국의 문' 신도들이 집단자살을 감행하던 그때에 미국의 화성 탐사선 패스파인더(Pathfinder)호는 화성을 향해 날고 있었다. 1996년 12월 4일 지구를 출발한 패스파인더호는 장장 7개월 동안 4억 9700만 킬로미터(직선거리로는 1억 9100만 킬로미터)를 쉬지 않고 날아가, 221번째 독립기념일인 1997년 7월 4일 오전 10시 7분(미국 서부시각) 무사히 화성 표면에 착륙해 첫 신호를 보내왔다.

화성 탐사와 '천국의 문'이 공존하는 미국! '천국의 문' 사건은 미국 기성 종교의 한계를 말해주는 것이기도 했다. 선교보다는 사회사업을 강조한 복음주의 목사 존 스토트(John Stott)는 1998년 언론 인터뷰에서 "만약 우리가 잘못된 상황 자체를 바꾸기 위해 아무 일도 하지 않는다면, 불의의 희생자들에게 연민을 갖는 걸로는 충분치 않습니다"라면서 다음과 같이 말했다.

"빈곤과 기아로 허덕이는 세계에서 기독교인은 사치와 낭비로 살아서 안 된다는 것은 분명합니다. 우리는 경제적 라이프스타일을 단순화해야 합니다. 그렇게 하는 것이 세계의 거시경제적 문제를 해결할 수 있다고 생각하기 때문이 아닙니다. 가난한 사람들과의 연대가 필요합니다. 그런 감정이입이 있을 때에 사회를 개선하려는 열망이

더욱 강해지는 것입니다." (Current Biography 2005b)

미국의 교토의정서 거부

미국인의 소비지향적인 라이프스타일은 늘 세계 환경 논쟁의 주요 이슈가 되었다. 국제에너지기구(IEA; International Energy Agency)의 공식 통계에 따르면, 2000년 기준으로 연간 이산화탄소 배출량 상위 10개국은 1위 미국(24퍼센트), 2위 중국(12.7퍼센트), 3위 러시아(6퍼센트), 4위 일본(5퍼센트), 5위 인도(4퍼센트), 6위 독일(3.5퍼센트), 7위 영국(2.3퍼센트), 8위 캐나다(2.2퍼센트), 9위 한국(1.8퍼센트), 10위 이탈리아(1.7퍼센트) 등이었다.

세계보건기구(WHO)에 따르면 지구온난화로 해마다 16만 명이 사망했다. 지구온난화 방지를 위한 최초의 국제협약으로 1997년 12월 교토의정서(Kyoto Protocol; 온실가스 배출규제 규약)가 채택되었다. 1992년에 이루어진 유엔 기후변화협약(UNFCCC) 회원국들이 채택한 교토의정서는 지구온난화의 주범인 이산화탄소(CO_2)부터 아산화질소(N_2O), 메테인(CH_4), 과불화탄소(PFCs), 수소불화탄소(HFCs), 6불화유황(SF_6) 등 여섯 종류의 온실가스 배출량을 규제하는 내용을 담았다.

대부분의 나라들이 교토의정서를 비준했지만, 가장 많은 배출량을 기록한 미국은 자국 산업보호를 내세우며 비준을 거부했다. 미국의 경우처럼 지구 환경에 결정적인 영향을 미치면서도 자국의 이익만을 생각하는 강대국의 행태를 가리켜서 '환경제국주의'라는 비판이 제기되었다.

프랑크푸르트대학 국제관계학 교수 하랄트 뮐러(Harald Müller 2000)

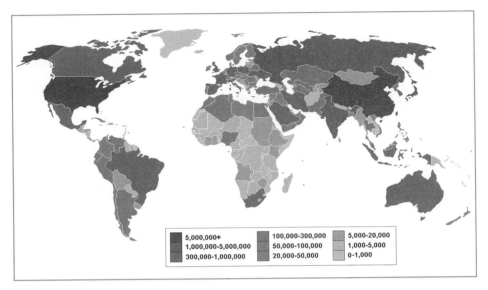

전 세계 국가의 화석 연료를 통한 이산화탄소 배출량. ⓒ Distantbody

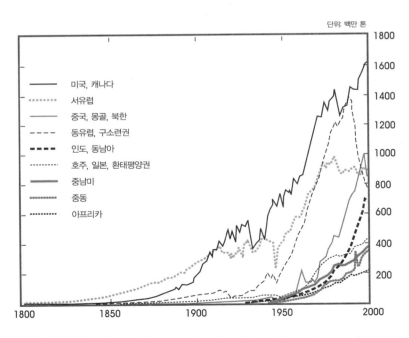

1800년부터 2000년까지의 지역별 연간 탄소배출량 추이 그래프. 우리나라는 '인도'에 들어가 있다.

는 초강대국 미국은 기후 문제에 있어서 파렴치한처럼 행동한다고 비판했다. 그는 '아메리칸 라이프스타일'을 옹호하기 위해 교토의정서에 반대하는, "사악함에 가까운 미국의 어리석음은 이라크의 생물학적 무기, 리비아의 화학무기, 북한의 원자력에 못지않게 세계 안보를 위협한다"고 주장했다.

미국의 과도한 군사주의도 환경파괴에 일조하는 것으로 지목되었다. 미군은 최소한 미국 영토의 2퍼센트 정도에 해당하는 20만 평방킬로미터의 토지를 군사 목적으로 사용했는데, 이 가운데 군사훈련에 사용되는 지역의 토양과 지하수는 유독성 잔류물질로 오염되며, 폭격연습에 사용된 토지는 인간이 사용할 수 없는 토지가 되어 영구폐쇄되곤 했다. 이는 전 세계의 미군 기지에서도 똑같이 일어나고 있는 일이며, 미국의 해외 군사기지들은 미국 국가환경정책법(NEPA)의 적용을 면제받기 때문에 그로 인한 환경파괴는 더욱 심각했다. 또한 미 국방부는 미국에서 가장 큰 에너지 소비자로서 단 1년 동안에 미국의 도시 대중교통체계를 거의 14년간 운영할 수 있는 양의 에너지를 소비하고 있었다.

좀 더 근본적으로 살펴보자면, 미국과 유럽 국가들의 과도한 소비주의적 삶이야말로 전 인류의 재앙이라는 비판이 끊이지 않았다. 21세기 3대 재앙으로 물 부족, 에이즈, 기아 문제가 꼽혔는데, 특히 물 부족 문제가 가장 심각했다. 전 세계 30억 명의 사람들이 깨끗하지 못한 물을 마시고 있었으며 11억 명은 그나마 안전하게 마실 물조차 없었다. 이로 인해 매일 1만 4000명에서 3만 명 정도의 사람들이 수인성 질병으로 사망하고 있었다.

그런데 미국인과 유럽인은 어떻게 살고 있었던가? 예컨대, 미국인은 아프리카 사람에 비해 7배나 많은 물을 썼는데 그 대부분이 먹고사는 것과는 무관한 용도로 사용되고 있었다. 캘리포니아에만 수영장이 56만 개나 되었다. 물부터 에너지에 이르기까지 한마디로 흥청망청 낭비하면서 살고 있었던 것이다. 많은 중진국이 그들의 삶을 '선진'으로 간주해 흉내 내고 있기에 문제는 더욱 심각했다.

서구의 지배적인 가치관인 기독교적 세계관에서 환경 위기의 원인을 찾는 사람들도 있었다. 기독교는 자연과 인간을 분리하는 이원론을 확립시켰을 뿐만 아니라 인간이 신의 목적에 따라 자연을 착취하는 것을 신의 뜻이라고 가르쳤다는 것이다.

당장 세계적인 환경 위기에 가장 큰 문제가 되고 있는 것은 세계화였다. 세계 각국이 세계적 차원에서 치열하게 경쟁하다 보니 국제 경쟁력 제고를 위해 생태계를 포기하는 일이 속출하고 있었기 때문이다. 미국은 세계화가 환경을 살린다는 주장을 했지만, 그 반대 증거들이 훨씬 많았다.

특히 초국적기업의 환경오염이 심각한 문제로 대두되었다. 세계 모든 산업이 배출하는 온실가스의 절반 이상이 초국적기업들의 공장에서 배출되고 있으며, 오존층 파괴물질의 거의 전부가 그곳에서 생산되고 있었기 때문이다.

또한 미국은 외국에 쓰레기를 수출함으로써 '쓰레기 제국주의' 라는 욕을 먹고 있었지만 별로 개의치 않았다. 반면 미국을 비롯한 선진국들은 자국이 수입하는 상품에 대해서는 엄격한 환경규제를 했다. 선진국들은 개발된 환경기술을 상품화해 팔려고 하지 기술이전을 해

주지도 않았다. 그러면서도 제3세계
의 환경 문제에 대해서는 이만저만 간
섭하는 게 아니었다. 바트 무어-길버
트(Bart Moore-Gilbert 2001)는 미국을 비
롯한 선진국 사람들의 생각을 이렇게
표현했다.

"서구의 소비자는 제3세계의 문화,
사람, 장소가 되도록 '원초적'이고
'오염되지 않은' 상태로 남아 있기를
바란다. 그러한 요구는 특히 기행문
에서 두드러지게 나타난다. …… '난
네놈들이 지나치게 서구화되는 건 싫
어. 지금 너희들은 모두 우리처럼 되

말레이시아의 총리 마하티르는 서방의 환경 운동이
새로운 식민주의적 음모라고 주장하고, 동아시아 외
환위기 당시 IMF의 권고와 반대되는 정책을 시행하
는 등 서방 세계와 각을 세웠다.

고 싶어 야단이지. 그건 분명 잘못된 거야.'"

그래서 말레이시아의 수상이었던 마하티르 모하마드(Mahathir bin
Mohamad)는 서방의 환경 운동은 베어낼 밀림이 남아 있는 국가들에
대한 신(新)식민주의적 음모라고 주장하기도 했다. "행복은 돈으로 살
수 있다"는 어플루엔자 신드롬이 교정되지 않는 한 세계 환경 문제도
계속 악화일로(惡化一路)를 걸을 수밖에 없으리라.

참고문헌 Barlow & Clarke 2002, Bell 1990, Current Biography 2005b, Durning 1994,
Etcoff 2000, Garfinkel 2001, Gore 1993, Graaf, Wann & Naylor 2002, Moore-Gilbert
2001, Müller 2000, Rifkin 2001, Rushkoff 2002, Schiller 1990, Thurow 1997, Twitchell
2003, 김이경 2003, 김진균 · 홍성태 1996, 김창희 외 2001, 박선영 2003, 백승찬 2010a, 안병영
2000, 우태희 2008, 이대훈 1998, 이상현 2003, 조선일보 문화부 1999

'잃어버린 3년 8개월'
IMF 환란

한국의 'IMF 환란'

세계화란 본질적으로 경제의 금융화다. 금융은 정부의 통제 밖에 있다. 그래서 국제적 환투기가 벌어져도 정부는 속수무책이다. 이게 바로 1997년 아시아에서 일어났던 외채로 인한 대환란의 실체였다. 금융 위기는 1997년 여름 태국을 강타한 데 이어 홍콩을 거쳐 그해 늦가을 한국에 상륙했다. 외환위기에 봉착한 나라들은 국제통화기금(IMF; International Monetary Fund)에 손을 내밀었다. 그래서 'IMF 환란'이라는 이름을 얻게 되었다.

한국의 경우, 어설픈 '세계화'가 외환위기를 불러온 주범이라는 게 많은 논자들의 진단이다. 한국은 1996년 경제협력개발기구(OECD; Organization for Economic Cooperation and Development)에 가입했다. 김영삼 정부는 경제협력개발기구에 가입하기 위해 시장 개방과 자본 자유화를 추진했는데, 그 과정에서 대규모 무역수지 적자가 발생했다.

가입을 추진한 1994년부터 가입이 실현된 1996년까지 2년 사이에 총 외채는 520억 달러에서 1080억 달러로 급증했다. 1998년 초 시점에서 총 외채는 국민총생산(GNP) 4000억 달러의 37퍼센트에 달하는 1500억 달러였다.

1997년 11월 21일 김영삼 정부는 마침내 국제통화기금에 구제금융을 요청함으로써 한국경제는 IMF의 관리하에 놓이게 되었다. 1996년까지 7~9퍼센트에 이르던 경제성장률은 1998년에는 마이너스 7퍼센트로 떨어졌고, 2~3퍼센트였던 실업률은 9퍼센트로 치솟았으며, 근로자들은 평균 9퍼센트 임금 삭감을 맞았다.

국제통화기금에서 빌린 차입금을 전액 상환하는 2001년 8월까지 '잃어버린 3년 8개월'은 한국 사회에 엄청난 사회적 비용을 강요했다. IMF는 한국에 고금리 정책, 긴축재정, 구조조정, 정리해고 등을 권고, 아니 사실상 강요했는데, 이는 대규모 기업도산과 실업 사태를 야기했다. 그로 인한 사회적 비용으로 계층의 양극화, 신빈곤 계층의 등장, 노동시장의 왜곡, 비정규직 고용의 확대, 가족의 해체, 공동체 규범의 이탈, 생계형 범죄의 증가, 한탕주의 사회 가치관 확산 등이 지적되었다.

1997년 말 한국을 절망과 좌절 속으로 몰아갔던 외환위기 사태가 발생했을 때, 한국을 세 차례 방문했던 국제통화기금 총재 미셸 캉드쉬(Michel Camdessus)는 영락없이 '식민지를 시찰하러 온 경제 총독'이었다. 그는 한국에 구제금융을 지원하는 대신 대통령과 대통령후보들에게 각서를 요구하기도 했다.

마르틴과 슈만(Martin & Schumann 1997)은 "미셸 캉드쉬는 의심할 여

한국은 1997년 말 외환위기에 봉착해 국제통화기금에 구제금융을 요청했다. 그 관리를 위해 입국한 미셸 캉드쉬 총재(왼쪽)와 한국 정부를 대표한 임창렬 경제 부총리(가운데).

지 없이 최고의 권력을 가진 사람이다. 그는 언제나 단도직입적으로 거침없이 말하며, 그의 눈은 또한 부리부리하고 번뜩이고 있어 누구라도 앞뒤가 맞지 않는 말은 할 수가 없을 정도로 위협적이다. 그는 워싱턴 북서쪽의 한 거리에 있는 철골 구조의 고층건물 13층에 자기 사무실을 갖고 있다. 원래 프랑스 출신의 관료였던 그는 이곳에서 세계적인 한 기관을 움직이고 있다. 그것은 다름 아닌 '국제통화기금(IMF)'이라고 하는 기관이다"라며 다음과 같이 말했다.

"세계 각국 정부가 자국의 부채를 제대로 갚지 못하거나 경제 위기를 더 이상 독자적으로 돌파할 수 없다고 판단하여 외국 금융시장의 도움을 필요로 할 때마다 그들은 IMF—무려 3000명이 이곳에서 일하고 있다—의 캉드쉬를 찾아와 도움을 요청해야 한다. 캉드쉬는 벌써

10년 이상을 여기서 일하고 있는데, 그 앞에서는 러시아, 브라질 또는 인도 등 그 어떤 큰 나라의 대표들도 꼼짝없이 도움을 달라고 두 손 모아 비는 비참한 신세가 된다. 각국 대표들은 일정한 금융 대출을 받기 위해 제법 오랜 기간 동안 그를 만나가며 협상 아닌 협상을 벌여야만 하는데, 이 과정에서 각국 정부 나름으로 엄청난 재정긴축 프로그램이나 국가적 관료주의의 과감한 축소를 위한 특별 조치를 의무적으로 제시해야만 한다. 이런 것이 전제조건으로 제시되어야만 캉드쉬는 낮은 이자율로 수십억의 금융 대출을 허락하는 계약서들을 작성한다. 그리고 나서 몇몇 부자 나라의 대표들—미국, 일본, 독일이 그 핵심 나라들이다—에게 최종 결정을 하라고 서류를 넘기게 된다.”

IMF는 '저승사자'?

캉드쉬는 가는 곳마다 한 손에는 구제금융을, 다른 손에는 구제금융의 조건으로 '공기업 민영화', '자본 자유화', '노동 시장 유연화' 등과 같은 카드를 들고 미국 월스트리트와 투기 자본가들의 입맛에 쏙 드는 말만 늘어놓았다. 그가 처방을 내리고 간 곳에서는 예외없이 실업자가 대량 생산됐으며, '20대 80'으로 정의되는 빈익빈 부익부 현상의 검은 그림자가 드리워졌다. 구제금융을 신청한 국가에 그는 '저승사자'나 다름없는 존재라는 일각의 비판은 그런 문제에서 연유한 것이었다.

국제통화기금은 구조적으로 부자 나라들의 대리인 역할을 할 수밖에 없게끔 되어 있다. 이 국제기구는 1국1표제를 채택하고 있는 UN이나 유네스코(UNESCO)와는 달리 투자액에 따라 투표권을 갖는데, 미국은 IMF 전체 투자액의 17.78퍼센트, 일본과 독일은 각각 5.54퍼센트, 영국은 4.98퍼센트로 이 4개국의 지분이 33.85퍼센트에 이르렀다. 그러나 실제로 이들 국가, 그리고 그 가운데 미국의 영향력은 그 지분보다는 훨씬 컸다. 또 이 기구의 중요 의사결정은 총 지분의 85퍼센트 이상의 찬성을 요구하며, 회원국 가운데 거부권을 행사할 수 있는 유일한 국가는 미국이기 때문에 미국은 국제통화기금에 절대적인 영향력을 행사하고 있었다.

한국에 모진 IMF 처방을 밀어붙였던 클린턴 대통령도 마음 한구석에 '이건 아닌 것 같다'는 생각이 있었던 걸까? 클린턴은 1998년 1월 자신의 섹스 스캔들 문제로 오랜 참모였던 딕 모리스(Dick Morris)와 통화를 하면서 이렇게 말했다고 한다.

"지금 나는 우리가 하고 있는 일들이 과연 한국인들에게 옳은지 어떤지 잘 모르겠다. 우리는 지금 그들(한국)에게 실업자를 양산하도록 강요하는 것은 물론, 외국인들이 한국 기업을 사들이도록 하고 있다. 지금 우리가 그들에게 강요하고 있는 것은 사실, 미국에서조차도 결코 받아들이지 않을 자본주의적 관행이 아닌가? 이것이 발전인가? 이게 우리가 지금 바라는 건가? 이것이 과연 IMF가 원하는 상황이란 말인가."(유민호 2000)

하버드대학의 경제학자 제프리 색스(Jeffrey Sachs)는 IMF가 금융 위기를 해결하는 것이 아니라 "채무국 상황은 무시하고 금융적 교조에 충실하게 대부자에게만 신경 쓰며" 위기를 더욱 악화시킨다고 비판하였다. 프린스턴대학의 경제학자 폴 크루그먼(Paul Krugman)도 1998년 9월 『포천(Fortune)』에 기고한 글에서 "IMF가 아시아의 경제 문제를 해

제프리 색스(위 왼쪽), 폴 크루그먼(위 오른쪽), 조지프 스티글리츠(가운데 왼쪽) 등 수많은 경제학자들이 동아시아 외환위기 당시 국제통화기금이 내놓은 해법이 위기를 더욱 악화하고 있다고 비판했다. 특히 노엄 촘스키(아래 왼쪽), 마이클 앨버트(가운데 오른쪽), 존 커배너(아래 오른쪽) 등 좌파 지식인들은 IMF와 IBRD 등 국제 금융기관이 금융 테러리즘의 조건을 만들어낸다고 비판했다.

결하는 데 실패했을 뿐만 아니라 상황을 악화시켰다"고 비판했다.

세계은행 부총재를 지낸 조지프 스티글리츠(Joseph E. Stiglitz 2002)는 IMF가 빈민들에 가하는 위험을 과소평가했다고 말한다. 중산층을 초토화하고 최상류층을 더욱 부유하게 만드는 정책이 가져오는 장기적인 사회적·정치적 비용을 과소평가했다는 것이다. 그는 그럭저럭 약간의 성장을 이룬 멕시코에서조차 '워싱턴 컨센서스(Washington Consensus)'에서 나온 정책의 집행으로 인한 이득은 상위 30퍼센트에게 귀속되었으며 그중에서도 상위 10퍼센트에 더 많이 집중되었다고 말한다. 많은 사람이 이전보다 더 못살게 되었다는 것이다.

IMF 환란 이후 미국은 동아시아 국가들의 제도와 정부가 부패했다고 비난했다. 스티글리츠는 이 나라들을 '동아시아의 기적'이라고 예찬했던 게 바로 미국이었음을 상기시키면서 이해할 수 없다고 말한다. 그렇다면 그간 동아시아 예찬은 다른 지역들에게 교훈을 주기 위한 정치적인 목적으로 이루어진 게 아니냐는 것이다.

하버드대학 교수 마틴 펠트스타인(Martin Feldstein)은 이런 의문을 제기했다. "만일 한국이 유럽의 한 나라였다면 미국과 IMF가 이토록 가혹한 구조조정을 요구할 수 있겠는가? 미국은 그간 한국에 대해 가지고 있던 모든 불만을 한국의 위기 사태를 기화로 일거에 해결코자 하는 것이 아닌가? 건강 상태가 양호하지도 않은 환자를 상대로 이 같은 대수술을 강행하는 까닭은 무엇인가?"(이찬근 1999)

CIA를 대체한 IMF?

좌파의 IMF 비판은 더욱 매서웠다. 윌리엄 태브(William K. Tabb 2001)

는 "좌파 비판가들은 국제 금융기관들이 초국적 금융자본의 권력과 특권을 위해 운영된다고 주장한다"며 이렇게 말했다. "이들은 권력자들이 만들어낸 이데올로기에 비판적이며, 이 기관들이 대부를 제공하는 과정에서 일종의 금융 테러리즘의 조건을 만들어낸다고 생각한다. 폭격과 제3세계 국가들에 대한 계산된 폭력 사용 위협이 함포외교 시대의 특징이었던 것처럼, 이제 신용으로부터의 배제가 국제 금융기구의 정책에 비협조적인 나라들의 배고픈 국민에게 식량 수출을 중단하고 중동 산유국들을 무력화하는 수단이 된 것이다."

또 마이클 앨버트(Michael Albert 2003)는 IMF가 과거에는 제한된 범위에서나마 긍정적인 역할을 수행했지만 1980년대를 거치면서 심각할 정도로 변질되었다고 지적하면서 이렇게 말한다. "IMF는 안정적인 환율을 유지하고 금융상의 혼란을 방지하는 데 도움을 주기는커녕, 자본의 자유로운 이동과 무제한적 수익 추구를 저지하는 최소한의 장벽마저 파괴하는 것을 최우선 목표로 삼고 있다. 이 같은 변화는 사실상 본말이 전도된 것이나 다름없다. 세계은행도 마찬가지다. 가난한 후진국들에 대한 투자를 촉진하기보다는 IMF를 위한 도구로 전락했다. …… 다국적기업의 이익만을 증대시키기 위해 혈안이 되어 있다."

그런가 하면 노엄 촘스키(Noam Chomsky 1996)는 미국이 이젠 중앙정보국(CIA) 대신 IMF를 통한 세계 지배를 시도하고 있다고 주장했다. "IMF는 자금을 빌려주는 대신 '자유화'를 강요한다. 즉 외세의 개입과 그들의 통제를 허용하는 경제를 강요하며 사회보장 예산을 무자비하게 삭감할 것 등을 요구하는 것이다. 이는 부유층과 외국 투자가들의 세력을 더욱 단단히 굳혀주는('안정') 한편, 최상층(그리고 그들을 돕는 비교적 부유한 전문가 집단)과, 가난과 고통에 허우적거리는 대다수 국민으로 나뉘는 제3세계의 전통적인 양극화 사회를 더욱 강화한다. …… 사실 제3세계를 통제하기 위해 군사력을 사용하는 것은 최후의 수단이다. 할 수만 있다면 IMF를 이용하는 것이 해병대나 CIA를 끌어들이는 것보다 비용 면에서 훨씬 효과적인 수단이다. 그렇지만 '철권'은 필요하면 언제라도 써먹을 수 있게 반드시 뒤에 준비가 되어 있어야 한다."

무지와 오만에 의한 과오도 있었다. IMF는 한국을 비롯한 개별 국가의 특수성을 무시한 채 고금리 정책과 노동 시장 유연화 정책으로 일관했는데, 이 모든 게 꼭 음모에서 비롯되었다고 보기는 어려울 것이다. 개발도상국 경제 전문가 존 커배너(John Cavanagh)는 "IMF는 환자가 어디가 아픈지 알아보지도 않고 처방하는 중세시대 의사와 다름없다. IMF는 피를 흘리는 환자에게 제공된 흡혈귀와 똑같은 존재다"라고 비판했다. 후일, 캉드쉬도 "이 세계는 유감스럽게도 이 소수의 몇몇 부자들의 손아귀에 놓여 있는 것이 사실입니다"라며 자신이 이식한 정책이 잘못된 방법이었음을 실토했다.

'카지노 자본주의'와 '주권의 취약성'

IMF의 문제점은 미국의 일부 우익도 인정하는 것이었다. 이매뉴얼 월러스틴(Immanuel Wallerstein 1999)은 "갑자기 벌어지는 재미있는 일 가운데 하나는 IMF에 대한 우익의 비판이 대두한다는 사실"이라며 이렇게 말했다.

"헨리 키신저(Henry Kissinger)나 세계은행이나 조지 슐츠(George P.

Schultz), 제프리 색스 같은 사람이 IMF에 대해 하는 소리를 듣고 보면 이게 『뉴 레프트 리뷰(New Left Review)』인가 싶을 정도지요. 놀랍기 그지없는 점은 이들이 하는 말이, IMF가 대상국들에 부당한 요구를 하고 있다는 겁니다. 사회적인 파급효과를 고려하지 않고 있다는 거예요. 그래서는 안 된다는 등, 사회적 안전망을 제공해야 한다는 등, 더 천천히 나가야 한다는 등. …… 그런데 이게 다름 아닌 우익의 발언입니다. 하지만 왜 저들이 이런 소리를 하느냐를 읽어보면, 특히 키신저의 논평에서는 그것이 분명해집니다. 그의 말인즉, 자 이제 어떤 일이 벌어질지 뻔하다, IMF 때문에 우리는 통제할 수 없는 정치적 격동을 만날 터인데 이것이야말로 우리가 제일 염려해야 할 문제다라는 겁니다."

미국 내 일부 우익의 IMF 비판에는 다른 이유도 있었다. 윌리엄 태브에 따르면, "이들은 IMF가 투자자의 손실을 보호하여 도덕적 해이 문제를 심화시키고 따라서 투기꾼들로 하여금 더 큰 위험을 감수하게 만들어, 결국 이론적으로는 IMF가 방지해야 할 결과를 만들어내고 있다고 주장한다. 우익 민족주의자들은 이러한 국제적 조직이 전 세계를 지배하는 것은 미국의 주권을 약화시키고 미국 납세자들에게 부담이 된다고 생각한다. 국제 금융기구의 역할에 반대하는 자유시장경제 학자들은 시장이 적절한 행위는 보상하고 무책임한 행위는 처벌하는 것을 통해 투자자와 정부를 규율할 수 있다고 믿는다."

윌리엄 태브는 이런 비판의 문제점을 다음과 같이 지적했다. "우익 민중주의자들은 엘리트의 지배에 관해서는 현실을 직시하지만, 계급 분석을 결여하고 있다. 따라서 그들은 이러한 발전을 자본주의에 대한 분석에 기초해서 설명하는 것이 아니라, 사회 계획가, 유태인 또는 다른 음모 그룹의 의도로 설명한다. 그들은 단지 경쟁적이고 개별적인 자유시장을 찬양할 뿐이며, 독점자본과 금융의 지배가 나타나게 된 역사적 과정을 분석하지 않는다. 그들은 모두의 이해를 위해 자본을 사회화할 수 있는 시스템에 대해 분석하지 않고 자유시장의 신화에만 매몰되어 있다."

세계화와 신자유주의에 반대하는 사람들은 그런 우익 세력과 연대해야 할 것인가? 이와 관련, 미국의 사회운동가 제러미 브레커(Jeremy Brecher)는 "히틀러가 '사회주의'라는 용어와 그 용어가 지닌 매력을 '국가사회주의(state socialism)'에 도용했듯이, 오늘날 세계의 우익 집단은 반세계화주의자, 반기업이라는 말을 자신의 쇼비니즘적인 반(反)인류평등주의에 도용하려고 시도하고 있다"며 다음과 같이 주장했다.

"아래로부터의 세계화를 주창하는 사람들 가운데 북미자유무역협정(NAFTA), 세계무역기구(WTO), 국제통화기금(IMF) 등과 관련된 문제에서 반세계화 우익 집단과 사실상 같은 보조를 취하는 경우가 많다. 두 진영은 같은 결과를 얻기 위해 로비를 하고, 때로는 같은 논리를 사용하기도 한다. …… 그러나 국가사회주의의 등장에서 이미 보았듯이 국가적·인종적 쇼비니즘을 진보적이고 대중적인 용어와 그럴듯하게 결합시키는 사람들을 주의해야 한다. 아래로부터의 세계화를 주창하는 사람들은 반세계화 우익을 동맹군으로 보기보다는, 위로부터의 세계화에 희생되는 사람들의 지지를 얻기 위한 경쟁자로 간주해야 한다."

자크 사피르(Jacques Sapir 2009)는 "1997~1999년의 위기는 단지 미국의 신뢰도에 타격을 입힌 것만이 아니다"라며 "이 위기는 아시아 신홍공업국가들의 경제 전략 자체의 번복을 초래했다"고 주장한다. "미국이 세계 금융위기를 제어할 수 있는 능력이 없다는 것을 확인한 아시아 신흥공업국들은 국제금융 위험에 노출되는 것을 최대한 피하기 위해 갑작스러운 부채 상환을 결정했다. 이를 위해 이들 국가는 내수를 줄이고 극히 공격적인 무역정책을 감행했다. 아마도 국제무역에서 '약탈자적인 전환'은 1999년과 2000년에 시작됐다고 말할 수 있다."

과연 그런가? 한 가지 분명한 사실은 IMF 환란이 던진 충격의 핵심은 "일국의 경제가 이렇게까지 취약할 수 있느냐?"는 것이었다. 이른바 '카지노 자본주의(Casino Capitalism)'라는 말은 들었지만 그것이 이런 수준으로까지 '주권의 취약성'을 드러내게 할 줄은 몰랐다는 것이 충격을 받았던 사람들의 한결같은 반응이었다. 그러나 유감스럽게도 IMF 환란을 하루빨리 극복해야 한다는 당위에만 절대 다수의 사람들의 관심이 쏠렸을 뿐, 세계 최고 수준의 극심한 해외의존도로 인해 '카지노 자본주의'에 매우 취약한 경제구조를 가진 한국과 같은 나라가 앞으로 취해야 할 노선은 무엇인가 하는 고민은 제대로 검토되지 않았다. 그런 의미에서 IMF 환란은 앞으로도 한국의 잠재적인 고민이자 딜레마가 될 수밖에 없었다.

참고문헌 Albert 2003, Brecher 외 2003, Chomsky 1996, Martin & Schumann 1997, Sapir 2009, Schumann, Grefe & Greffrath 2004, Stiglitz 2002, Tabb 2001, Wallerstein 1999, 강내희 2000, 강준만 2005, 김민웅 2001, 뉴스플러스 1997, 박길성 2003, 유민호 2000, 이대훈 1998, 이찬근 1999, 임현진 2001

미국화 타락의 상징
'나이키 논쟁' 과 '마이클 조던 신드롬'

'나이키와 나이스'

니케(Nike)는 그리스 신화에 나오는 승리의 여신이지만, 1972년부터 미국에서 운동화의 이름으로 변신했다. 1980년대 중반, 한국의 학생들 사이에서 이른바 '나이키 열풍' 이 불었다. 마정미(2004)에 따르면, "당시 나이키 운동화는 청소년들에게 욕망의 대상이 되었다. 나이키를 갖기 위해 청소년들이 범죄를 저지르는 일도 종종 벌어져 사회를 소란스럽게 하기도 했고, 또 한때는 중고등학교 학생들 사이에서 나이키 스포츠화의 뒷굽을 꺾어 신고 다니면 재벌 아들이라는 우스갯소리가 돌기도 했다." 일부 대학생들은 흰 고무신에 나이키 로고를 그려 신는 풍자를 하기도 했다.

김진경(2005)은 「나이키와 나이스」라는 글에서 1993년 자신의 집안에서 일어난 일을 소개했다. 중학교에 들어간 딸이 엄마가 사다 준 나이스 운동화를 내던지며 "요새 누가 나이스 같은 가짜 상표 신발을 신고 다녀?'라고 항변하면서 닭똥 같은 눈물을 뚝뚝 흘리더라는 이야기다. 결국 엄마는 그 이른 아침에 나이키 대리점을 찾아 딸에게 나이키 운동화를 사 신긴 후에야 겨우 학교에 보낼 수 있었다는 것이다. 김진경은 타이어표 검정색 통고무신을 신던 시절을 회상하면서 요즘의 아이들은 자기 정체성을 머릿속에 들어 있는 정신이 아니라 몸을 통해서 내세우고자 하며, 몸의 정체성은 어떤 브랜드를 소비하는가에 따라 결정된다고 말했다.

한국에서의 '나이키 열풍'은 그냥 웃어넘길 일이었지만, 미국에서는 사정이 달라 매우 심각하게 고민해야 할 사회적 문제로까지 대두되었다. 나이키 광고 모델인 농구 황제 마이클 조던(Michael Jordan)이 미친 영향이 컸다. 198센티미터의 키에 98킬로그램의 신체를 가진 조던은 어떻게 황제의 지위에 올랐던가?

1984년 6월 시카고 불스에 7년간 계약금 600만 달러의 조건으로 입단한 조던은 82 경기에서 경기당 평균 28.2 득점을 올려 그해 시즌 신인왕에 올랐다. 1986년 4월 21일 보스턴 셀틱스와의 플레이오프 2차전 때 그는 놀라운 기록을 수립했다. 53분 동안 63점을 내리 쏟아부은 것이다. 이 기록은 NBA 플레이오프 최다득점기록(연장 포함)으로 남아 있다. 연장전까지 가는 접전 끝에 결국 셀틱스가 승리했지만 이 날의 주인공은 단연 조던이었다. 당시 셀틱스를 이끌고 있던 '스몰 포워드의 교과서'라 불리는 래리 버드(Larry Bird)는 경기 후 기자회견에서 이렇게 말했다. "마치 신이 마이클 조던의 형상으로 나타나 경기를 펼친 것 같았다."(김상현 1999)

조던은 1987년 2월 올스타전 슬램덩크 콘테스트에서 1위를 했고

전 세계에 나이키와 덩크슛 열풍을 몰고온 농구 황제 마이클 조던. 시카고 불스 팀에 많은 공헌을 해 홈 경기장 앞에 그의 동상이 세워졌다. ⓒ jimcchou

1987년 4월에는 평균 37.1점으로 첫 번째 득점왕 타이틀을 획득했으며 1988년 5월에는 시즌 첫 최우수선수(MVP) 및 올해의 수비선수로 선정됐다. 조던은 1990년 3월 28일 열린 클리블랜드전에서 생애 최고 득점인 69점을 뽑아내는 기염을 토했다. 그 다음 시즌인 1990~1991시즌에 시카고 불스는 챔피언 결정전에 진출하여 '농구의 전설' 매직 존슨(Magic Johnson)이 버티고 있던 LA 레이커스와 맞붙게 된다. 불스는 레이커스를 4승 1패로 물리치고 처음으로 챔피언 자리에 오르는 감격을 누렸고, 조던은 정규 시즌 및 챔피언전 MVP로 뽑혔다. NBA의 새로운 강호로 떠오른 시카고 불스는 농구 황제의 활약에 힘입어 첫 우승 후 내리 2년을 우승했고, 조던은 3연속 챔피언 결정전 MVP로 뽑히는 영광을 안았다. 1992년 8월 바르셀로나 올림픽 때 그는 드림팀으로 활약, 미국에 금메달을 안겨주었고 1991~1992, 1992~1993시즌 득점왕에 올랐다. 1993년 10월 6일 "농구에서 더 이상 이룰 게 없다"며 돌연 은퇴를 선언했다. 그의 등번호 23번은 불스의 영구 결번이 되었고 홈 경기장 앞에는 그

의 동상이 세워졌다.(Hornsischer & Hornsischer 1997)

"해보는 거야(Just Do It)"

1990년대 전반 미국의 어느 초등학교 교실 벽에 붙어 있던 낙서에 따르면, "첫째 날, 하느님은 밤과 낮을 창조했다. 둘째 날, 하느님은 하늘을 창조했다. 셋째 날, 하느님은 땅과 바다를 창조했다. 넷째 날, 하느님은 해와 달을 창조했다. 다섯째 날, 하느님은 물고기와 새를 창조했다. 여섯째 날, 하느님은 짐승과 사람을 창조했다. 일곱째 날, 하느님은 휴식을 취했다. 그리고 수천 년 뒤 하느님은 조던을 데리고 왔다."
(김성화·권수진 1995)

그렇게까지 우상화된 조던은 광고를 통해 무엇을 속삭였던가? 제임스 트위첼(James B. Twitchell 2001)은 "조던은 저 유명한 광고의 마지막 10초 동안 두 다리를 벌린 채 공중에 떠 있으면서, 농구 경기를 한 번도 본 적이 없는 구경꾼들을 스포츠 묘기와 지상탈출이라는 불멸의 환상과 융합시킨다"며 이렇게 말한다. "'조던 비행(Jordan Flight)'이라는 이름의 이 나이키 광고는 지겨울 정도로 자주 방영되어서, 조던은 하늘을 나는 '에어 조던(Air Jordan)'으로 엄청나게 유명해졌다. 그 뒤의 또 다른 광고에서는 조던의 비행 과정이 대사 한마디 없이 진행되다가 마지막에 가서 '누가 남자는 날 수 없다고 했는가?'라는 글이 화면에 떠오른다."

화면에 느닷없이 "저스트 두 잇(Just Do It)"이라는 슬로건이 떠오름과 동시에 조던이 특유의 능글맞은 미소를 지어보이면, 아이들은 넋을 빼앗기고 만다. 트위첼은 "10대 소년들은 땅에서 떠나고 싶어 한

환상적인 덩크슛을 하며 공중에 오래 머물던 조던은 나이키에 의해 '에어 조던'으로 다시 유명해졌다. © cliff1066™

다. 하늘을 난다는 착각을 불러일으킨다는 점이, 농구가 성장기의 남
자 아이들에게 그토록 강인한 흡인력을 발휘하는 이유라고 한다면 지
나친 억측일까?'라고 묻는다. 하늘을 날려면 '에어 조던'을 신어야만
했다. 그래서 어떤 일이 벌어졌던가?

"거의 한 세대 동안 미국 전역에 에어 조던 농구화 쇼핑 열풍이 불
면서 사람들이 곳곳에서 장사진을 치고, 사재기가 일어나고, 아이들
은 수업을 빼먹었다. 또 소매가격은 생산비를 훨씬 뛰어넘어 미스터
조던이 뛰어오를 수 있는 만큼 올라가고(원가 5.5달러, 판매가 140달러),

거리마다 2차 시장이 생겨나고, 사람들은 한정된 공급에 대해 참혹한 실망을 했다."

조던 농구화는 전투적인 흑인 래퍼 투팍 아마루 샤커(Tupac Amaru Shakur, 1971~1996)의 저항시에도 등장했다. 샤커(Shakur 2000)의 시(詩) '십대 엄마의 눈물(Tears of a Teenage Mother)'에 따르면, "그는 새로 산 조던 농구화를 자랑한다. …… 자신의 아기가 아파서 병원으로 업혀 갔는데도 네가 아기에게 필요한 돈을 달라고 하자 그는 문을 박차고 나가버린다."

어디 그뿐인가. 미국 휴스턴에서 16세의 조니 베이츠(Johnny Bates, 1973~1989)는 나이키의 '에어 조던' 운동화를 탐내던 17세의 디메트릭 워커(Demetrick Walker)의 총에 맞아 죽었다. 17세 소년이 종신형을 선고받을 때, 검사는 이렇게 말했다. "운동용품에 대해 사치품의 이미지를 만들어 놓고, 그것을 두고 사람들이 서로 죽이도록 만든다면 죄악이다."

월터 레이퍼버(Walter Lafeber 2001)는 "1990년대에 10대들은 나이키의 에어 조던 운동화나 운동복을 얻으려 총을 쏘았고 때로는 살인을 저질렀다"며 다음과 같이 말했다. '나이를 불문하고 손님들은 조던의 이름, 신발에 들인 막대한 광고 테크놀로지, 나이키의 유명한 심벌과 '저스트 두 잇'이라는 모토를 둘러싼 거의 초자연적인 아우라로 인해 나이키에 기꺼이 막대한 이윤을 남겨주었다. 비판자들은 그러한 아우라가 총을 든 10대들로 하여금 나이키를 갈구하도록 만들었다고 주장했다."

좀 더 넓은 맥락에서 보자면 나이키 광고가 의미하는 것은 무엇이었을까? 로버트 D. 매닝(Robert D. Manning 2002)에 따르면, "콜라 회사인 펩시가 1980년대에 퍼트린 '미 제너레이션(Me Generation)' 광고 카피는 1990년대 소비지상주의를 극단적으로 강조한 나이키의 '저스트 두 잇'에 의해 계승 강조되었다. 두 광고 카피가 소비자에게 전달하려는 메시지는 단순하다. '자신을 부정하는 것'은 구닥다리 문화이고 '나를 우선시하는 게' 바로 최신 문화라고 주입하는 것이다. 따라서 지금 순간의 쾌락이 진정한 즐거움으로 되어버렸다."

마이클 조던의 은퇴 파동

은퇴를 선언한 조던은 1994년 2월 야구선수로 스포츠계에 복귀했다. 어릴 때 야구에 소질이 있던 조던은 "어릴 적 꿈이던 메이저리거의 소망을 이루겠다"며 시카고 화이트삭스 산하 마이너리그 더블A팀인 버밍햄에 입단했지만, 야구선수로는 영 신통치 않은 실력을 보였다. 메이저리그보다 두 단계 낮은 더블A 리그에서 2할 2리를 쳤고 3개의 홈런만을 기록했다. 그러나 '미디어의 광란' 덕분에 그는 계속 관중과 화제를 몰고 다녔다. 더그아웃에서 쉴 때조차 건장한 보디가드 두 명을 동행해야 했다. 그가 야구선수로 변신한 것은 순전히 자신이 야구를 좋아한다는 이유 하나 때문이었다.

조던은 1995년 3월 농구 코트에 복귀했다. 17개월 만의 복귀였다. 시카고 불스 팀과 NBA 관계자들은 그의 복귀에 환호성을 질렀다. 그가 뛰지 않았던 1993~1994 시즌에 많은 농구팬들에게 외면을 당했기 때문이었다. 챔피언 결정전 시청률은 최악이었고 입장료 수입도 신통치 않았다. 그러나 1994~1995 시즌에 불스는 회생하지 못했다. 주전 선수들의 이적 때문이었다. 불스는 플레이오프 1회전에서 '상어' 샤킬 오닐('Shaq' Shaquille O'neal)이 버티고 있던 올랜도 매직에 패했다.

1994~1995 시즌이 끝난 후 불스는 '코트의 악동' 데니스 로드맨(Dennis Rodman)을 영입했다. 리바운드에 뛰어난 로드맨으로 전력이 한층 강화된 불스는 그해 시즌 챔피언 결정전에서 시애틀 수퍼소닉스를 꺾고 우승했다. 그 후 1990년대 초와 마찬가지로 내리 2년을 연속으로 우승해 3연속 우승의 쾌거를 일궈냈다. 조던도 3연속 챔피언 결정전 MVP 자리에 올랐다. '농구 황제'로서의 진면목을 다시 한번 보여준 것이었다.

1999년 1월 14일 '농구 황제' 마이클 조던의 은퇴 소식이 시카고에 전해졌다. 그러자 시카고의 농구팬들은 한밤중임에도 불구하고 지역 방송국에 전화를 걸어 사실을 확인하는 해프닝을 벌였고 술집과 레스토랑 등에서는 텔레비전을 밤새 켜놓은 채 조던의 소식을 기다렸다.

그의 은퇴 발표 후 빌 클린턴 대통령은 "우리 모두는 수년 동안 놀랄 만한 농구 재능을 보여준 그에게 감사한다. …… 내 평생 동안 조던만큼 정신과 육체·영혼 모든 면에서 완벽한 자질을 갖춘 운동선수를 본적이 없다"고 말했다. 세계 각국 언론도 조던의 은퇴를 크게 다뤘다. 프랑스의 『르몽드』는 "조던은 NBA에 심각한 문제를 던져주었다. …… 한편 미국에서 흑인의 지위는 조던에게 결코 문제가 되지 않았다. 조던은 빈틈없는 사업 수완과 대단한 자부심을 지닌 프로 농구선수였다"고 논평했고, 중국의 『베이징 모닝 포스트(Beijing Morning Post)』는 "날아다니던 조던이 땅으로 내려왔다"고 보도했고 이탈리아의 『라 리퍼블리카(La Repubblica)』는 "미국인들은 조던 대신 차라리 클린턴이 물러나기를 원할 것이다. 조던은 단지 가장 위대한 선수가 아

니라 농구 그 자체였다"라고 활자화했다.(한국일보 1999)

은퇴 소식에 가장 충격을 받은 것은 NBA였다. 조던이 NBA에 끼친 영향은 지대했다. 그는 1984년 데뷔 후 야구와 미식축구에 밀리던 NBA를 미국의 최고 인기 스포츠로 격상시켰고 더 나아가 전 세계인의 스포츠로 끌어올렸다. 미국 스포츠 전문 웹사이트 'CNNSI' 가 조던의 은퇴 후 네티즌을 상대로 조사한 것을 보면 NBA에서의 그의 위치를 알 수 있다. '조던이 은퇴한 뒤에도 NBA가 존속할 필요가 있는가' 라는 질문에 응답자의 56퍼센트가 '필요 없다' 고 대답했던 것이다.(한국일보 1999a)

조던은 흑인 청소년들의 역할 모델

조던의 은퇴 소식에 긴장한 것은 NBA뿐만이 아니었다. 1984년 조던이 NBA에 진출했을 때부터 그와 광고 전속계약을 맺은 나이키를 비롯한 12개 기업도 놀라기는 마찬가지였다. 조던 덕분에 벌어들이는 수입이 만만찮게 많았기 때문이었다. 그동안 나이키는 조던 때문에 26억 달러의 매상을 올렸고 다른 기업들도 수십억 달러의 수익을 올렸다. 그의 은퇴 소식이 전해진 후 나이키의 주가가 5.3퍼센트 떨어졌다는 사실에서 그가 기업에 미쳤던 영향이 어느 정도였는지 잘 보였던 것이다.

조던은 코카콜라, 미키마우스와 함께 세계 최대의 3대 히트상품으로 꼽히기도 했다. 이 때문에 그를 광고 모델로 기용해왔던 나이키, 게토레이 등의 기업들은 은퇴 후에도 그를 계속 광고 모델로 쓰기를 원했다. 그리고 은퇴 후 광고출연 요청이 끊길 것이라는 예상과 달리 그는 시보레, 사라 리(Sala Lee), 맥도날드, CBS스포츠라인 등의 업체들에서 상업광고 출연요청을 받았다.

그가 미국 경제에 미친 영향은, 조던이 광고 · 상품 등을 통해 발생시키는 경제적 가치를 일컫는 '조던 효과(Jordan Effect)'라는 말이 생겨날 정도로 컸다. 1998년 6월 미국의 경제전문지 『포천』은 '조던 효과'가 약 100억 달러(12조 원)에 달한다고 밝혔다. 조던은 그가 미국 경제에 미치는 영향만큼 돈도 많이 벌었다. 1999년 10월 『포천』이 뽑은 40세 이하 부자 40명 가운데 조던은 3억 5700만 달러의 재산으로 운동선수로는 유일하게 29위를 기록했다.

조던은 흑인 스포츠 영웅이었지만, 무하마드 알리(Muhammad Ali) 등 다른 흑인 스포츠 영웅과는 달리 흑인과 백인 모두에게 추앙받았다. 하지만 흑인 사회 일부에서는 그가 좀 더 흑인의 목소리를 내지 않는 데 대한 비판의 목소리도 존재했다. 프로미식축구 명예의 전당에 오른 짐 브라운(Jim Brown)은 "마이클 조던처럼 많은 재산이 있고 여론을 등에 업은 사람이 왜 정치적인 발언을 하는 데는 소극적인지 모르겠다"로 말해 그의 정치적인 영향력을 기대하는 발언을 하기도 했다.(주성원 1999)

조던이 출연한 나이키, 코카콜라, 위티즈(Wheaties), 헤인즈(Hanes), 게토레이, 시보레, 맥도날드 등의 광고가 가족적인 가치를 부각시킨 것도 논란이 되었다. 스포츠 칼럼니스트 데이비드 앤드루스(David Andrews)는 그의 세계적인 인기가 미국에서 더 이상의 인종차별이 존재하지 않음을 과시하면서 백인의 기득권을 유지하려는 신우익 전략의 산물이라고 주장했다.(정희준 2007)

조던은 특히 흑인 청소년들에게 역할 모델이었다. 그를 흠모한 수많은 흑인 청소년이 농구에 환장했다. 그 결과 나이키 매출의 3분의 1이 흑인들에게서 나왔다. 그러나 흑인 청소년이 NBA 경기에서 뛸 확률은 13만 5800분의 1에 지나지 않았다. 그래서 그에게 비판이 쏟아졌다. "비판자들은 그가 젊은이들에게 다른 메시지를 주어야 한다고 주장했다. 즉 그들이 절대 그처럼 될 수는 없으므로, 그리고 나이키의 광고와는 달리 운동 기술을 흉내냄으로써는 절대 '저스트 두 잇' 할 수 없으므로, 학교에 나가야 하며 새로운 후기 산업 시대에서 살아남아야 한다는 것이었다. …… 그러나 이런 얘기를 강조하면 에어 조던 농구화는 덜 팔리게 될 터였다."(Lafeber 2001) 흑인 페미니스트 벨 훅스(Bell Hooks 2008)는 "주류 사회에서 마이클 조던은 식민지화된 마인드로 계급 권력을 강화할 수 있음을 보여주는 훌륭한 예"라고 단언한다.

나이키는 세계화·신자유주의의 상징

레이퍼버(Lafeber 2001)는 "조던과 나이키는 냉전 이후 미국 문화, 미국의 지구화, 미국의 마케팅, 미국의 부, 미국에 본부를 둔 미디어, 미국에 근거한 초국적기업의 상징—현상—이 되었다. 또한 조던과 나이키는 미국화의 어두운 면이 드러날 때 때로는 이런 미국화의 타락의 상징이 되었다"며 이렇게 말했다.

"오리건 주 비버튼 소재의 이 회사는 미국 역사상 새롭고 가장 중요한 선례를 남겼다. 즉, 나이키는 거의 모든 상품을 외국에서 만들고 물건의 절반을 외국 시장에 판 기업이었다. 다른 말로 하면, 미국 기업으로 알려졌지만 노동자 대부분은 외국인이었고 매출 대부분은 해외에서 이루어졌다."

해외 하청공장에서 일하는 노동자들의 노동조건은 매우 열악했는데, 특히 베트남의 노동조건은 끔찍할 정도였다. "1997년 미국에 있는 베트남노동감시단체의 투옌 응우옌(Thuyển Nguyễn)이 나이키 공장을 방문했다. 그는 8시간 노동에 1.60달러를 주면서(비평가들은 베트남에서 세 끼를 해결하기 위해서는 2달러가 필요하다고 추정했다.) '감독이 여성에게 모욕감을 주고 무릎을 꿇게 하고 뜨거운 태양 아래 서 있게 하는' 방식으로 벌을 준다고 보고했다. 3만 5000명 노동자 중 90퍼센트 이상이 여성이었으며, 12시간 노동을 통해 신발 한 짝당 2달러의 임금을 받았다. 노동자들이 극도의 피로와 영양실조로 쓰러진다는 보고가 나왔다."

인도네시아도 마찬가지였다. "한국인 소유의 4개의 인도네시아 공장에서는 어린 소녀들에게 시간당 15센트만을 주고 하루 11시간 노동을 시켰다. 아시아에서 5달러 60센트에 만들어지는 나이키 신발은 서구에서 70달러 이상에 팔렸다. 마이클 조던이 받는 2000만 달러의 광고 협찬료는 신발을 만드는 인도네시아 공장들의 연간 전체 임금을 합친 것보다 많았다."

그런 비판에 대해 나이키의 인도네시아 총지배인은 "저임금인 것은 사실입니다. 그러나 우리는 여기 와서 달리 노동을 할 수 없었던 이들에게 일자리를 주었습니다"라고 반박했다. 1998년 나이키의 최고경영자인 필 나이트(Phil Knight)는 "나이키 제품은 노예임금, 강제 초과노동 그리고 노동착취 등의 동의어가 되었다"고 시인했다.(Tabb 2001)

나이키 추종자들은 그런 사실을 잘 몰랐고 그걸 알았다 해도 별로

나이키는 골프 황제 타이거 우즈도 파트너를 삼아서 언제나 모자나 신발에서 자신들의 브랜드를 보이게 했다.

개의치 않았다. 레이피버에 따르면, "오랫동안 미국 문화를 숭배하고 흡수한 일본에서 농구는 점점 중요해졌을 뿐 아니라 낡은 중고 나이키와 아디다스에 대한 이상스런 열광이 있었다. 1970년대산 나이키는 한 짝에 2600달러를 호가했다. 초기의 에어 조던 1980년대 중반 모델도 인기를 얻어 600달러에 팔렸다."

그런 이유 때문인지, 노동 문제와 관련된 나이키 논쟁은 2000년대까지 지속된다. 조던만 나이키의 파트너가 된 것은 아니었다. 1997년 4월 13일 4대 메이저 골프대회에서 유색 인종으로서는 처음으로, 그리고 마스터스 사상 최연소(21세)로 우승함으로써 명성을 떨친 골프 황제 타이거 우즈(Tiger Woods)도 나이키의 충실한 파트너가 된다. 우즈는 엄마가 태국인이라는 이유로 한 태국의 명문대학에서 명예 체육학 박사학위를 받았는데, 학위 수여식에 대해 말이 많았다.

전대완(2002)에 따르면, "캠퍼스가 아니라 숙소 호텔에서 거행되었고, 그것도 15분 만에 후딱 해치웠으며, 어떤 질문도 허용되지 않았단다. 우즈는 호텔 방에서 나이키 셔츠만 입고 수여식장으로 내려와 예복을 받아 걸치고는 학위를 받았다. 촌음(寸陰)의 학위식마저도 나이키 선전장으로 삼았다는 게 중론이다. …… 숙소 호텔 로비에서는 일단의 데모대가 시위를 했다. 나이키 회사에서 쥐꼬리만 한 임금과 함께 노동착취만 당하고 쫓겨난 태국 노동자들의 항의 데모였다. 나이키 로고를 착용하는 대가로 향후 5년간 1억 달러라는 거액을 받게 된 타이거도 이런 사실은 알아야 한다는 주장이었다."

2005년 4월 13일 나이키는 전 세계 703개 하청공장 상황과 노동환경을 상세히 담은 보고서를 처음으로 발간했다. 전체 업체들의 25퍼센트에서 노동자에 대한 임금착취와 신체·언어 학대 등이 일어나고 있었다고 밝히면서 향후 개선을 다짐했다. 나이키의 최고경영자 필 나이트는 이날 기자회견에서 "나이키 노동보고서의 발간은 노동조건을 향상시키기 위한 노력의 일환"이라며 "나이키가 책임경영의 세계적인 선두기업이 되길 희망한다"고 말했다.(천지우 2005)

나이키는 세계화와 신자유주의의 상징이기도 하다. 나이키 분석을 통해, 어렵고 딱딱한 담론 일색인 세계화와 신자유주의에 관한 논의의 지평을 넓히고 심화할 수 있다. 나이키 신발을 신고 신자유주의 반대 투쟁에 나서는 일에는 아무런 문제가 없는 걸까? 정치–경제 분리주의는 물론 정치-문화 분리주의 및 경제–문화 분리주의를 재고해야 할 이유도 바로 여기에 있다.

참고문헌 Henwood 2004, Hooks 2008, Hornsischer & Hornsischer 1997, Lafeber 2001, Manning 2002, Shakur 2000, Tabb 2001, Twitchell 2001, 강준만 2005, 강준만 외 1999~2003, 강호철 1999, 김동석 1999, 김상현 1999, 김성화·권수진 1995, 김진경 2005, 마정미 2004, 박병수 1999, 일요서울 1999, 전대완 2002, 정희준 2007, 조선일보 문화부 1999, 주성원 1999, 중앙일보 1999, 천지우 2005, 최화경 1999, 하재식 1999a, 한국일보 1999·1999a

"TV를 없애버리자"
네트워크 텔레비전의 위기

네트워크 TV와 CNN의 위기

네트워크 TV에 대해서는 지겨울 정도로 오랫동안 '위기설'이 거론돼왔는데, 1997년도 예외는 아니었다. 1977년에 3대 네트워크는 프라임타임대에 92퍼센트의 시청점유율을 보였으나 1996년에는 61퍼센트까지 떨어졌다. 프라임타임대 프로그램을 시청하는 평균 가구 수가 모든 채널에서 1997년 2월엔 100만 가구 넘게 줄어들었다.

그러나 '위기설'을 부인하고 싶어 하는 네트워크 방송사들은 미국 국민이 텔레비전 시청 시간을 줄이는 대신 다른 무엇인가, 예컨대 인터넷이나 전자오락 혹은 독서 등으로 시간을 보낸다는 견해는 왜곡된 것이라고 반박했다. 1997년 2월의 시청자 감소에도 불구하고 미국의 텔레비전 보유가구 수는 해마다 꾸준히 늘어 3월 현재 9700만 가구에 이르는데 무슨 소리냐는 것이었다. 네트워크 TV들은 오히려 시청률 조사기관인 닐슨의 독점적 지위에 대한 이의를 제기하면서 3대 네트

CNN은 세계 곳곳에서 일어나는 사건을 24시간 방송하는 최초의 뉴스 채널이었지만, Sky News, N-TV, LCI, 유로뉴스 등이 생겨남에 따라 큰 타격을 받게 되었다.

워크 방송사들이 연합해 새로운 시청률 조사 시스템 개발에 자금을 대기로 합의했다.

물론 네트워크 방송사들은 내심 위기를 너무 잘 알고 있었고, 그래서 대안으로 뉴스의 '연성화'를 밀어붙였다. 네트워크 방송 뉴스프로그램들은 마치 약속이나 한 듯이 정치·외교 등과 같은 딱딱한 뉴스를 피해 대중문화 중심의 부드러운 뉴스를 내보내고 있었다. 이에 대해 비판이 나오자 NBC 앵커맨 톰 브로코(Tom Brokaw)는 1997년 2월 17일자 『타임』 인터뷰에서 "워싱턴은 국민들로부터 단절돼 있습니다. 우리는 시청자들에게 적합한 것을 내보내야만 해요"라고 항변했다.(Current Biography 2002)

당장 발등에 불이 떨어진 곳은 CNN이었다. 17년 사상 최저 시청률이 나온 것이다. 1997년 7월 초 시청률은 0.4를 기록했는데, 이는 전체 7100만 2000 케이블 TV 시청 가구 가운데 약 30만 가구가 시청했다는 이야기다. 국내외적으로 화끈한 뉴스거리가 적고, MSNBC나 Fox 같은 새로운 뉴스 채널이 등장했고, 채널의 증가에 따른 시청자의 세분화가 이루어졌다는 등의 이유가 제시되었지만, 무엇보다도 24시간 로컬 뉴스를 전문적으로 다루는 지역 케이블 채널이 CNN에 타격을 입힌 가장 큰 원인으로 지목되었다.(KBS 1997)

'대외비 보고서'로 작성된 CNN 내부 결론은 "CNN은 국제적인 주요 분규 상황이 없을 때에는 사람들의 일상생활에서 어떤 역할을 하고 있지 않는 것 같다"는 것과 "CNN은 유럽에서 경쟁적 상황에 직면해 있다. 영국의 Sky News, 독일의 N-TV, 프랑스의 LCI 등 각국의 24시간 뉴스 채널들이 시청률과 점유율에서 CNN을 빠르게 잠식해가고 있다. 따라서 채널과 사람들의 일상생활 간의 연관성을 발견하는 것과 사람들의 미디어 시청 행태에 있어 채널의 역할을 찾는 것이 핵심 과제로 떠오르고 있다"는 것 등이었다.

아닌 게 아니라 1985년 CNN International이 방송을 시작했을 때만 해도 이 방송은 유럽에서는 24시간 종일 뉴스와 시사 다큐멘터리로 인기를 끄는 유일한 케이블 뉴스였다. 그러나 그 후 유럽에서는 NBC

Europe, Euronews, BBC World 등이 똑같거나 유사한 상품을 들고 뉴스 전문시장에 뛰어들었다. CNN 자체 조사결과에 따르면 유럽의 성인 케이블 TV 시청자 가운데 13퍼센트가 CNN을 시청하고 있지만, CNN이 패키지 케이블 채널로 계속해서 남으려면 20퍼센트까지는 끌어올려야 한다는 결론이 나왔다.(MBC 1997a)

케이블 TV의 호황

반면 케이블 TV는 호황을 누렸다. 케이블 시장의 호황에 따라 어린이 케이블 시장도 무시 못할 규모가 되자 1997년에 어린이 케이블 시장 3파전이 벌어졌다. 어린이들을 대상으로 한 텔레비전 프로그램은 1996년 한 해 동안 대략 7억 5000만에서 8억 달러에 이르는 광고수입을 벌어들였으며 비아콤(Viacom) 소유의 Nickelodeon의 수입만도 약 3억 7500만 달러에 이르렀다. 여기에 디즈니 채널과 폭스 키즈 월드와이드(Fox Kids Worldwide)가 도전한 것이었다.

창립 25년을 맞은 HBO는 1997년 9월에 열린 에미상 시상식에서 19개 부문에서 수상하는 대성공을 거두었다. 주요 지상파 네트워크 4개사 중 NBC 다음으로 많은 상을 받은 것이다. HBO는 2300만의 가입자를 확보했는데, 이는 전체 시청자의 4분의 1에 해당했다. HBO는 1980년대 중반부터 영화 제작에 투자하는 등 모험적인 전략을 구사했는데, 성공 비결은 독창적이고 모험적인 프로그램 제작에 아낌없이 지원을 하며 작가나 감독에게 거의 간섭을 하지 않는 것으로 알려졌다.

그래서 에이즈, 인종 문제, 낙태 등과 같은 민감한 사안도 광고주의 눈치를 보지 않고 다룰 수 있었고, 이러한 편성정책은 실험적인 영화를

위기를 맞은 뉴스 채널들이 연성화되는 것과 달리 케이블 TV 업계는 호황을 맞아 HBO사는 드라마에 지원을 아끼지 않았다. 사진은 이탈리아 치네치타에 있던 미니시리즈 〈로마〉의 드라마 세트장.

만들려는 할리우드의 제작자들에게 매력적인 요소로 작용했다는 것이다. HBO는 급성장하고 있는 다른 케이블 채널인 TNT와 Showtime과 치열한 경쟁에 직면해 있으며 케이블 시장이 포화 상태라는 문제를 안고 있기는 하나 독창성과 모험성이라는 장점으로 그런 문제들을 돌파해 나갈 것이라고 『뉴욕타임스』 1997년 11월 9일자는 전망했다.(MBC 1997d)

"TV를 없애버리자" 운동

1997년 5월 말 연방통신위원회(FCC) 위원장 리드 헌트(Reed Hundt)가 사임을 발표했다. 열심히 탈규제 정책을 폈는데도 프라임타임에 공익광고 늘리기, 독주 광고 금지, 정치 입후보자를 위한 TV 무료 광고 등과 같은 정책을 시도해 방송 사업자들과 사이가 좋지 않았던 게 사임 이유로 지적되었다.

1997년 8월 6일 클린턴 대통령은 새 위원장에 연방통신위 고문을 지낸 40살의 윌리엄 케너드(William Kennard)를 지명했다. 케너드는 헌트와 달리 타협을 잘하는 인물이라는 평가를 받았다. 그는 디지털 텔레비전을 위한 주파수의 배분 문제와 반환될 예정으로 있는 기존의 아날로그 주파수를 어떻게 경매하느냐 하는 문제를 해결해야 하는데, 가용할 수 있는 주파수대를 상업화하여 연방정부의 재정적자를 메우려는 클린턴 행정부의 정책을 케너드가 따를 가능성이 높은 것으로 점쳐졌다.(KBS 1997a)

미국의 방송정책이 일반 시민을 위한 것이라기보다는 방송 사업자를 위한 것이라는 사실은 결코 놀랄 일은 아니었다. 미국에서 텔레비전은 단지 사회 · 문화적으로만 논란과 규탄의 대상이 될 뿐 정책은 늘 따로 놀았다. 클린턴 행정부라고 해서 예외는 아니었던 것이다.

1997년 중반 워싱턴 주변을 돌아다니는 차에서 가장 흔히 찾아볼 수 있는 스티커가 "TV를 없애버리자(Kill Your Television)"였다는 것도 그렇게 이해해야 하지 않을까. 시청률부터 공익광고, 무료 방송시간, 가족시청 시간대에 이르기까지 방송사들의 프로그램 하나하나가 비판의 집중 표적이 되었던 것이다. 미국방송인협회(NAB)의 수석 부회장인 제프 바우먼(Jeff Bauman)은 "요즘처럼 텔레비전 프로그램에 대한 거센 반향을 일찍이 경험한 적이 없다. 점점 더 많은 사람들이 사회 문제들을 해결하기 위해 텔레비전 프로그램을 규제하기 위한 법규 쪽으로 눈을 돌리고 있다"고 말했다.(MBC 1997b)

TV 연령별 등급제

그러나 법규에 대한 관심은 주로 '폭력과 섹스' 규제에만 제한되었을 뿐 구조 개혁이나 제도 개혁과는 거리가 멀었다. 1996년 연방통신법 (Telecommunications Act of 1996)이 규정한 TV 등급제와 브이 칩(V-chip) 제가 규제 법규 중 선두에 서 있었는데, 1997년 1월부터 발효된 연령 별 등급제에다 프로그램의 내용에 대한 주의 표시를 추가하자는 제안 이 논란의 핵심이었다.

기존의 연령별 등급제는 Y(폭력이나 섹스 장면이 없고 저속한 언어 사 용이 거의 없어 모든 연령의 어린이가 시청 가능한 프로그램), Y-7(7세 이상 의 어린이에게 적합한 프로그램), TV-G(모든 연령에 적합한 프로그램), TV- PG(어느 정도의 폭력, 섹스, 성적인 대화나 저속한 언어 표현 장면이 있어 부 모의 안내가 필요한 프로그램), TV-14(비윤리적인 주제나 거친 언어, 성적인 내용이 포함되어 있어 14세 미만의 어린이에게는 부적절한 프로그램), TV- M(상당한 정도의 거친 표현과 폭력, 섹스 장면을 담고 있어 성인들에게만 허 용되는 프로그램) 등 6단계로 구분되어 있었다.

그런데 새로운 확대 실시 방안에는 이런 프로그램 등급과 함께 시청 프로그램 시작 때 15초 동안 텔레비전 스크린의 윗부분에 V(Violence; 폭력성), S(Sex; 섹스), L(Crude Language; 저속한 언어), D(Dialogue containing sexual themes; 성적인 주제를 담고 있는 대화)의 글자를 표시하 게끔 돼 있었다. 이 새로운 등급제의 확대 방안에 대해 앨 고어(Al Gore) 부통령은 "현행 Y-7의 연령별 프로그램에서 폭력성의 정도에 대한 신 뢰할 만한 내용 정보도 미리 알려주는 유익한 제도"라고 옹호했으나, 방송사들은 크게 반발했다.(MBC 1997b)

그러나 1997년 7월 9일 새로운 등급 제도가 의회를 통과했다. 고어 부통령은 새로운 등급제도에 찬성한 민간단체와 네트워크 대표를 백악관으로 초청하여 그들의 공로를 치하하는 자리에서 "미국의 부모들은 잃었던 거실을 되찾게 되었다"고 말했다. 반면 할리우드에서는 텔레비전 극작가, 제작자, 탤런트 대표들이 회합을 갖고, 이번 등급 제도는 자신들의 창의성을 위협하는 동시에 수정헌법 1조에 보장된 권리를 침해하는 것이라고 공개적으로 비난했다.(KBS 1997b)

새 연방법에 따른 교육적인 어린이 프로그램의 의무 편성이 1997년 9월부터 실시되었다. 1990년 어린이 텔레비전에 관한 법률이 제정되었지만, 그것으로 약하자 1996년 8월 새로운 어린이 텔레비전 규정이 연방통신위원회에서 통과되었던 것이다. 이 규정은 16세 이하의 시청자를 위한 교육적인 프로그램을 주당 세 시간씩 의무적으로 편성하는 내용을 담고 있는데, 연방통신위에서는 그런 프로그램을 코어 프로그램(Core Program)이라고 불렀다. 그러나 PBS나 케이블 TV에서 가져온 재방송물에 교육적 요소를 살짝 가미한 오락 프로그램들이 대부분이었다.(KBS 1997c)

PBS의 재정 위기

1997년 9월 공영방송인 PBS의 재정확보 방안으로 '정부의 공영방송 신용기금 지원책'이 화두로 떠올랐다. 360개 지방 방송국을 아날로그 채널에서 디지털로 전환해야 하기 때문에 자금 압박이 가중된데다, 그간 영국 BBC에서 제작한 질 높은 프로그램을 독점 방송하는 재미를 누려왔지만 A&E, 브라보(Bravo), 디스커버리(Discovery) 등의 케이블 채널을 통해서도 BBC 프로그램을 볼 수 있게 돼 PBS가 막다른 골목에 몰린 것이다.

PBS의 전임 사장인 로렌스 그로스먼(Lawrence K. Grossman)은 공영방송의 재정 확보에 관한 제안을 발표했는데, 그 주요 내용은 1주일 중 금요일과 토요일을 상업방송으로 전환하는 방안이었다. 이는 영국의 채널4 체제와 비슷한 것으로, 공영방송은 이렇게 해서 얻은 광고 수입을 프로그램 제작비로 사용할 수 있으며, 또한 주요 네트워크의 지방 가맹국처럼 방송 시간 사용에 따른 보상을 받을 수 있게 될 것이라는 주장이었다. 그러나 실현 가능성은 희박했다.

그간 나왔던 안 가운데 가장 바람직한 것은 연방 정부가 공영방송 신용기금을 마련해야 한다는 것이었다. 그렇게 되면 정기적으로 의회의 동의를 얻어 공영방송의 예산을 따내지 않아도 되지만, 문제는 신용기금 설립자금을 어떻게 마련하느냐였다. 어느 의원은 상업 방송사들이 공영방송 지원자금을 조성하면 어린이 프로그램 일정 비율 방송 의무라든가 정치 후보자 방송시간 무료 제공의무 등과 같은 상업방송사들에 부과된 여러 가지 공익준수 의무를 면제받게 될 것이라고 주장했지만, 상업 방송사들은 반대하고 나섰다.(KBS 1997d)

결국 PBS는 극심한 자금 압박에 시달리며 시청자들에게 거의 구걸에 가까운 호소와 읍소로 버텨나가는 수밖에 없었다. 미국 공영방송의 그런 비참한 실상에 대해 당시 미국 유학중이었던 전(前)EBS 프로듀서 배인수(1999)는 "지금 텍사스에 오셔서 PBS 채널, 13번을 틀면 두 번 중 한 번은 시청자 회원을 모집하는 광고를 보시게 됩니다. 이즈음이 아마도 캠페인 기간인 듯싶은데 제 눈에는 해도 너무한다 싶게 방

송을 합니다. 120불, 60불, 35불짜리로 나누어진 PBS 연간회원이 되어
달라는 권유가 조금 과장해 전체 방송시간의 절반 가까이 되는 것 같
습니다. 그 엄청난 물량공세가 지금 보름이 넘게 계속되고 있습니다"
라면서 다음과 같이 말했다.

"이를테면 비지스(Bee Gees)의 라스베이거스 공연 실황중계(상당히
매력적인 유인책으로 생각됨)를 하다가 노래 두 곡쯤 끝나면 스튜디오로
카메라가 넘어갑니다. 몇십 명쯤 되는 전화 받는 사람들을 배경으로
음악 프로 진행하는 사람이 나와서 회원 가입 권유를 시작합니다. 그
권유에 넘어가 당장 전화를 하면 120불짜리 회원가입은 비지스 CD 4
장짜리 한 세트가 선물로 주어집니다. 뒤에서는 물론 신나게 전화들
을 받고 있습니다. '오늘 회원 가입 목표는 얼마다. PBS를 돕는 일은
좋은 사회를 만드는 것과 같다. 여러분이 돕지 않으면 지역 PBS는 망
한다. 빨리 전화해라.' 뭐 이런 소리들을 한없이, 정말 한없이 해댑니
다. 자연 다큐멘터리를 방송하면서는 그 프로그램 비디오가 선물이
되기도 합니다. 그래서 얼마나 많은 사람들이 회원이 되는지 그 돈이
전체 예산의 얼마를 차지하는지는 알 수 없지만 거의 대부분 목표를
넘겼다고 좋아하는 장면이 방송되는 것으로 보아서 적지 않은 돈이
모이는 듯싶습니다."

그러나 시청자들을 상대로 한 호소와 읍소에도 한계가 있어 PBS는 기
업자금에도 손을 내밀다가 급기야는 '원유방송국(Petroleum Broadcasting
Service)'이라는 비아냥을 듣는 지경으로 내몰렸다.(Chomsky & Barsamian
2004) 데이비드 트렌드(David Trend 2001)는 1997년에 출간한 『문화민주
주의(Cultural Democracy: Politics, Media, New Technology)』에서 이런 현실

에 대해 강한 문제 제기를 했다.

트렌드는 공화당 전국위원회가 『TV 가이드』에 '미국과의 계약'을 발표했다는 사실은 미국에서 가장 널리 읽히는 잡지의 중요성을 그들이 결코 간과하지 않았음을 보여주는 것이었다고 평가한 반면, 미국의 좌파들은 오직 '경제', 즉 '계급'에만 몰두하는 것에 대해 강한 불만을 표출했다고 말했다. 그는 좌파들의 그런 경향이 좌파를 많은 잠재적 동맹자들로부터 고립시켜 왔을 뿐만 아니라 대중문화와 미디어라는 영역을 좌파운동의 중요한 전장(戰場) 중 하나라고 보는 시각을 평가 절하해왔다고 비판했다.

"정치를 경제학이라고 협소하게 정의함으로써 급진주의자들은 공영방송, 예술기금, 심지어 학교 교과서를 둘러싼 전투에서 자유주의자들과 보수주의자들이 주도권을 쥐도록 방기해버렸던 것이다. 이것은 왜 지금까지 좌파가 문화전쟁뿐만 아니라 미국의 정치를 둘러싼 광범위한 투쟁에서 패배해왔던가를 설명해주는 주된 이유가 된다. 정치를 사회적 이슈에 대한 이야기, 이미지, 저술활동 등의 바깥에 존재하는 것이라고 가정함으로써, 정보의 권력은 AT&T와 펜타곤에 고스란히 넘어가버렸다. 그리고 매스미디어에 효과적으로 개입하는 데 실패함으로써 좌파, 특히 학계에 있는 좌파들이 '주류적' 관심사와 완전히 동떨어져 있다는 일반의 인식은 기세 좋게 확산되어갔다."

1998년의 네트워크 위기설

1998년 11월 1일 미국 10대 도시의 22개 텔레비전 방송국이 디지털 방식에 의한 본방송을 개시했다. 이 계획에 따르면 2003년까지 모든 방송국이 순차적으로 디지털 방송을 시작하게 돼 있었는데, 기존의 아날로그 방송은 2006년 전면 종료가 목표였다.

1998년에도 어김없이 '네트워크 위기설'이 찾아왔다. 지상파 네트워크들은 돈을 벌기 위해 텔레비전 방송사, 제작 스튜디오, 케이블 방송사, 인터넷 사업자들과 강력한 연대를 맺어야 하는 프로그램 공급자로 전락해가고 있다는 진단이 나온 것이다. 살기 위해 NBC와 CBS를 하나로 묶어 거대한 엔터테인먼트 복합 기업을 형성해야 한다는 합병설까지 튀어나왔다. 이와 관련, 미디어 분석가인 로라 마틴(Laura Martin)은 "지상파 방송은 이제 더 이상 몸체가 아닌 깃털에 불과하다는 사실을 누구나 다 알고 있다"고 평했다.(MBC 1998)

1997년 NBC만이 4억 5000만 달러 흑자를 기록했을 뿐, ABC와 Fox는 가까스로 손익분기점에 도달했고 CBS는 1억 달러 적자를 보았다. 그런 상황에서 NBC는 네트워크의 근본적인 개혁안을 1998년 5월 가맹국 회의에 제안했다. 그 골자는 2001년부터 보상료(네트 프로그램 수신에 대한 대가)의 지불을 연 10퍼센트씩 감액해 2010년에는 폐지하는 것이었다. 그 대신 네트워크와 가맹국이 일체가 되어 공동사업체를 설립해 종래의 보상료를 자본으로 삼아 디지털 방송 사업을 중심으로 신규 사업과 대형 프로그램 개발을 진행하자는 것이었다. NBC 제안은 앞으로 프로그램 조달과 사업전개의 리스크와 과실을 가맹국 자신들이 져야 한다고 주장하는 것이나 다름없었다. 바꿔 말하면, 앞으로의 주역은 네트워크가 아니고 각 스테이션이라는 주장이었다. 네트워크의 위상이 이렇게까지 떨어진 것이다.(MBC 1998a)

네트워크 방송사들은 살아남기 위해 더욱 폭력물에 의존했다. 미국의 뉴스·오락 매체를 감시하는 비영리 연구교육단체인 미디어와 공무에 관한 센터(CMPA; Center for Media and Public Affairs)에 따르면 1998년 최고 인기를 끌었던 미국 영화와 텔레비전 프로그램을 본 사람들은 평균 4분마다 한 번꼴로 살인, 강간, 납치, 흉기폭행 등 심각한 폭력 장면을 접한 것으로 조사됐다. 특히 CBS의 시리즈물 〈워커, 텍사스 레인저(Walker, Texas Ranger)〉가 1시간짜리 1회분에 82개의 폭력 장면이 등장해 가장 폭력적인 텔레비전 프로그램으로 지목됐다. CBS는 또 각 프로그램에서 평균 10개의 폭력장면이 나와 가장 폭력적인 네트워크라는 불명예를 안았다. 그러나 그 덕분에 CBS는 1998년 시청률 1위 자리를 탈환했다.(세계일보 1999, 하재식 1999)

그간 몇 차례 소문으로만 떠돌던 CBS 매각설이 1999년 9월에 이르러 현실화되었다. 1998년의 성공 덕분에 CBS로서는 몸값을 불린 셈이었다. 파라마운트 영화사와 MTV 등을 소유하고 있는 비아콤이 인수했는데, 합병 규모는 380억 달러였다.

비아콤은 고용 인원이 9만 명으로, 파라마운트 영화사, 파라마운트 TV, UPN 등을 거느리고 있는 영화 및 TV 사업부의 매출액은 48억 달러, 세계적으로 6500개 이상의 블록버스터 비디오점을 거느리고 있는 비디오 부문의 매출액은 39억 달러, 사이먼 앤드 슈스터를 주축으로 한 출판 부문의 매출액은 5억 6500만 달러, 북미 지역에 6개의 테마파크를 운영하고 있는 테마 공원 부문의 매출액은 4억 2100만 달러, 인터넷 부문의 매출액은 1370만 달러 등이었다. CBS의 고용 인원은 1만 2000명으로 텔레비전 부문의 매출액은 44억 달러, 라디오 부문은 19억 달러, TNN과 CMT 등 케이블 부문은 5억 4600만 달러 등이었다.

비아콤-CBS는 매출액 순위로 타임워너의 268억 달러, 디즈니의 230억 달러에 이어 189억 달러로 3위로 떠오르게 되었다. 4위는 머독의 뉴스 코퍼레이션(136억 달러), 5위는 독일의 베텔스만(127억 달러), 6위는 캐나다의 시그램(123억 달러) 등이었다. 세간의 관심은 비아콤의 섬너 레드스톤(Sumner Redstone) 회장보다는 실무 경영을 맡게 될 CBS의 멜 카마진(Mel Karmazin) 사장에 쏠렸는데, 애덤 브라이언트(Adam Bryant 1999)는 다음과 같이 전망했다.

"카마진은 산술적인 합계 이상의 시너지 효과를 창출하는 데 뛰어난 것으로 알려져 있다. 지난해 CBS가 시청률 1위의 자리를 탈환한 것도 카마진이 산하의 방대한 라디오 방송망을 통해 TV 프로그램을 적극 홍보했기 때문이기도 하다. 그는 CBS TV 네트워크, 라디오 방송국, MTV 등의 케이블 채널, 파라마운트 스튜디오, 그리고 다수의 웹사이트 등 자신의 관할 하에 있는 다양한 사업부에 사람들의 눈과 귀를 끌어모으려 애를 쓴다. 카마진은 파라마운트 스튜디오가 CBS 네트워크의 프로그램을 개발하고, CBS의 록 음악 라디오 방송국이 MTV를 홍보하는 동시에 MTV를 통한 CBS TV 프로그램 홍보로 CBS에 청소년층을 끌어모을 생각이다. 비아콤의 새로운 판매 포인트는 광고주들에게 원스톱 쇼핑과 산하 사업부들 사이에 다양한 교차 홍보를 제공할 수 있다는 것이다."

대중문화의 승자독식주의

인수·합병의 전제인 "큰 것이 아름답다"는 원리는 연예인들의 수입에서도 '승자독식'의 형태로 나타났다. 1998년 한 해 동안 가장 많은 수입을 올린 연예인은 NBC 시트콤 〈사인필드(Seinfeld)〉의 주인공인 코미디언 제리 사인필드(Jerry Seinfeld)로 2억 6700만 달러(약 3200억 원)를 벌었다. 2위도 사인필드 출연자인 코미디언 래리 데이비드(Larry David)로 2억 4200만 달러를 벌었다. 3위는 영화 〈라이언 일병 구하기(Saving Private Ryan)〉(1998년)의 감독 스티븐 스필버그(Stephen Spielberg)로 1억 7500만 달러, 4위는 TV 토크쇼 진행자 오프라 윈프리(Oprah Winfrey)로 1억 2500만 달러, 5위는 영화 〈타이타닉(Titanic)〉(1997년)의 감독 제임스 캐머런(James Cameron)으로 1억 1500만 달러였다. 6위부터 10위까지는 다음과 같다. 6위: 팀 앨런(Tim Allen, 7700만 달러) 7위: 마이클 조던(6900만 달러) 8위: 마이클 크라이튼(Michael Crichton, 1942~2008, 6500만 달러) 9위: 해리슨 포드(Harrison Ford, 5800만 달러) 10위: 롤링스톤스(The Rolling Stones, 5700만 달러)

9년 동안 미국 텔레비전 드라마 시청률 1위를 유지해온 NBC의 〈사인필드〉는 1998년 5월 14일 막을 내렸는데, 최종회의 시청자는 무려 8000만 명에 이르렀다. 드라마를 보기 위해 세인트루이스에서는 수천 명의 군중이 옥외에 설치된 10미터짜리 대형 스크린 앞에 모여들었고 영화제가 열리고 있는 프랑스 칸의 미국관에서는 영화 상영을 중단하고 드라마를 위성 중계했다. 드라마가 만들어낸 '야다 야다 야다(Yada yada yada; 나쁜 소식이라는 뜻)' 라는 속어는 이날 뉴욕대 졸업식에서 앨 고어 부통령이 인용할 만큼 유행어가 됐다. 이 같은 열풍 덕택에 NBC 방송은 마지막 한편 광고비로만 3200만 달러(약 500억 달러)를 챙겼다.

〈사인필드〉는 일상적인 얘기들을 다룬 평범한 드라마로, 뉴욕 맨해튼의 아파트에서 함께 사는 미혼남녀 친구 4명이 자기집착에 빠져 만

제리 사인필드
2억 6700만 달러

© David Shankbone

래리 데이비드
2억 4200만 달러

© David Shankbone

스티븐 스필버그
1억 7500만 달러

오프라 윈프리
1억 2500만 달러

© Alan Light

제임스 캐머런
1억 1500만 달러

© Steve Jurvetson

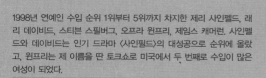

1998년 연예인 수입 순위 1위부터 5위까지 차지한 제리 사인필드, 래리 데이비드, 스티븐 스필버그, 오프라 윈프리, 제임스 캐머런. 사인필드와 데이비드는 인기 드라마 〈사인필드〉의 대성공으로 순위에 올랐고, 윈프리는 제 이름을 딴 토크쇼로 미국에서 두 번째로 수입이 많은 여성이 되었다.

들어내는 사소한 일들을 코믹하게 그려냈을 뿐이다. 그러나 백인 중상층은 달랐다. 맨해튼에 거주하는 백인의 4분의 3이 대졸자이고 3분의 2는 미혼이었으며, 이들의 연평균 수입은 28만 달러였다. 이들에게는 큰 고민이 있을 수 없었다. 드라마에서처럼 "수영장에 들어가면 왜 성기가 위축되는가", "어떤 여자친구에게 피임약을 선물할 것인가" 등 그들만의 '고민'을 안고 있었고 이를 〈사인필드〉가 공개적으로 대변하자 흠뻑 빠져든 것이다. 엄청난 광고 수입과 시청률을 기록한 〈사인필드〉는 백인 중상층의 힘을 나타냈다고 한 사회학자는 분석했다.(홍은택 1998b)

흑인 여성 토크쇼 진행자인 오프라 윈프리는 1998년 『포천』이 선정한 '미국의 최고 비즈니스 우먼' 순위에서 차석(次席)을 차지했다. 흑인 여성으로는 유일하게 자신의 이름을 내건 〈오프라 윈프리 쇼(The Oprah Winfrey Show)〉(1984년에 시작)는 최고 1500만 명의 고정 시청자를 확보하면서 국민적 영웅이 되어, 한때 개혁당이 그녀를 차기 대통령 후보로 지명하는 방안을 검토할 정도였다.(박희준 1999)

윈프리가 그렇게 엄청난 인기를 누리게 된 것은 솔직한 자기고백 때문이었다. 그녀는 방송에서 어린 시절의 성폭행 경험을 털어놓는가 하면, 젊은 시절 마약을 복용한 사실까지 숨김없이 이야기한다. 이러한 극도의 솔직한 면모는 사람들의 호감을 불러일으키는 데 밑받침이 됐다. 사업 수완도 뛰어나서 시카고에 있는 하포(HARPO) 엔터테인먼트 그룹을 운영했으며 영화 및 텔레비전 프로그램은 물론 출판, 라디오 방송 제작에까지 손대 1억 달러가 넘는 돈을 벌어들인 사업가가 된 것이다.(Clemetson 1999)

역시 1억 달러 이상을 벌어 5위를 한 제임스 캐머런은 영화 〈타이타닉〉의 흥행 성공 덕을 보았는데, 이 영화가 미국의 빈부격차에 대한 강한 문제의식을 담고 있었다는 점이 흥미롭다. 앞서(5권 1장) 지적했듯이, 타이타닉호 침몰 사건을 영화로 만들기로 결심한 캐머런은 각본을 직접 쓰면서 타이타닉에 관련된 여러 책들을 읽다가 부자들만 살아남고 가난한 사람들은 모두 죽었다는 사실에 충격을 받았다. 사망자 대부분이 3등 객실의 승객이었던 것이다. 하지만 처음 쓴 대본을 본 투자자 20세기폭스와 파라마운트 영화사는 흥행을 위해 대본 수정을 요구했고, 그래서 휴머니즘이 가미되었다.(김용관 2009)

그럼에도 영국의 우익 경제잡지 『이코노미스트(The Economist)』는 1998년 5월 30일자에서 다음과 같이 주장했다. "대히트한 영화 〈타이타닉〉은 마르크시스트 공산주의 사고방식을 내포하고 있다. 재치 있는 방식으로 한두 명의 부자 승객을 물속에 수장시킴으로써 미국 대중에 야릇한 통쾌감을 안겨주었다. 이렇게 곳곳에 번뜩이는 소득 불균형에 대한 불만은 실로 오싹함을 느끼게 한다."(Friedman 2000)

'승자독식'은 인터넷 분야에서 더욱 두드러지게 나타났다. 마이크로소프트사의 빌 게이츠는 『파이낸셜타임스(Financial Times)』에 의해 '1994년을 빛낸 최고의 인물'로 선정되었지만, 1998년 10~11월에는 '탐욕의 화신'으로 지탄받았다. 미 연방 정부와 20개 주가 제기한 반독점 소송 와중에서 얼마나 탐욕스러우며 자신의 탐욕을 위해 얼마나 뻔뻔하고 거짓말을 잘하는지 들통나버린 것이다.

그런 망신 때문인지 게이츠는 1999년 2월 자선재단에 거금 33억 4500만 달러(약 4조 원)를 기부금으로 내놓았다. 일부에서는 마이크로

	승선자	생존자(생존율)	실종자(실종율)
1등실	329	199(60.5%)	130(39.5%)
2등실	285	119(41.8%)	166(58.2%)
3등실	710	174(24.5%)	536(75.5%)
승무원	899	214(23.8%)	685(76.2%)
합계	2223	706(31.8%)	1517(68.2%)

항구에 접안 중인 RMS 타이타닉 호. 영화 〈타이타닉〉의 소재가 되었던 RMS 타이타닉호의 침몰사고에서 1등실과 3등실 고객 간에 생존자와 실종자의 비율은 엄청나게 차이가 났다.

소프트사 반독점 소송이 시작된 이후 두 달 간격으로 억대 기부금을 내놓았다는 점에서 승소를 위한 '깜짝쇼'가 아니냐고 평가 절하했다.

그러나 게이츠의 최대 성공 비결이 바로 탐욕인 것을 어이하랴. 탐욕 없이 혁신이 나올까? 어림도 없다는 게 게이츠의 생각이요, 미국 자본주의 예찬론자들의 생각이었다. 사실 마이크로소프트사에 관한 게이츠의 그런 생각은 잘 먹혀들었다. 전체 직원 2만 5000명 가운데 5000명이 백만장자였다. 직원들에게 회사 주식을 나눠주는 스톡옵션제를 채택한 결과였다. 미국의 축복이 곧 저주의 이유가 되는, 미국적 시스템의 명암(明暗)이라 할 수 있겠다.

참고문헌 Bryant 1999, Chomsky & Barsamian 2004, Clemetson 1999, Cosmo & Nora 1999, Current Biography 2002, Friedman 2000, KBS 1997 · 1997a · 1997b · 1997c · 1997d, Manes & Andrews 1994, MBC 1997 · 1997a · 1997b · 1997c · 1997d · 1998 · 1998a, Trend 2001, 강수진 1999, 강준만 2001, 김용관 2009, 박희준 1999, 배인수 1999, 세계일보 1999, 중앙일보 1999a, 하재식 1999, 홍은택 1998b

제4장

클린턴의
'지퍼게이트' 논란

'진정한 박애주의자' 인가?
클린턴의 '지퍼게이트'

'드러지 리포트'의 활약

1997년 6월 17일 워터게이트 스캔들 발생 25주년을 맞아 『USA 투데이』는 워터게이트 사건 이후 미국인들은 굵직한 비리 사건에 예외 없이 '게이트'라는 접미사를 갖다붙였는데, 그간 일어난 주요 게이트는 20여개에 달한다고 보도했다. 흥미성으로만 보자면 워터게이트를 능가할 수준의 또 다른 게이트 사건이 터졌으니, 그게 바로 이른바 '지퍼게이트(Zippergate)'다.

'지퍼게이트'는 처음에는 인터넷 루머의 수준에서 시작되었다. 『뉴스위크』1997년 8월 27일자에 따르면, "매트 드러지(Matt Drudge)가 발행하는 온라인 가십잡지 '드러지 리포트(www.drudgereport.com)'는 미전역에서 정계 및 연예계 인사들에게 필독의 대상이 되고 있다. 미 정계와 연예계 인사들은 지금까지는 쑤군거리면서 뒷소문을 서로 주고받았다. 그러나 이제는 드러지가 '비밀 보장'을 약속하면서 그들이 알

클린턴의 지퍼게이트를 처음 보도했던 것은 온라인 가십잡지 '드러지 리포트'였다. 이 잡지는 비밀 보장을 약속하고 정계와 연예계의 뒷소문을 제보로 받아 수많은 특종을 터트렸다. © Todd Barnard

고 있는 최신 루머를 전자우편으로 보내도록 하고 있다. 문제가 된 빌 클린턴 미국 대통령의 '뚜렷한 신체적 특징'은 황금 독수리 문신이었다고 보도했다. 이 같은 주장은 놀림감이 됐으며 드러지의 주장을 뒷받침할 아무런 증거도 나타나지 않았다. 그러나 드러지는 자신의 업무가 입증된 사실이 아닌 루머의 유포에 있다고 반박했다."(Bai 1997)

매트 드러지라는 한 20대 청년이 1995년에 제 이름을 따 만든 '드러지 리포트'라는 웹사이트는 1997년 6월부터 AOL(America Online)사와 『와이어드(Wired)』를 통한 배포 약정을 맺음으로써 사실상 그 인기와 위력을 미국의 거대 기업으로부터 인정받게 되었고 그 결과 위와 같은 기사까지 나오게 된 것이다.

1997년에 정기 구독자 8만 5000명을 확보한 드러지 리포트는 이후 미국 대통령 빌 클린턴의 섹스 스캔들을 집중적으로 물고 늘어짐으로써 세인의 관심을 더욱 집중시켜 하루 접속 건수 30만 건을 넘는 성공을 이루어냈다. 그 결과 드러지는 '인터넷의 얼굴', '아메리칸 사이버 영웅', '정보민주주의 수호자', '말썽쟁이 자녀를 둔 모든 어머니들의 희망'이라는 찬사까지 받게 되었다.

그러나 모든 사람이 그에게 찬사를 보낸 것은 아니었다. 드러지 리포트를 '전자 낙서판'으로 부르는 이는 그래도 점잖은 편에 속했다. 아예 사기꾼이라거나 협잡꾼이라고 부르는 사람들도 적지 않았다. 그와 같은 비난은 드러지라는 인간의 됨됨이에 대한 평가와도 무관하지 않았지만 그와 동시에 온라인 문화의 확산에 따른 일종의 '문화 충돌'에서 비롯된 것이기도 했다.

드러지 리포트는 클린턴의 섹스 스캔들 보도 이전에도 CBS의 여성 앵커 코니 정(Connie Chung) 해고라든가 잭 켐프(Jack Kemp, 1935~2009)의 공화당 부통령후보 지명 등과 같은 특종 보도를 여러 건 만들어냈다. 그런데 이 사이트의 특종은 주로 제보에 의존한다. 이것이 장점인 동시에 단점이다. 일방적인 제보에 의존해 보도하느라 '오보'라고 부르기조차 쑥스러운 엉터리 보도가 적잖이 나오게 된 것이다. 드러지는 자신들의 오보가 제도권 거대 언론사의 오보에 비하면 아무것도 아니라고 당당하게 버티면서 그래도 보도 정확도가 80퍼센트는 된다고 큰소리쳤다.(Current Biography 1998)

드러지 리포트가 제보에만 의존한 것은 아니었다. 자체 취재도 했는데 그 방법 또한 비윤리적이라는 비판을 받았다. 큰 언론사의 컴퓨터 시스템에 들어가 남의 기사를 가로채거나 세상에 떠도는 출처 불명의 소문을 그대로 보도하기도 했다. 이를 비판하는 목소리에 대해

"인터넷 시대에 정보독점이란 있을 수 없다"는 게 드러지의 항변이라면 항변이었다.(오애리 1999a)

드러지와 가깝게 지내면서 우익으로 활동하다가 전향한 데이비드 브록(David Brock 2002)은 "드러지는 자신이 서부 연안 지역에서 일하고 있다는 점을 교묘하게 이용했다. 전날 밤 동부 연안 지역의 신문들 웹사이트를 샅샅이 뒤져 다음날 아침 동부 연안 지역의 그 신문들에 실려 나올 뉴스들을 종종 가장 먼저 보도했던 것이다"라며 다음과 같이 말했다.

"예상대로 우익은 드러지를 선전·선동 전쟁의 최첨단 요원으로 끌어들였다. …… 그의 정치 성향은 우익(그는 종종 패트릭 부캐넌을 지지한다고 밝혔다)이었지만, 그것을 신념으로 삼을 만큼 진지하게 생각하는 것 같지는 않아 보였다. 드러지가 클린턴 두들겨패기에 나선 것은 단지 자신의 웹사이트에 대한 관심을 끌기 위해서였다. 독불장군인 그는 사람들의 주의를 끌기 위해 잠시 격에 맞지 않는 곳에 머물고 있는 듯이 보였다."

드러지는 2000년대에도 민주당 유력 정치인 '죽이기'를 위해 맹활약한다. 2002년 존 케리(John Kerry) 의원이 150달러짜리 이발을 했다는 보도에 이어, 2007년에는 존 에드워즈(John Edwards) 의원이 400달러짜리 이발을 하고 이 비용을 선거운동본부에 청구했다는 사실을 폭로해 이들은 물론 민주당의 이미지에 큰 타격을 입힌다.(우태희 2008)

폴라 존스와 모니카 르윈스키

1997년 10월 15일자 『워싱턴타임스(The Washington Times)』는 1면에 빌

클린턴 대통령의 성기 특징을 자세히 보도했다. 1992년 대선에 등장했던 제니퍼 플라워스(Gennifer Flowers)에 이어 폴라 존스(Paula Jones)라는 여성이 클린턴에게 성희롱을 당했다고 주장한 사건의 와중에서 터져 나온 기사였다.

1991년 아칸소 주 리틀록에 있는 한 호텔 방에서 클린턴 당시 주지사가 바지를 벗고 오럴 섹스를 요구했다는 게 폴라 존스의 주장인데, 존스는 자신이 당한 성희롱이 진실임을 입증하기 위해 클린턴 성기의 '독특한 특징'을 알고 있다고 주장해왔다. 그러나 그 독특한 특징이 구체적으로 무엇인지는 그동안 알려지지 않았다. 그런데 『워싱턴타임스』는 그 특징이 발기할 때 휘어지는 것이라고 전하면서 이런 내용은 존스의 진술서에 담겨 있다고 밝혔다. 이 신문에 따르면 이런 성기 특징은 '페이로니병(Peyronie's disease)'이라는 일종의 비뇨기질환으로 인해 생기는 것으로, 심한 경우 90도 이상 휘어지기도 한다는 것이다.(정연주 1997)

1998년에는 백악관 인턴 모니카 르윈스키(Monica Lewinsky)라는 새로운 여인이 등장했다. 1998년 1월 21일 『워싱턴포스트』는 르윈스키가 친구인 린다 트립(Linda Tripp)과 대화를 나누다 클린턴과의 성관계를 말했으며 비밀 녹음테이프가 케네스 스타(Kenneth W. Starr) 특별검사에게 제출됐다고 폭로함으로써 '클린턴과 르윈스키 섹스 스캔들'이 최초로 세상에 알려졌다. 『로스앤젤레스 타임스』와 ABC 방송의 보도도 가세했다.

처음 보도된 내용은 두 가지였다. 클린턴이 르윈스키와 성관계를 맺었으며 이 같은 사실이 클린턴을 상대로 성희롱 피해배상 소송을

대통령직을 뒤흔들었던 스캔들의 세 주인공, 모니카 르윈스키와 빌 클린턴, 케네스 스타 검사.

제기해 놓고 있던 폴라 존스의 변호인에게 입수돼 르윈스키가 증인으로 소환되자 그녀에게 성관계를 부인토록 요구했다는 것이었다. 클린턴은 이른 새벽부터 '작전'을 시작했다. 그는 부인 힐러리를 깨워 곧 배달될 신문에 어떠어떠한 내용이 보도되는데 사실이 아니라고 말했다. 이어 친구인 버논 조던(Vernon E. Jordan, Jr.) 변호사를 비롯한 핵심 측근들에게 전화를 걸어 보도 내용이 사실무근이라고 통보함으로써 거짓말을 확산시켰다. 당시 백악관 대변인이던 마이크 매커리(Mike McCurry)는 지시에 따라 "클린턴 대통령은 그 여자(르윈스키)와 부적절한 관계를 맺은 적이 전혀 없다"고 부인했다. 클린턴은 또 미 공영방송 PBS의 앵커 짐 레러(Jim Lehrer)와의 인터뷰를 비롯한 언론 3개사와의 회견에서 모두 혐의 사실을 부인했다.

클린턴이 이날 유일하게 진실을 얘기한 상대는 오랜 정치 참모인 딕 모리스(Dick Morris)였다. 그 역시 1996년 창녀가 자신과의 관계를 폭로하는 바람에 백악관에서 쫓겨나 있었다. 클린턴은 "실은 르윈스키와 뭐 좀 했는데 어떻게 하면 좋겠는지 알아봐 달라"고 부탁했고 모리스는 긴급 여론조사를 해본 뒤 "국민이 용납할 것 같지 않으니 철저히 부인하라"고 훈수했다. 물론 잘못된 훈수였다.

클린턴은 부인 힐러리에게도 '부인'으로 일관했다. 1월 21일 아침 일찍 클린턴은 힐러리를 깨워 "오늘 신문기사에 대해 당신이 알아둘 것이 있다"며 "르윈스키와는 별일 없었다"고 말했다. 그녀는 남편의 이 말을 믿었다고 한다.(Clinton 2003)

클린턴의 여자는 수백 명?

다음 날 『뉴스위크』는 클린턴 대통령의 여성편력을 다룬 특집기사에서 대통령을 상대로 민사소송을 건 폴라 존스의 변호사들의 말을 인용, 100여 명의 여성이 대통령과 관계를 가진 것으로 추정되고 있다고 전했다. 이 기사에 따르면, 당시 클린턴과의 관계를 구체적으로 주장하고 있는 여성은 모두 6명이었다.

●모니카 르윈스키: 가장 최근 등장한 인물. 클린턴을 탄핵 위기로 몰고갈 가능성이 큰 여성이다. 백악관에 들어갈 당시 21세. 클린턴 대통령과 18개월 동안 관계를 가진 것으로 주장하고 있다. 백악관과 국방부에서 함께 일했던 린다 트립에게 대통령과의 은밀한 관계를 고백했다. 그러나 트립은 르윈스키에게는 덫이었다. 트립은 화이트워터(Whitewater) 사건과 관련해 대통령 부부를 조사하고 있는 특별검사 케네스 스타의 수사에 협조하고 있던 인물로, 이전에도 백악관 여직원

과 클린턴의 관계를 폭로했던 인물. 트립은 수개월에 걸친 르윈스키와의 대화를 17개의 테이프에 담았고 이를 스타 검사에게 넘겨줬다. 『뉴스위크』 기자가 들은 90분짜리 테이프에서 르윈스키는 폴라 존스 사건의 참고인 진술을 앞두고 "나는 (클린턴이) 괴롭힘을 당하지 않도록 (클린턴과의 관계를) 부인할 거야. 그렇지만 나는 개인적으로 힘들겠지"라고 고백하고 있다. 이 신문은 르윈스키가 대통령을 지칭하지 않고 '큰 남자' 등으로 표현했지만 클린턴을 가리키는 것이 분명하다고 주장했다.

●제니퍼 플라워스: 섹스 스캔들을 처음으로 터뜨렸다. 첫 대통령선거 유세 때인 1992년 1월 12년간 깊은 관계를 가져왔다고 주장했다. 타블로이드 주간지에 클린턴과 통화한 내용이 담긴 테이프를 공개하고 그와 오럴 섹스를 즐겼다고 떠벌려 클린턴을 궁지로 몰아넣었다. 대통령후보 중도 탈락의 위기에 몰렸던 그는 힐러리가 다정하게 포옹하는 모습을 연출해 곤경을 모면할 수 있었다.

●폴라 존스: 클린턴이 아칸소 주지사 시절인 1991년 5월 자신을 호텔로 불러 오럴 섹스를 강요하고 거부하자 승진에 불이익을 줬다며 손해배상 소송을 제기했다.

●돌리 카일 브라우닝(Dolly Kyle Browning): 미모의 변호사. 학창시절부터 33년간 클린턴과 간헐적인 관계를 가졌다고 주장하고 있다. 클린턴과의 관계를 책으로 써내고 인터넷 사이트까지 마련했으며 폴라 존스 재판에서 선서증언까지 했다.

●캐슬린 윌리(Kathleen Willey): 전 백악관 직원. 린다 트립의 폭로로 조사받은 윌리는 폴라 존스 재판에서 1993년 클린턴이 백악관 집무실

에서 자신에게 키스하고 애무했다고 주장하고 있다. 트립은 당시 윌리가 옷매무새가 흐트러진 채 당황한 모습이었으나 행복해하는 것 같았다고 목격담을 늘어놓고 있다.

●수전 맥두걸(Susan McDougal): 화이트워터 사건 재판에서 증언을 거부한 혐의로 유죄선고를 받고 복역 중이다. 전(前)남편 짐 맥두걸은 그녀가 클린턴의 아칸소 주지사 시절 정부(情婦)였다고 주장했다.(최현수 1998)

그러나 이것은 약과였다. 'hundreds of women.' 뉴욕의 타블로이드 신문인 『뉴욕 포스트』 1998년 1월 26일자 1면 톱기사 제목이다. 클린턴이 '섭렵'한 여자가 통틀어 수백 명에 이른다는 것이다. 홍은택(1998a)에 따르면, "이 중에서 지금까지 법정기록 등을 통해 이름이 공개된 여성은 14명. 이들의 면면을 보면 클린턴이야말로 '진정한 박애주의자'라는 말을 들을 만하다. 그는 인종이나 노소는 물론, 심지어 유부녀나 미망인도 가리지 않았다. 흑인, 백인, 딸 첼시 양만큼 어린 처녀, 이혼녀, 창녀, 카바레 가수, 변호사, 미스 아메리카, 기자, 공무원, 친구의 부인에 이르기까지 골고루 상대했다."

그 수백 명 중에서 단연 화제의 인물은 르윈스키였다. 1월 26일 빌 클린턴은 분개한 표정으로 손가락질을 하며 "저 여인 미스 르윈스키와 나는 결코 성관계를 가진 적이 없습니다. 나는 누구에게도, 단 한 번도, 결코 거짓말을 한 적이 없습니다. 이 주장은 거짓입니다"라고 주장했다. 그러나 그는 채 1년도 되지 않은 1998년 12월 19일 앤드루 잭슨(Andrew Jackson, 1808~1875)에 이어 미국 역사상 두 번째로 하원에서 탄핵을 당한 대통령이 되었다. 클린턴은 상원에서 간신히 탄핵을 면해 임기를 마칠 수 있었지만, 희대의 섹스 스캔들로 개망신을 당하는 주인공이 되었다. 그 전말을 살펴보기로 하자.

워터게이트와 지퍼게이트의 차이

미국에서 대통령의 섹스 스캔들은 일종의 스펙터클이다. 스펙터클에 대한 대중의 열망을 충족시키면서 이득을 얻고자 하는 사람은 무수히 많다. 엄밀히 말하자면 대중의 그런 열망 자체를 '음모'라고 볼 수는 없다. 다른 음모와 결합돼 스펙터클을 연출하는 데에 필요조건이라는 점에서 넓은 의미의 음모가 아니겠느냐는 것이다.

클린턴의 섹스 스캔들과 관련하여 최초의 음모론은 부인인 힐러리가 제기한 것이다. 남편의 말을 믿은 힐러리는 1998년 1월 27일 NBC의 인기 쇼 프로인 〈투데이(Today)〉에 출연해 이 섹스 스캔들을 그를 죽이기 위한 '보수 우파의 음모'로 규정했던 것이다.

이 음모론은 전혀 근거가 없는 것은 아니었다. 사실 클린턴은 정치 생활 내내 보수 우파의 음모에 시달려왔다. 1974년 아칸소 주지사 선거에 출마했을 때 보수 우파 인사들은 그가 동성연애자인데다 마약 중독자라고 헛소문을 퍼뜨렸다. 특히 텔레비전 전도사로 유명한 우익 인사 제리 폴웰(Jerry L. Falwell, 1933~2007)은 클린턴을 코카인 중독자로 묘사한 비디오테이프를 제작해 대량 유포하기도 했다.

대통령이 된 다음에 터진 섹스 스캔들에도 음모를 꾸민 사람들이 적잖이 버티고 있었는데 가장 대표적인 인물이 피츠버그의 갑부인 리처드 멜런 스카이프(Richard Mellon Scaife)였다. 스카이프는 '클린턴 죽이기'에 수백만 달러를 사용했다. 폴라 존스 사건을 처음 터뜨린 『아메리칸 스펙테이터(The American Spectator)』의 재정적 후원자도 바로 스카이프였다. 1994년 이 잡지는 클린턴의 스캔들을 파헤치는 데 사운을 걸다시피 했는데, '아칸소 프로젝트'로 명명된 스캔들 폭로 예산은 200만 달러가 넘었으며 이 돈은 대부분 스카이프의 지원으로 충당됐다.(Hosenball & Isikoff 1998)

스카이프가 페퍼다인대학에 막대한 돈을 기부해 큰 영향력을 행사한다는 것도 음모론에 신빙성을 더해주었다. 클린턴의 섹스 스캔들 수사를 맡은 케네스 스타 특별검사가 페퍼다인대학 학장으로 내정돼 있었기 때문이다. 스타는 이 음모설 때문에 결국 학장 자리를 포기하고 말았다. 그가 정말 스카이프와 관련된 것인지 알 길은 없지만 이것만 보더라도 힐러리가 제기한 음모론은 제법 짭짤한 성과를 거두었다고 보아야 할 것이다.

그러나 그 음모론은 설사 그것이 사실이라 하더라도 일면의 진실만을 담고 있을 뿐이다. 섹스에 탐닉하고 싶은 인간의 욕구는 꼭 자신이 섹스의 주연이 되어야만 충족될 수 있는 것은 아니다. 굳이 '변태'가 아니라고 하더라도 구경도 매우 중요한 의미를 갖는다. 애써 남의 눈치를 보지 않고 당당하게 품위 있는 정론지의 1면 머리기사를 통해 또는 텔레비전 저녁 뉴스를 통해 대통령의 섹스 이야기를 보거나 듣고 당당하게 다른 사람과 대화할 소재로 삼을 수 있다는 것은 그 얼마나 짜릿한 쾌락인가. 대통령의 성기가 휘어졌다느니 어쨌다느니, 세상에 그런 적나라한 '포르노'가 어디에 있단 말인가? 미국인의 따분한 삶에 활력을 불어넣어준 클린턴은 미국의 진정한 애국자가 아니고 무엇이랴!

언론이 대중의 그런 호기심을 놓칠 리 만무했다. 클린턴의 섹스 스캔들을 가리켜 '지퍼게이트'라곤 하지만 이 사건에 대한 언론 보도의 태도는 워터게이트 사건 때와는 판이하게 달랐다. 워터게이트 사건 때엔 기자들이 사실 확인을 3중으로 해가면서 조심스럽게 보도했지만 지퍼게이트의 경우에는 그야말로 소설 쓰는 기분으로 마구 보도를 해댔다.

걸프전 당시, 전쟁을 그야말로 신나고 '스펙터클'한 오락 게임처럼 전달해서 주가를 올렸던 CNN은 이 섹스 스캔들을 '드라마틱한 정치 스릴러'처럼 보도해 많은 재미를 봤다. ABC 등 공중파 방송들도 이에 뒤질세라 연속극도 중단하고 부랴부랴 특별 뉴스 생방송을 편성했을 뿐만 아니라 백악관 브리핑을 생중계했다. 문제는 이들 언론이 장사에 미쳐 선정적인 보도를 일삼고 심지어는 오보를 마구 양산했다는 사실이다. 별다른 확인 없이 익명의 제보로만 보도하는 경우도 허다했다. 가장 큰 무리를 범했던 곳은 ABC였는데, 당시 이 방송사가 시청률 경쟁에서 꼴찌를 하고 있었다는 점에 주목할 필요가 있다. 즉, 꼴찌에서 벗어나기 위해 오보를 저지르고 선정적인 보도를 마구 해댔던 것이다.(홍은택 1998a)

클린턴의 '성 중독증'

그 보도가 과장되고 왜곡됐을망정 전혀 근거가 없지는 않을 터인즉, 클린턴의 왕성한 성욕에 혀를 내두르지 않을 수 없다. 일종의 '성 중독증'일까? 1998년 1월 25일 『워싱턴포스트』는 클린턴 대통령은 가계(家系) 전체가 '중독의 역사'를 갖고 있다고 보도했다. 클린턴의 계부는 알코올 중독, 이복동생인 로저는 코카인 등 약물 중독으로 실형을 살기도 했고 그의 할머니는 생의 마지막 순간에 모르핀에 빠져 있었다는 것이다. 이 신문은 클린턴이 '여자 또는 섹스 중독증'인지는 단정 짓기 힘들지만, "역사 속에서 권력자들이 끝없는 성욕의 노예가 되곤 했던 숱한 증거들이 있다"고 했다. 실제 클린턴은 동생이 약물 중독 치료를 받고 있을 때 어머니인 버지니아와 함께 정신과 의사를 만나 상담을 하곤 했는데 이때 그 스스로도 "우리들은 늘 무언가에 중독돼 있다"며 "어떤 사람들은 권력에, 또 어떤 사람들은 약물, 아니면 섹스 같은 그 무언가에 중독돼 있다"고 말했다는 것이다.

이 신문은 클린턴의 행태는 유복자로 태어난 그가 4살 때부터 계부와 살면서 가정폭력과 알코올 중독 등에 노출된 경험에서 형성됐을지도 모른다고 분석했다. 이런 계부 밑에서 자란 클린턴은 늘 힘들고 유쾌하지 못한 생활의 한 부분은 스스로 잊어버리거나 없는 것으로 간주하는 '봉쇄(block out)'의 습성을 기르게 됐고, 그 과정에서 늘 '선과 악'을 공존하는 것으로 여기게 됐다는 것이다. 모든 문제에서는 신중하고 영리하기 짝이 없는 클린턴이 섹스 문제 같은 데서는 '바보에 가까운 행동'을 하는 것도 이런 심리적 구조 때문일 것이라는 분석이다. 이 기사에 따르면, 힐러리는 아내라기보다는 클린턴을 보호하는 '큰 누이' 같은 역을 맡았고, 클린턴은 늘 이런 보호망을 요리조리 빠져나가는 악동 노릇을 했다.(윤희영 1998)

1998년 3월 미국의 한 성 중독증 환자 보호단체가 성 중독증 환자 및 배우자 2000명을 대상으로 실시한 설문 조사에 따르면 "99퍼센트의 압도적 다수가 클린턴 대통령을 우리 중 한 사람"으로 생각한다고 답변했다. 홍은택(1998a)은 "이 같은 클린턴의 바람기에 대해 클린턴 부부의 오랜 친구이자 정치 컨설턴트였던 딕 모리스가 '부부 관계가 차가운 탓'이라고 한 라디오 토크쇼에서 발언, 미 국민의 궁금증을 자극했다"며 다음과 같이 말했다.

"지성적이고 활동적인 부인과 리더십 있는 남편의, 겉으로 보기에는 더할 나위 없이 매력적인 한 쌍의 부부가 사실은 '정치적 동지'에 불과할 뿐 정상적인 부부관계가 아니라는 추측은 그동안 끊임없이 제기돼왔으나 그의 측근으로부터 같은 주장이 제기되기는 이번이 처음이다. 백악관 측은 이 같은 발언에 분격, 마이크 매커리 대변인을 통해 자신도 창녀와의 관계가 들통 나는 바람에 백악관을 떠난 딕 모리스에게 '클린턴 대통령이 그를 다시 보는 일이 없을 것 같다'고 완전 절교를 공언했다. 너무 아픈 데를 찌른 탓일까."

그러나 아내와의 관계가 싸늘하다고 해서 모든 남자들이 클린턴처럼 '박애주의자'가 될 수는 없을 터인즉, 아무래도 클린턴은 '성 중독증' 환자라는 진단이 더 설득력이 있는 것 같다. 물론 그게 왜 병이란 말이냐고 따져 물으면 할 말은 없지만 말이다.

'성 중독'은 '거짓말 중독'까지 수반하는가? 1월 21일 힐러리에게 거짓말을 했던 클린턴은 더 이상 거짓말을 할 수 없는 상황에 이른 8월 15일 아침에서야 잠자는 힐러리를 깨워 진실을 털어놓았다. "7개월 전에는 너무 창피했고 당신이 얼마나 상처받고 분노할지 알았기 때문에 말할 수 없었다"는 변명이었다. 이에 대해 힐러리는 어떻게 반응했던가?

"나는 숨이 탁 막혔다. 숨을 헐떡여가며 나는 울면서 소리를 지르기 시작했다. '무슨 소리야. 무슨 말이야. 왜 내게 거짓말했어?' 나는 점점 더 분노했다. 그는 그저 그 자리에 선 채로 계속해 '미안해, 미안해. 나는 당신과 첼시를 보호하려 했어' 라고만 되풀이했다. …… 기쁘나 슬프나 지난 20여 년간 우리는 부부였고 제일 친한 친구였고 파트너였다. 그는 우리 딸에게는 좋은 아버지였다. 그는 내 신념을 짓밟았고 내게 상처를 입혔으며, 적들에게 먹이를 던져줬다. 아내로서 나는 그의 목을 비틀고 싶었다. 그러나 그는 내 남편일 뿐 아니라 내 대통령이었다. 그리고 빌은 미국과 세계를 내가 지지하는 방향으로 이끌고 있었다. …… 나는 빌과 함께 늙어가길 바랐다. 백악관을 떠나며 빌과 나는 서로를 껴안고 잠시 춤을 추었다." (Clinton 2003)

힐러리가 2003년 출간해 첫날 20만 부가 팔려나가는 등 화제를 모은 회고록 『살아 있는 역사(Living History)』에서 털어놓은 말이다. 그녀는 목을 비틀고 싶을 정도로 분노의 대상이었던 바람둥이이자 거짓말쟁이인 클린턴과 왜 이혼하지 않았을까? 단지 함께 늙어가길 바랐다는 말로 설명이 될 수 있을까? 일부 사람들은 그건 바로 힐러리의 권력욕 때문이라는 답을 내놓기도 했지만, 꼭 그렇게 좋지 않은 쪽으로만 해석해서야 되겠는가?

직접 하는 것보다 구경을 더 좋아하는 미국인

클린턴의 섹스 스캔들 당시 미언론을 포함, 세계 언론은 미국인들의 이중성을 지적했다. 섹스 스캔들과 관련하여 클린턴을 믿지 못하겠다는 것이 다수 반응이면서도 대통령으로서 일을 잘한다는 평가 또한 다수였는데, 이게 이중적인 게 아니냐는 것이다. 그러나 그걸 이중적이라고 보기는 어려울 것이다. 스펙터클은 스펙터클이고 정치는 정치라는 데 할 말 없지 않은가.

미국인들의 특성도 무시할 순 없겠다. 일본『아사히신문(朝日新聞)』은 1997년 말 미국 여론조사 기관인 해리스사의 도움을 얻어 미-일 양국 국민의 남녀관계를 테마로 공동 조사를 실시했다. 이 조사에서 '결혼한 사람이 배우자 이외의 상대와 연애하는 것에 대해 어떻게 생각하는가' 라는 질문에 대해 일본인들은 48퍼센트가 '어떤 경우에도 용납할 수 없다', 45퍼센트가 '용납할 수 있다' 고 답한 반면, 미국인들은 75퍼센트가 '용납할 수 없다' 고 답했다. 또 '호감을 갖고 있는 사람으로부터 불륜의 유혹을 받는다면 어떻게 하겠느냐' 는 물음에 대해서는 일본인의 34퍼센트가 '마음이 움직일 것', 56퍼센트가 '흔들리지 않는다' 고 했으나, 미국인들은 67퍼센트가 '전혀 응하지 않을 것' 이라고 했다.(이진 1998)

미국인들이 그런 보수적인 섹스관을 갖고 있는 만큼 더더욱 구경거리로서의 섹스에 대해 탐닉하는 것은 당연하지 않을까? 아닌 게 아니라 시카고대학의 한 조사기관이 조사한 바에 따르면, 미국인들은 전 세계에서 가장 '말로만' 섹스하기를 좋아하며, 침대에서 섹스를 하는 것보다는 텔레비전을 보며 남의 섹스를 감상하는 것을 선호하는 국민이라고 한다. 이에 대해 한 미국인은 "미국이 완벽한 체형을 가져야 성적 매력이 있다는 심리를 조장하는 사회다 보니 배우들을 보며 대리만족을 얻는 것 같다" 고 말했다.

미국인이 전 세계에서 가장 말로만 섹스하기를 좋아하는 게 사실이라면, 대통령의 섹스 스캔들이야말로 미국인들이 절대 놓치고 싶어

하지 않는 스펙터클이었음에 틀림없다. 클린턴이 미남이기도 했지만, 여자 보는 안목도 만만치 않아 상대 여자들은 한결같이 미녀들이었다. 할리우드가 제아무리 기를 써도 이처럼 흥미진진한 스펙터클을 무슨 수로 만들어낼 수 있을 것인가.

섹스 스캔들의 산업화

클린턴의 섹스 스캔들은 그 자체로서 하나의 산업이었다. 이것을 소재로 다룬 책과 영화가 쏟아져나왔고 관련 인물들도 돈방석에 올라앉았다. 대중에 스펙터클을 제공하는 사업을 하는 방송·출판·잡지사들이 그 인물들에게 돈을 떠안긴 것이다. 조건은 간단했다. 스펙터클을 더 찐하게 만들어 달라는 것이다.

제니퍼 플라워스는 1992년 1월 클린턴과의 관계를 언론에 알린 이후 『펜트하우스(Penthouse)』에 누드 사진을 게재해 25만 달러를 벌었고 STAR TV에 클린턴과의 관계를 주제로 한 인터뷰로 15만 달러, 그리고 『정열과 배신(Passion and Betrayal: Gennifer Flowers)』(1995)이라는 책을 내 15만 달러의 수입을 챙겼다. 합의하에 클린턴과 성관계를 가졌다고 말한 미스 아메리카 출신의 엘리자베스 워드 그레이슨(Elizabeth Ward Gracen)도 『플레이보이(Playboy)』에 누드 사진을 실어 10만 달러를 챙겼고 그 여세를 몰아 인기 TV 시리즈 〈하이랜더(Highlander: The Series)〉에 출연하게 되었다. 또 미스 아칸소 출신인 샐리 퍼듀(Sally Perdue)는 클린턴과의 정사를 『펜트하우스』에 알려준 대가로 5만 달러를 챙겼다.(배국남 1998)

그런가 하면 스캔들의 정점에 있었던 모니카 르윈스키는 한 출판업자로부터 수기를 독점 출판하는 대가로 300만 달러를, 인터넷 포르노 웹사이트 운영업체로부터는 누드 사진 게재 대가로 300만 달러를 지불하겠다는 제의를 받았다. 그러나 클린턴을 진정 사랑했다는 르윈스키는 처음에는 돈에 별 관심이 없었던가 보다. 이후에도 여러 차례 돈의 유혹을 뿌리쳤다. 이에 대해 우익 방송 저널리스트 빌 오라일리(Bill O'Reilly 2001)는 이렇게 주장했다.

"어렸을 때부터 자기 힘으로 돈을 벌어본 사람들은 정직하게 땀 흘려 일하는 일이라면 거절하는 법이 없다. 그래서 모니카 르윈스키가 이탈리아 디자이너 가티노니가 제안한 48만 달러짜리 일자리를 거절한 것을 보고 놀라지 않을 수 없었다. 밀라노 패션쇼에서 손바닥만 한 비키니를 입고 앞뒤로 왔다갔다 하기만 하면 되는 것 아닌가. 르윈스키는 그 제안을 '부적절한' 것으로 생각했나 보다. 그 돈이면 하고 싶은 것을 무엇이든 할 수 있을 텐데."

그렇지만 괜한 걱정이었다. 르윈스키도 얼마 후 다이어트 광고모델, 영국의 TV쇼 리포터 그리고 기업인으로 변신을 거듭하며 수천만 달러 이상의 수입을 벌어들이게 되니 말이다. 이 스캔들로 가장 큰 돈을 벌 수 있는 잠재력을 가진 사람은 클린턴, 힐러리, 케네스 스타 검사였다. 비벌리 힐스의 출판사 사장인 마이클 바이너 CNN 방송에 출연해 "세 사람이 섹스 스캔들에 관련된 책을 쓴다면 클린턴은 1000만 달러, 힐러리는 600만 달러, 스타 검사는 수백만 달러를 받을 수 있다"고 말했다는데, 괜한 헛소리를 한 것 같지는 않다.

너희들만 돈 버냐? 나도 벌란다! 그런 오기를 갖고 이 사업에 뛰어든 행상까지 나타났다. 1998년 2월 한 약삭빠른 사람은 섹스 스캔들의 당사자인 클린턴 대통령과, 메릴린 먼로(Marilyn Monroe, 1926~1962)의 포즈를 취한 모니카 르윈스키의 사진판을 워싱턴 연방법원 앞에 세워놓고 기념 촬영을 하는 사람들에게 돈을 받는 기발한 상혼을 발휘했다.

클린턴과 스타의 '문화 충돌'인가?

르윈스키와의 '불륜'은 이전의 불륜들과는 달리 클린턴을 탄핵 위기라는 벼랑까지 몰고갔다. 클린턴에게 씌워진 혐의는 우선 '위증' 죄였다. 르윈스키와 성관계를 가졌음에도 불구하고 갖지 않았다고 거짓 증언했다는 것이다. 이 사건을 조사했던 특별검사 케네스 스타는 르윈스키가 백악관에 인턴으로 들어간 직후인 1995년 11월부터 1997년 5월까지 약 18개월간 클린턴과 관계를 가졌다고 주장했다. 덧붙여 클린턴이 관계가 발각될 조짐이 보이자 그녀를 은밀히 불러 자신과의 관계를 전면 부인하도록 위증을 교사한 혐의가 있다고 말했다.

지퍼게이트의 진상 조사에 앞장섰던 케네스 스타 검사는 클린턴과 동갑내기였지만, 문화적 배경이 정반대였다. 스타는 넥타이를 단정하게 매고 학교에 다니면서 반전 시위를 비판한 젊은 공화당원으로서 1960년대 미국 사회에 번졌던 진보주의와 히피 문화에 거부와 혐오를 느낀 인물이었다. 반면 클린턴은 그가 혐오하는 모든 것을 갖고 있었으니, 이 게이트는 양 진영 사이의 정치 전쟁인 동시에 문화 전쟁이었다. 또한 매우 보수적인 신앙관을 갖고 있던 목사의 아들로 태어난 스타는 모든 욕망을 죄로 치부해 증오하며 성장한 인물로 클린턴과는 정반대의 의미에서 '섹스 중독증'에 걸려 있었다. 섹스를 증오하고 저주하는 중독증이라고나 할까?(정연주 1998)

풀리처상 수상 작가인 윌리엄 스타이런(William Styron, 1925~2006)은
『파리 마치(Paris Match)』와의 인터뷰에서 "변태는 바로 스타 검사다.
그는 법을 악용해서 미국 민주주의를 왜곡하고 있다"고 비판하면서
도, 클린턴과 스타의 대결은 미국 문화의 양면성을 보여준다고 말했
다. "텍사스에서 태어난 스타는 남부 지역에서 뿌리 깊은 광신적 기독
교 우익을 대변한다. 텍사스에서 그리 멀지 않은 아칸소 출신 클린턴
은 제퍼슨 이래 남북 지역에서 새롭게 개화한 리버럴리즘을 몸으로
보여주고 있다." (박해현 1998)

미국의 성(性) 문화가 아무리 위선적일망정 현실 세계의 대세는 스
타보다는 클린턴의 편이었던 것 같다. 1998년 3월 27일 미국의 세계적
인 제약회사 화이자가 남성용 발기부전 치료제인 비아그라(Viagra) 시
판에 들어간 것은 그런 실제 세계의 모습을 잘 말해준 것은 아니었을
까? '활력(Vigor)'을 '나이아가라(Niagara)' 폭포처럼 넘치게 해준다는
뜻에서 나온 비아그라의 시판 6개월 후인 1998년 9월 9일에 공개된 스
타 보고서는 미국, 아니 전 세계를 '포르노 스펙터클'의 도가니로 몰
아간다.

참고문헌 Bai 1997, Brock 2002, Clinton 2003, Current Biography 1998, Davis 2004, Gordon 2007, Hosenball & Isikoff 1998, O'Reilly 2001, 박해현 1998, 배국남 1998, 오애리 1999a, 우태희 2008, 윤희영 1998, 이재호 1997, 이진 1998, 정연주 1997 · 1998, 최현수 1998, 허윤희 2008, 홍은택 1998a · 1999

'백악관 포르노' 스펙터클
'스타 보고서' 광란

'백악관 포르노'의 공개

1998년 9월 9일 드디어 스타 보고서가 공개되었다. 지난 4년 동안 국가 예산 4000만 달러를 써가면서 만든 보고서는 본문만 500여 쪽에 이르는 방대한 분량이었으며 증거물 등을 포함해 총 분량은 36상자가량 되었다. 하지만 이것은 1995년 11월부터 1997년 3월까지 클린턴과 르윈스키가 10번의 오럴 섹스와 15번의 폰섹스를 했다는 줄거리를 중심으로 구성된 거대한 포르노 보고서에 다름 아니었다. 이른바 '백악관 포르노'였다.

컴퓨터 업체는 스타 검사가 445쪽의 보고서에서 사용한 단어 중 5000개가 확실히 섹스와 관련된 어휘라는 분석결과를 내놓았다. 보고서에 사용된 어휘 중 '성적(sexual)'이라는 형용사는 무려 406번이나 나와 최다 사용 단어로 꼽혔고 '섹스(sex)'라는 말이 직접 언급된 것도 164번에 이르렀다. '성적으로(sexually)'는 9번, '섹시(sexy)'와 '더욱 섹시(sexier) 그리고 '성행위(sexuality)' 등은 각각 1번씩 등장했다. 또 '젖가슴(breast)'이라는 말이 62번, '궐련(cigar)'이 23번, '정액(semen)'이 19번, '질(vagina)'이 5번 그리고 '성기(genital)'와 그 변형어가 64번 사용됐다. 이밖에 연인이 상대방에게 '줄 수 있다'는 의미의 '선물(gift)'이라는 단어가 215번, '사랑(love)'은 18번 쓰였다.(동아일보 1998)

스타 보고서에 따르면, 두 사람의 만남은 르윈스키가 1995년 7월 백악관 인턴으로 들어와 백악관 비서실장 리언 패네타(Leon Panetta)의 전화를 받는 업무를 시작하면서부터였다. 처음에는 르윈스키가 클린턴에게 자주 시선을 보냈으며 악수를 청하고 자신을 적극 소개했다. 클린턴도 곧 그녀를 인식하고 매력을 느끼는 듯했다. 특히 그해 11월 14일 연방 예산을 둘러싼 행정부 파업으로 백악관이 일주일간 휴무에 들어갔을 때 두 사람의 만남 기회가 부쩍 늘어났다.

파문으로 종지부를 찍은 그들의 인연은 행정부 파업 이틀째인 15일부터 시작됐다. 이날 오후 5시 반경 백악관에 들어간 르윈스키는 비서실장 방에서 클린턴과 단둘이 남게 됐다. 이때 그녀는 허벅지에서 팬티로 연결되는 속옷 끈을 보여주며 유혹했다. 밤 8시경 클린턴은 복도를 지나던 그녀를 서재로 불러 키스했다. 이때 르윈스키는 백악관 인턴으로 근무하기 시작한 후 어느 순간부터인가 짝사랑했노라고 고백했다. 이어 밤 10시경 집무실 밖 복도에서 첫 오럴 섹스를 했고 대통령은 르윈스키의 맨가슴을 만지고 키스를 했다. 르윈스키는 이튿날 0시 35분에야 백악관을 나왔다.

오럴 섹스 도중 전화가 걸려오자 두 사람은 복도에서 집무실로 옮겨갔다고 르윈스키는 증언했다. "클린턴 대통령이 전화기를 통해 이야기를 하는 동안에도 계속됐다. 전화를 걸어온 사람은 상원의원이나 하원의원인 것 같았다." 백악관 기록에 따르면 이날 밤 전화를 건 사람은 짐 채프먼(Jim Chapman)과 존 태너(John S. Tanner) 등 하원의원 두 명이었다. 11월 17일과 연말인 12월 31일에도 같은 행위를 했다.

클린턴과 르윈스키의 '부적절한 관계'

1996년 1월 7일 르윈스키는 대통령과 오럴 섹스를 했다. 클린턴은 같은 행위를 해주고 싶다고 말했으나 그녀는 생리 중이라며 거절했다. 1월 21일 클린턴은 복도에서 그녀와 성접촉을 하던 중 집무실로 누군가 들어오는 소리가 들리자 황급히 지퍼를 올리고 집무실 쪽으로 갔다가 돌아왔다.

1996년 3월 31일 대통령이 르윈스키에게 전화해 서류를 가져오라고 했다. 그녀는 서류 속에 대통령을 위해 준비한 선물 넥타이를 함께 넣어갔다. 클린턴은 그녀를 애무하면서 음부에 시가를 집어넣었다. 그 시가를 다시 빼 입에 물고는 "맛이 좋군"하고 말하기도 했다.

르윈스키가 대통령 집무실에 너무 자주 드나들자 비서실의 한 공무원이 에벌린 리버먼(Evelyn S. Lieberman) 비서실 부실장에게 불평을 했고 리버먼은 그녀를 내보내기로 했다. 1996년 4월 5일 대통령 입법 보좌관인 티머시 키팅이 르윈스키를 불러 "백악관을 떠나라. 해고는 아니며 단지 직무가 달라지는 것이다"라고 말했다. 이 말을 들은 르윈스키는 울음을 터뜨리면서 "급여가 없어도 좋으니 백악관에 머물 수 있도록 해달라"고 간청했다.

1996년 4월 7일 클린턴은 르윈스키를 백악관으로 불렀다. 이때 르윈스키는 국방부 전근 통보를 받은 사실을 알렸다. 클린턴은 당혹스러워하며 "오는 11월 선거(총선)에서 이기면 다시 부르겠다"고 말했다. 대화 후 두 사람은 진한 접촉을 가졌다.

르윈스키는 백악관에서 근무할 때 8차례, 그 후 2차례 등 클린턴과 10차례 성관계를 가졌다고 진술했다. 반면 클린턴은 8월 17일 연방대배심 증언에서 '부적절한 관계'는 르윈스키가 인턴을 끝낸 1996년 초에 일어났고 1997년 초에 한 번 있었다고 진술했다.

르윈스키는 1996년 4월 16일부터 국방부에서 일했고 그해 연말까지 두 사람의 직접적인 성접촉은 8개월가량 중단됐다. 대신 전화를 통한 섹스가 시작됐다. 르윈스키는 대통령과 대략 15번의 폰섹스를 나눴다고 증언했다. 대통령이 먼저 르윈스키에게 전화를 걸어 폰섹스를 나누었다.

대통령은 집무실이나 미국 내 출장지인 덴버, 라스베이거스 등은 물론 프라하와 부다페스트 등 외국 출장 중에도 전화를 걸었다. 전화가 오면 르윈스키는 "국방부 일은 싫다. 백악관에 돌아가고 싶다"고 말했으나 그는 "오늘은 당신의 직장 문제 말고 다른 일에 대해 얘기하고 싶다"고 말했다. 다른 일이란 폰섹스를 뜻했다. 한번은 폰섹스 도중 르윈스키가 "삽입 성교를 하고 싶다"고 하자 클린턴은 "무슨 일이 일어날지 몰라 그건 안 된다"고 말했다.

'대통령을 협박하는 것은 불법'

클린턴은 재선에 성공한 1997년 이후 르윈스키와 다시 만나기 시작했으며 이때부터는 대통령 비서인 베티 커리(Betty Currie)가 이를 조정했다. 커리에 따르면 르윈스키는 여러 차례 전화를 걸어 대통령 면담을 요구했다. 커리는 르윈스키가 대통령과 여러 차례 집무실이나 서재에 서 15~20분간 있었다고 증언했다. 르윈스키는 1997년 10월 7일부터 12월 8일까지 7차례나 백악관에 선물을 보냈다. 커리는 그러나 이들의 관계를 비밀에 부쳤다. 르윈스키에게 전화할 때는 교환을 통하지 않고 직접 다이얼을 돌렸고 그녀와의 전화는 기록으로 남기지 않았다.

1997년 2월 28일 짙푸른 드레스를 입고 르윈스키는 대통령의 초청을 받아 백악관 내 라디오 연설회에 참석했다. 연설회 후 두 사람은 서재로 갔다. 대통령이 무슨 말을 하려 하자 르윈스키는 키스해 달라고 요구했다. 그는 잠깐 기다리라고 한 뒤 크리스마스 선물을 내놓았다. 모자 핀과 월트 휘트먼(Walt Whitman, 1819~1892)의 시집 『풀잎(Leaves of Grass)』(1855)이었다. 르윈스키는 이때 복도 뒤 화장실에서 성적 접촉이 있었다고 증언했다. 성접촉 도중 클린턴이 밀어냈으나 그녀는 이번에는 끝까지 하고 싶다고 간청하기도 했다. 르윈스키는 이날 처음으로 클린턴을 '끝까지' 해주었다. 나중에 이날 입었던 드레스의 엉덩이와 가슴 근처에 얼룩이 있는 것을 발견했다. 당시는 대통령의 정액일 수도, 음식물 자국일 수도 있다고 생각했다.

이 드레스는 스타 검사 측에 증거로 제출됐으며 이때 묻은 정액이 미 연방수사국(FBI)의 유전자(DNA) 검사 결과 클린턴의 혈액 유전자와 일치하는 것으로 밝혀져 두 사람의 '부적절한 관계'를 입증하는 가장 확실한 증거가 됐다. 클린턴은 연방대배심 증언에서 "그날 이후로 나는 고통스러웠다. 르윈스키와 부적절한 관계를 그만둔 지 1년이 지났기 때문에 다시 만난 당시에는 즐거웠다"고 말했다.

1997년 3월 29일 커리가 전화로 르윈스키를 백악관으로 불렀다. 프로 골퍼인 그레그 노먼(Greg Norman)의 플로리다 집 계단에서 다리를 다쳐 목발을 하고 있던 클린턴은 르윈스키를 만나자마자 격렬히 키스하고 입으로 성적 접촉을 가졌다. 그러나 삽입은 없었다. 클린턴은 이날도 사정했다.

1997년 5월 24일 커리가 전화를 걸어 오후 1시까지 백악관에 와달라고 했다. 르윈스키는 밀짚모자에 클린턴이 준 모자 핀을 꽂고 선물을 준비했다. 대통령은 이제 친밀한 관계를 끝내야 한다고 설명했다. 결혼 초 수백 가지 (외도) 사건을 겪었으나 40대 이후 충실해지려고 노력하고 있다고 말했다. 르윈스키가 흐느끼며 관계를 끊지 말자고 호소했으나 그는 양보하지 않았다.

대통령은 커리에게 백악관 내 일자리를 알아보라고 지시했다. 커리는 반대했다. 8월 16일에도 두 사람은 백악관 대통령 집무실에서 만났다. 르윈스키의 일자리 구하기가 진척이 없자 클린턴은 '르윈스키가 두 사람의 관계를 폭로할지 모른다'는 염려를 하기 시작했다고 증언했다. 이에 앞서 독립기념일인 7월 4일에도 르윈스키를 만나 "미합중국 대통령을 협박하는 것은 불법"이라고 꾸짖으며 한편으로는 달랬다고 말해 두 사람 사이에 거리가 생기기 시작했다고 증언했다.

이후 클린턴은 언론과의 인터뷰, 각의에서의 주장, 개인 변호사를 통한 대응 등을 통해 르윈스키와의 관계를 부인했다. 르윈스키는 "클린턴이 우리의 관계에 대해 질문을 받으면 부인하라고 말했다"고 증언했다. 또 "클린턴은 백악관에서 성관계를 가질 때는 집무실 문을 약간 열어 누가 오는지를 알 수 있도록 했다. 성관계를 할 때 신음소리를 내지 못하도록 입속에 손가락을 넣기도 했다"고 말했다. 보고서는 또 두 사람이 성관계를 할 때는 항상 완전히 옷을 벗지 않아 만약의 사태에 대비했다고 밝혔다.

르윈스키는 클린턴이 1996년 12월 대선을 앞두고 자신과 거리를 두기 시작하자 서운한 감정이 생겨났다. 특히 둘의 관계가 드러난 후 자신은 위증을 무릅쓰고 성관계를 부인하는데도 불구하고 자신에 대한 배려도 없고 받았던 상처를 돌봐주지 않아 스타 검사의 '면책조건 증언'에 응했다고 밝혔다.(허승호·구자룡 1998)

'스타 보고서' 열풍

이런 내용을 담은 스타 보고서는 미국뿐만 아니라 전 세계 언론을 열광시켰다. 세계 각 나라의 언론들은 경쟁적으로 이 보고서의 내용을 그대로 보도했다. 『시카고 트리뷴(Chicago Tribune)』의 편집자는 "노골적인 용어를 적절한 다른 표현으로 바꿔보려 했으나 의미가 달라질 수 있어 포기했다"며 어려움을 토로했다. 『워싱턴포스트』의 편집 전무인 레너드 다우니 2세(Leonard Downie, Jr.)는 "일반적인 상황에서라면 결코 신문에는 실릴 수 없는 내용을 처음으로 싣게 됐다"며 곤혹스러움을 감추지 못했다. 『워싱턴포스트』는 보고서 전문을 게재하는 한편 "이 기사에는 어린이 및 미성년 독자들에게 적절치 못한 내용이 담겨 있으며 일부는 성인에게도 불쾌감을 줄 수 있다"는 설명을 달았다. 『로스앤젤레스 타임스』도 "이 기사를 어린이가 읽을 경우 부모의 지도가 필요하다"고 밝혔다.(강수진 1998)

인터넷에 올라 있는 스타 보고서를 보기 위한 사람들로 각국의 인터넷 전산망은 북새통을 이뤘다. 미국의 경우 CNN이 설치한 사이트에는 분당 최고 34만 건의 접속이 폭주해, 1998년 8월 31일 뉴욕 증시 폭락시의 최대 접속 건수를 경신하며 사상 최고의 접속률을 기록했다. 이는 1분에 미국 전체 성인 인구의 12퍼센트에 해당되는 무려 2000만 명이 스타 보고서를 읽기 위해 인터넷에 접속을 시도한 것을 의미했다. 이것은 단일 문건을 읽기 위해 접속한 수치로는 사상 최고치였다. 출판사 3곳에서 각기 엮어낸 '스타 보고서'는 59달러에 팔렸는데, 공개 1주일 만에 100만 부를 돌파했다.

클린턴의 연방대배심 증언 비디오테이프

1998년 9월 21일, 클린턴의 8월 17일 연방대배심 증언을 담은 비디오테이프 공개 역시 또 하나의 상업적 이벤트라 할 만했다. 이날 공개된 테이프는 7개로, 하원 법사위가 삭제한 것을 제외하고 4시간 3분가량의 증언을 담았다. 미국 텔레비전 방송사들은 이 테이프가 공개되기 하루 전날인 20일부터 토크쇼 등을 통해 하루 종일 증언의 내용과 여파를 전망하고 거의 매시간 대대적인 예고 방송을 내보냈다.

CNN, CNBC, Fox 등은 중계차를 의사당에 보내 테이프를 전달받은 뒤 송출기에 걸어 전 세계에 생중계했고 CNN은 화면에 "증언 내용 중에는 상세한 성적 관계 표현이 들어 있다"는 경고자막을 가끔 내보내며 미성년자들이 텔레비전을 시청하지 않도록 각별히 유의해달라고 부모들에게 당부하기도 했다. 이와 관련, 하원법사위는 연방대배심 증언 비디오테이프 공개시간을 월요일 아침 9시로 정한 이유를 "미성년자들이 학교에 가고 없는 시간이기 때문"이라고 설명했다.

홍은택(1998c)은 "빌 클린턴 미국대통령의 연방대배심 증언 비디오 테이프가 TV 매체를 통해 공개되면서 미국은 또 다른 충격에 휩싸였다"며 "대통령의 구겨진 체면과 육성으로 전달된 선정적인 내용 등 활자화된 스타보고서와는 비교할 수 없는 생생한 내용이었다"고 말했다. 8월 17일 클린턴은 어떤 증언을 했던가? 클린턴은 증언을 끝내고 나서 가진 연설에서 "나는 그들의 질문에 진실되게 답했습니다. 그 어떤 미국인도 답하고 싶지 않을 성격의 질문들, 즉 나의 사적 생활에 관한 질문들까지 포함해서 말입니다"라고 말했는데, 도대체 어떤 질문들이 제기되었단 말인가?(Donaldson 2007)

초반부터 스타 검사 팀은 로버트 비트먼(Robert Bittman) 등 4명의 검사가 번갈아 르윈스키와의 성관계에 대해 집요하게 물고 늘어졌다. 긴장한 대통령은 카메라를 의식한 듯 당당한 자세를 유지하려 애쓰면서도 자주 물 컵을 들었다. "르윈스키가 성관계를 맺었다고 했는데 사실이지요?"(검사 팀) "성교를 하지 않았으므로 성관계는 없었던 것 아닙니까. 게다가 이건 사생활에 관한 문제잖소. 나는 미국 대통령으로서의 품위를 지키고 싶으니 구체적인 행위 대신 내 혐의와 관련된 질문을 해주시오."(클린턴)

7~8분이나 지났을까. 클린턴 대통령이 검사 측의 양해를 받아 안경을 꺼내 쓰고 준비한 성명서를 읽어내려 갔다. 인정할 것은 인정하겠지만 미국 대통령을 세워놓고 '지극히 개인적인' 부분에 대해 구체적인 진술을 하라는 것은 모두를 위해 바람직하지 않다는 요지였다.

이후 20~30분간 폴라 존스 성희롱 사건 증언 때 나온 성관계의 정의를 둘러싸고 지루한 공방이 이어졌다. 클린턴은 "성교를 하지 않았기 때문에 성관계가 없었다"면서 자신이 위증하지 않았다고 강변했다. 또 성관계는 대통령직과는 상관없는 사생활 문제라면서 "인간사의 수수께끼인 성 문제를 다루는 만큼 신중해야 한다"는 주장을 폈다.

질문과 답변이 겉돌면서 양측의 감정은 점점 고조되기 시작했다. 초반 가라앉았던 대통령의 음성도 점차 높아져갔다. 잠시 신문이 중단됐다. 스타 검사 팀이 다시 성관계에 대해 질문공세를 퍼부으면서 공방은 계속됐다. 신문(訊問)이 겉돌자 폐쇄회로로 지켜보던 배심원이 참다못해 전화로 특별검사 팀에 대신 질문을 부탁했다. "대통령답게 답변하셔야 하는 것 아닌가요. 르윈스키와 성관계가 있었다면 있었다, 아니면 아니다 분명하게 답해주세요."

정면에 놓인 카메라를 응시하던 클린턴의 얼굴이 굳어졌다. 여유를 되찾으려는 듯 자세를 고쳐 앉기를 수차례. 땀이 흥건히 밴 주먹에 힘이 들어갔다. 왼편에 자리한 변호인단에 눈길을 돌린 후 입을 열었다. "르윈스키와는 '다정한' 사이였습니다." 클린턴은 동문서답식 답변으로 배심원의 항의 섞인 질문을 의도적으로 무시했다. 그러나 검사 팀의 신문이 계속 파고들었다. "대통령, 지금 카메라가 돌아가고 있어요. 분명하게 진실을 밝혀야 합니다." 클린턴의 '준비된 미소'가 점차 사라졌다. 탄탄대로를 달려온 자신에게 이런 수모를 안긴 스타 검사 팀에 대한 적개심마저 드러냈다.

"스타 검사 팀, 당신들은 사생활 문제를 미국에서 가장 중요한 이슈로 만들었소. 수사 과정에서 자료 유출을 서슴지 않았고요. 또 르윈스키 집을 급습해 무려 5시간이나 외부와 차단한 채 수사하지 않았습니까." 특별검사 팀은 왜 하필이면 르윈스키가 선물한 넥타이를 매고 나왔느냐며 질문의 방향을 돌렸다. 대통령은 당황하는 기색이 역력했다. "모, 몰랐소. 알았다면 일부러 매고 나왔겠어요." 클린턴은 21명의 배심원을 향해 처절한 '설득전'을 펼쳤다. 1월 존스 성희롱 사건 때 말한 "르윈스키와 성관계를 갖지 않았다"는 진술이 위증이 아니도록 하는 데 초점을 맞추며 변호사다운 논리로 일관했다.(김승련 1998)

"성적 유혹을 견뎌내기가 정말 어렵다"

미언론은 "각 TV가 앞다투어 증언 테이프를 방영했지만 예상과는 달리 리히터 지진계를 흔들지는 못했다"고 평가했다. 민주당 측은 당초 우려했던 것보다는 훨씬 피해가 적은 것에 안도하는 반면, 공화당 측은 기대에 못 미친 공세에 실망하는 분위기였다. CNN과 『USA 투데이』가 공개 방영이 끝난 후 성인 631명을 상대로 실시한 전화 여론조사 결과(오차한계 4퍼센트) 66퍼센트가 의회의 탄핵 추진에 반대, 전날의 60퍼센트에 비교해 거꾸로 클린턴에게 유리한 국면이 됐다. 반면 클린턴에 대한 지지도는 63퍼센트를 기록했던 닷새 전 조사에 비해 3퍼센트 포인트 떨어졌다.

미언론과 여론조사기관의 분석에 따르면 클린턴 지지자들은 테이프 내용을 시청한 뒤 더욱 클린턴을 동정하는 입장을 굳혔고 그를 반대하는 사람은 그의 교활한 말장난에 더 큰 혐오감을 가지게 됐다는 것이다. 뉴욕 증권시장에서도 테이프 공개가 시작된 이후 다우존스 지수가 184포인트나 급락했으나 네 시간 뒤 테이프 공개가 끝날 무렵에는 "큰 게 터질 줄 알았는데 별 게 없다"는 안도감으로 오히려 37포인트 오른 시세로 종장했다.

이에 따라 민주·공화 양당의 반응도 엇갈리게 나타났다. 우선 11월의 중간선거에 영향을 미칠 것을 걱정했던 민주당 진영에서는 "최악의 상황을 우려했는데 테이프에 비친 대통령의 모습은 그런 대로 괜찮았다"는 게 대체적인 평이었다. 일부에서는 특별검사 팀의 신문을 받는 클린턴의 모습을 이란-콘트라 사건 때 의회 청문회 석상에 불려 나왔던 올리버 노스(Oliver North) 중령과 비교하며 "소신대로 잘 말했다"고 평가하기도 했다.

반면 공화당 쪽에서는 테이프 공개로 인해 클린턴의 탄핵이 한걸음 다가온 것은 사실이지만 결정적인 치명타를 가하지는 못했다고 분석했다. 이 같은 상황 전개에 편승, 백악관 측도 즉각적인 공세를 취하고 나섰다. 마이크 매커리 대변인은 "클린턴 대통령의 행위가 탄핵발의의 사유가 되지 못한다는 사실이 모든 사람에게 보다 분명하게 전해졌다"고 밝혔다. 그러나 백악관 참모진은 "대세를 뒤집기에는 아직 부족하다"는 공감대 속에 클린턴이 보여줄 새로운 카드를 찾기에 분주한 모습을 보였다.

클린턴의 연방대배심 증언 테이프와 함께 추가로 공개된 르윈스키 증언 관련 문서는 대통령에 대한 그녀의 생각과 감정을 상세하게 드러냈다. 르윈스키는 대통령에게 '센티멘털한 감정'으로 완전히 빠져 있었다. 그녀는 때로 증언을 꺼리기도 했지만 곤혹스런 사적인 질문에도 망설이지 않고 확실한 '예스'로 답했다. 두 사람의 관계가 지속되지 않을 것이라는 점이 분명해질 때까지는 클린턴을 '정부(情夫; sexual soulmate)'로 여겼다. 그녀는 1997년 6월 대통령에게 전한 쪽지에 "나는 폐기처분될 것이고, 이미 사용이 끝났고, 중요하지 않다는 느낌이 든다"고 쓰기도 했다.

8월 20일 연방대배심에서 클린턴과의 관계의 성격을 묻는 질문에 르윈스키는 "다소 집착한다는 느낌이 있지만 사랑, 아니 확실히 사랑"이라고 규정했다. 그녀는 클린턴을 만나거나 이야기를 나눌 때마다 자신의 수첩에 해당 날짜를 동그라미로 표시했다. 그녀는 "그를 사랑하고 있는 것으로 알았으며 그가 나를 좋아하고 있는 것으로 생각했다"고 증언했다. 1997년 한 편지에서는 "빌, 나는 당신을 정말 사랑합니다"고 애정을 고백했다. 또 클린턴이 자신과의 관계를 부인토록 요구한 적이 있는가라는 질문에 "그것은 필요하지 않다. 왜냐하면 나는 그를 항상 보호할 것이기 때문"이라며 '영원한' 사랑의 감정을 감추지 않았다. 문서에서 반복적으로 나타나는 말은 "당신은 너무 멋지다. 나는 당신을 사랑한다"는 것이었다.

"주변의 여성을 향한 성적 유혹을 견뎌내기가 정말 어렵다." 클린턴 대통령은 모니카 르윈스키에게 이렇게 고백한 것으로 르윈스키 증언록에 나왔다. 연방대배심과 수사관의 조사 과정에서 르윈스키는 "지난해 5월 24일 클린턴 대통령이 나에게 헤어지자고 말했던 날 그는 '마흔 살이 되기 전까지 수백 명의 여자와 함께 했으며 그 이후 너를 만나기 전까지는 결혼생활에 충실해 왔다'고 털어놓았다"고 말했다. 또 "클린턴 대통령은 토요일 밤이면 성적 유혹에 굴복했다가 일요일 아침 교회에 가서 회개하는 식의 생활을 살아왔다"며 "비록 자신이 '성적 문제'가 있다고 말하지는 않았지만 클린턴 대통령은 매일매일을 성적 유혹과 싸우며 살았다"고 말했다.(신재민 1998)

"미국식 자본주의의 종말"인가?

이런 일련의 보도와 관련, 임춘웅(1998)은 "이번 사건에서 가장 주목할 만한 악역을 한 것은 역시 언론이다. 음란한 용어가 무려 5000자나 포함된 보고서 내용을 그대로 보도한 것이다. 공개하지 않기로 했던 클린턴의 대배심 증언마저 끝내는 방송되고 말았다. 이런 저런 변명이 없는 것은 아니지만 언론의 추악한 상업성이다"라며 다음과 같이 말했다.

"평소 어느 신문이 이런 유의 내용을 활자화했다면 '비열한 선정주의'라고 필시 펄펄 뛰었을 미국의 권위지들도 대통령의 일이란 이름으로 아무런 죄의식 없이 모든 것을 활자화했다. 음란성 표현을 삼가야 한다는 것은 공익 언론의 기초적인 상식에 속하는 일이다. 일반의 것은 안 되고 백악관의 것은 괜찮을 성질의 일이 아니다."

이런 일련의 사건에 대해 어떤 칼럼니스트는 "미국식 자본주의의 종말"이라고 우려했다. 미국의 상업주의가 사태를 이토록 키워놓았다는 것이다. 프랑스의 『르몽드』는 9월 12일 「미국식 지옥」이라는 사설에서 클린턴 대통령의 위증을 입증하기 위해 그토록 수치스럽고 혐오스런 성행위 내용을 세밀하게 묘사해야 하느냐고 반문했다. 이 신문은 스타 보고서를 '필요 이상으로 개인의 사생활을 들춰낸 성(性)에 대한 매카시즘'으로 규정하면서 미국식 법절차가 만들어낸 하나의 괴물이라고 혹평했다.(김세원 1998)

이 신문은 '스타 보고서'가 공개되기 이전부터 '지퍼게이트'를 "역겹고 우스꽝스러운 정치·사법적 서사극"이라고 비판했으며, "소위 특별검사는 행정부에 대한 수사 집행권을 가짐으로써 집권 권력과 견제 권력 사이의 균형을 이루어 미국 민주주의의 토대를 다져왔던 것"
이지만 "스타 검사의 스캔들 조사는 사법부 독립성을 과시했다기보
다 광신적, 파당적 사법절차를 생각나게 한다"고 했다. 또 '스타 보고
서'가 공개된 이후에도 「역사의 회귀」라는 사설에서 "지금까지 패권
적 양상으로 세계를 석권해 온 미국식 자본주의 경제와 맥도날드 햄
버거로 대표되는 미국식 문화가 지난 수개월동안 스스로 종지부를 찍
고 있다"고 주장했다.

　그러나 그런 『르몽드』마저도 '스타 보고서'를 요약해 16쪽에 달하
는 별쇄 증보판을 발행했다. 『르몽드』는 1주일간 독자 항의에 시달린
끝에 그것이 '상업적 계산'이었음을 실토했다. 보고서가 공개되기를
기다렸다가 기자 및 번역가 25명을 동원, 밤샘 작업 끝에 이튿날 증보
면을 낼 수 있었다고 털어놓은 것이다. 그러나 이 신문에 돌을 던질 사
람도 그리 많지는 않았을 것이다. 『르몽드』의 그 일자 유가 판매부수
는 평소보다 20.8퍼센트 늘어난 64만 6000부를 기록했고, 『르몽드』웹
사이트는 모두 15만 6000건의 방문을 기록했기 때문이다. 이는 프랑
스가 월드컵에서 우승했던 7월 13일의 기록을 능가한 것이었다. '지
퍼게이트'는 세계인들이 "미국은 참 이상한 나라야!" 하고 손가락질하
면서도 미국의 그 이상한 짓을 몹시 즐기는 세계적인, 그리고 세기말
적인 이벤트였던 셈이다.

　섹스에 밝은 일본 언론도 흥분했다. 저널리스트 모리소노 미르쿠는
"클린턴 대통령이 일본을 방문하면 일본 정부는 '밤 접대'를 하는 것
이 좋겠다. 빈곤한 플레이밖에 하지 못하는 클린턴 대통령을 요정에
안내해주면 대단히 좋아할 것이다. 아마 그렇게 하면 미일 수뇌회담

도 순조롭게 풀릴 것이다"고 주장했다. 일본 작가 마루시게 쥰은 "한 마디로 클린턴 대통령은 테크닉이 부족하다. 애무는 항상 한 가지 패턴뿐이고 손을 대는 곳도 가슴과 성기뿐이다. 게다가 르윈스키의 그곳에 시가를 넣었다가 '맛있군'이라는 말을 하다니 웃음밖에 나오지 않는다"고 말했다.(정동선 1998)

클린턴이 전 미국인과 전 세계인을 즐겁게 해주는 데에 기여했다는 것은 의심할 여지가 없었다. 1998년 1월부터 9월까지 심야 텔레비전 토크쇼에 등장한 클린턴을 소재로 한 농담 건수는 모두 1138건에 이르렀다. 다음과 같은 내용의 '퀴즈 놀이'도 인기를 누렸다.

(문) 클린턴이 말하는 '안전한 섹스'의 의미는? (답) 힐러리가 없을 때 하는 섹스

(문) 클린턴이 주지사를 지낸 아칸소 주에서 처녀란? (답) 클린턴보다 빨리 달릴 수 있는 여자(그래야 그에게 잡히지 않기 때문)

(문) 어떤 백화점이 '클린턴의 날' 이벤트를 가졌는데 이날 광고 문구는? (답) 모든 팬티를 반쯤 내렸다.

(문) 클린턴이 팬티를 입고 있는 이유는? (답) 발목을 보호하기 위해 (항상 발목 근처에 내려와 있다는 뜻)(염태정 1998)

상원의 클린턴 탄핵안 부결

1998년 10월 28일 미국 역사학자 400여명은 "영원히 미국 대통령직의 권위를 손상시키고 위축시킬 것이다"라는 이유를 내세워 클린턴 대통령 탄핵에 대한 하원의 심의결정에 반대하는 성명을 발표했다. 프린스턴대학의 숀 윌렌츠(Sean Wilentz) 교수와 존 F. 케네디(John F.

미국 역사상 탄핵 위기에 몰린 대통령은 앤드루 잭슨, 리처드 닉슨 그리고 빌 클린턴이다. 그림은 그중 유일하게 탄핵당한 잭슨의 탄핵 심판 기록화.

Kennedy, 1917~1963) 대통령 시절 백악관에서 근무한 역사학자 아서 슐레진저 2세(Arthur M. Schlesinger Jr., 1917~2007) 등이 주도한 성명은 "우리가 클린턴 대통령의 사적인 행동과 일련의 기만 노력을 용서하는 것은 아니지만 클린턴에 가해진 혐의는 (헌법) 기초자들이 탄핵 사유로 보았던 것과 어긋난다"고 밝혔다. 또 하원의 탄핵심의 승인으로 "소설이 쓰이게 됐고, 대통령을 물러나게 할 위반 행위를 찾기 위한 각종 수색작업이 시작되게 됐다"고 지적하면서 "우리는 지금 헌법을 유지하느냐 파괴하느냐 선택의 기로에 서 있다"고 말했다. 슐레진저는 기자회견에서 "헌법 기초자들은 성추문에 대한 클린턴 대통령의 거짓말이 중대 범죄 또는 비리로 보지 않을 것"이라고 말했다.

이 성명 발표는 윌렌츠 교수가 슐레진저 박사와 클린턴 대통령의 탄핵 문제를 논의한 뒤 전국의 역사학자들에게 전자우편을 보내 이들의 서명을 받음으로써 탄생됐다. 윌렌츠 교수는 "3일 만에 300여 명이 서명했고 1명만이 서명에 응하지 않았다. 이번 성명은 당파를 초월한 것"이라고 밝혔다. 서명한 역사학자로는 프랭클린 대통령을 비롯한 역대 대통령들의 전기를 집필한 도리스 키언스 굿윈(Doris Kearns Goodwin), 예일대학의 C. 밴 우드워드(C. Vann Woodward, 1908~1999) 교수, 버지니아대학 소속 민권운동지도자 줄리안 본드(Julian Bond) 교수, 하버드대학의 헨리 루이스 게이츠(Henry Louis Gates, Jr.) 교수, 언론인 겸 저술가인 게리 윌스(Garry Wills), 펜실베이니아대학의 셸던 해크니(Sheldon Hackney) 교수, 1997년 퓰리처상 수상자인 잭 라코브(Jack N. Rakove) 등이 포함되었다. (김연극 1998)

1998년 11월 3일에 치러진 중간선거의 승리에도 불구하고 클린턴은 탄핵 바람을 비켜가지는 못했다. 클린턴은 1998년 12월 19일 앤드루 잭슨에 이어 미국 역사상 두 번째로 하원에서 탄핵을 당한 대통령이 되었다. 그러나 1999년 2월 12일 미 상원은 클린턴에 대한 탄핵안을 표결에 부쳐 위증과 사법방해 혐의 등 하원이 상정한 탄핵 혐의를 각각 55대 45와 50대 50으로 표결, 정족수 67표에 미달함으로써 모두 부결시켰다. 이로써 클린턴은 오는 2001년 1월까지 임기보장은 물론 그동안의 수세에서 벗어나 능동적으로 운신할 수 있는 단단한 발판을 마련했다. (최철호 1999)

운명의 그날, 클린턴은 자신의 정치 운명을 결정하는 표결이 진행되는 동안 생방송 중계를 하던 텔레비전을 보지 않은 채 백악관 체육관에서 운동을 했다. 두 가지 탄핵사유가 모두 과반수 찬성을 얻지 못하자 백악관은 전반적으로 안도하는 분위기였다. 클린턴은 얼마 뒤 백악관 로즈가든에 직접 나와 대국민 사과 성명을 발표했다. 앞으로 사회보장제도 유지 방안, 연방흑자 처리 문제, 학교교육 개선방안 등 바로 국정 문제에 적극 대응할 것이라고 밝혔다. 미국의 한 언론은 이날 그의 모습을 "골인 지점에 닿은 지친 마라톤 선수처럼 보였다"고 묘사했다.

민주당 의원들은 탄핵을 주도한 공화당 하원 의원들을 향해 일제히 포문을 열었다. 러스 파인골드(Russ Feingold) 의원은 "심각한 헌법절차를 당파적 쟁점으로 만들어 의회의 격을 떨어뜨리고, 온 나라에 매우 고통스런 시련을 안겨주었다"고 비판했다. 밥 케리(Bob Kerrey) 의원도 "공화당은 사회보장제도, 교육 문제 등 실질적인 의제보다 탄핵에 몰두했다"고 비난했다.

두 가지 탄핵사유에서 모두 과반수에 못 미치는 참담한 패배를 맛본 공화당에서는 반응이 서로 엇갈렸다. 탄핵재판을 이끌어온 트렌트 롯(Trent Lott) 공화당 원내총무는 "탄핵 부결이 결코 클린턴의 무죄로 해석돼서는 안 된다"고 못박았다. 탄핵소추 팀의 리더인 헨리 하이드(Henry John Hyde, 1924~2007) 하원 법사위 위원장은 "헌법에 따른 의무를 다했을 뿐이며, 후회는 없다"면서도 클린턴을 형사범으로 기소해서는 안 된다고 스타 검사에게 촉구했다. 그러나 오린 해치(Orrin Hatch) 상원 법사위원장은 "이날 표결 결과가 하원 탄핵소추 팀과 탄핵소추 결의를 한 하원에 패배를 안겨준 것은 틀림없는 사실"이라고 직설적으로 패배를 인정했다. 짐 니컬슨(Jim Nicholson) 공화당 전국위 의장은 클린턴의 '보복'을 우려했다.

Congressional Record

United States
of America

PROCEEDINGS AND DEBATES OF THE *106th* CONGRESS, FIRST SESSION

| Vol. 145 | WASHINGTON, FRIDAY, FEBRUARY 12, 1999 | No. 26 |

Senate

The Senate met at 9:36 a.m. and was called to order by the Chief Justice of the United States.

TRIAL OF WILLIAM JEFFERSON CLINTON, PRESIDENT OF THE UNITED STATES

The CHIEF JUSTICE. The Senate will convene as a Court of Impeachment. The Chaplain will offer a prayer.

PRAYER

The Chaplain, Dr. Lloyd John Ogilvie, offered the following prayer:

Gracious God, whose love for this Nation has been displayed so magnificently through our history, we praise You that Your presence fills this historic Chamber and enters into the minds of the Senators gathered here. Each of them is here by Your divine appointment. Together they claim Your promise, "Call upon Me in the day of trouble; I will deliver you."—Ps.50:15. We call upon You on this day of trouble in America as this impeachment trial comes to a close. You have enabled an honest, open debate of alternative solutions. Soon a vote will be taken. You have established a spirit of unity in the midst of differences. Most important of all, we know that we can trust You with the results. You can use what is decided and continue to accomplish Your plans for America. We entrust to Your care the President and his family. Use whatever is decided today to enable a deeper experience of Your grace in his life and healing in his family. We commit this day to You and thank You for the hope that fills our hearts as we place our complete trust in You. You are our Lord and Saviour. Amen.

The CHIEF JUSTICE. The Sergeant at Arms will make the proclamation.

The Sergeant at Arms, James W. Ziglar, made proclamation as follows:

Hear ye! Hear ye! Hear ye! All persons are commanded to keep silent, on pain of imprisonment, while the Senate of the United States is sitting for the trial of the articles

of impeachment exhibited by the House of Representatives against William Jefferson Clinton, President of the United States.

THE JOURNAL

The CHIEF JUSTICE. If there is no objection, the Journal of proceedings of the trial are approved to date.

The majority leader is recognized.

Mr. LOTT. Thank you, Mr. Chief Justice.

ORDER OF PROCEDURE

Mr. LOTT. For the information of all Senators, later on today, the Secretary of the Senate will be putting at each Senator's desk something I think you will enjoy reading later. It is the prayers of the Chaplain during the impeachment trial. Subsequently, we plan to put it in a small pamphlet, because they truly have been magnificent. We thought you each would like to have copies.

The Senate will resume final deliberations now in the closed session. Thank goodness. At this point in the proceedings, there are approximately eight Members who still wish to speak or submit part of their speech into the RECORD.

Following those final speeches, the Senate will resume open session and proceed to the votes on the two articles of impeachment. I estimate that those votes will begin at approximately 11:30. However, the exact time will depend on the length of the remaining speeches, and also we will have to have a few minutes to open the Chamber and the galleries so that our constituents and our families can enter the galleries if they would like to.

Following these votes, all Senators should remain at their desks as the Senate proceeds to several housekeeping items relating to the adjournment of the Court of Impeachment. So again, I emphasize, please, after the votes, don't rush out of the Chamber because we have some very important proceedings to attend to, and I think you will enjoy them if you will stay and participate.

Under the consent agreement reached last night, following those votes, a motion relating to censure may be offered by the Senator from California, Senator FEINSTEIN. If offered, Senator GRAMM will be recognized to offer a motion relative to the Feinstein motion, with a vote to occur on the Gramm motion. Therefore, Senators may anticipate an additional vote or votes following the votes on the articles.

I thank the Senators. And I believe we are ready to proceed to the closed session.

Mrs. BOXER. Will the majority leader yield for a question?

Mr. LOTT. Yes.

Mrs. BOXER. Will there be intervening debate or no debate on any of those votes?

Mr. LOTT. In the UC that was reached last night, I believe we have 2 hours, which will be equally divided, for Senators to submit statements at that point or to make speeches if they would like. So I presume—after the votes, yes.

Mrs. BOXER. That is the question. Yes.

Mr. LOTT. I presume we will go on for a couple hours—2 or 3 o'clock in the afternoon, yes.

UNANIMOUS-CONSENT AGREEMENT—PRINTING OF STATEMENTS IN THE RECORD AND PRINTING OF SENATE DOCUMENT OF IMPEACHMENT PROCEEDINGS

Mr. LOTT. I would like to clarify one other matter. Senators will recall the motion approved February 9, 1999, which permitted each Senator to place in the CONGRESSIONAL RECORD his or her own statements made during final deliberations in closed session.

I ask unanimous consent that public statements made by Senators subsequent to the approval of that motion, with respect to his or her own statements made during the closed session, be deemed to be in compliance with the Senate rules. This would permit a Senator to release to the public his or her

• This "bullet" symbol identifies statements or insertions which are not spoken by a Member of the Senate on the floor.

♻ Printed on recycled paper.

S1457

클린턴은 연방대배심에서의 위증 혐의로 하원에서 탄핵당했으나, 상원에서 50대 50으로 의결정족수 67명에 못 미쳐 위기를 모면했다. 클린턴의 탄핵이 상원에서 부결되었음을 알리는 연방의회 의사록의 1면.

'지퍼게이트' 부가가치는 2억 9000만 달러

언론 전문가들은 1년 이상 르윈스키 성추문 사건을 숨 가쁘게 추적해 왔던 미국 언론들이 앞으로 엄청난 기삿거리 부족에 시달릴 것이라며 그동안의 보도행태를 꼬집었다. 미디어와 공무에 관한 센터(CMPA)의 정치분석가인 메리 캐럴 거닝(Mary Carroll Gunning)은 "여기저기 방송에 출연했던 사람들이 더 이상 자신을 찾는 전화벨이 울리지 않아 심심할 것"이라고 비꼰 뒤, 뉴스공백을 메우기 위해 이제 언론들은 코소보 사태와 2000년 미국 대선으로 눈길을 돌릴 것이라고 논평했다.

클린턴 대통령에 대한 조사와 탄핵재판으로 클린턴과 스타 검사 등 관련자들이 쓴 법정비용은 5000만 달러(약 600억)에 이른 것으로 밝혀졌다. 스타 검사가 수사비용 등으로 4000만 달러, 클린턴 1000만 달러, 르윈스키 200만 달러를 쓴 것으로 추정됐다.

반면 텔레비전 방송사들은 '지퍼게이트' 관련 보도로 8000만 달러를 벌어들였으며, 인쇄매체는 2000만 달러의 수입을 올렸다. 클린턴과 르윈스키의 얼굴을 풍자한 장신구도 3500만 달러어치나 팔렸다. 이러한 이 세계적인 섹스 스캔들 특수(特需)를 노리고 마구 쏟아져나온 책과 영화의 수입까지 '지퍼게이트'가 낳은 부가가치는 1999년 초 2억 9000만 달러에 이른 것으로 집계되었다.

1999년 3월 3일 ABC 방송의 『20/20』이라는 프로그램에서 방영된 모니카 르윈스키의 인터뷰 시청자 수는 뉴스 프로그램 사상 가장 많은 7000만 명을 기록했다. 이 덕분에 ABC는 이날 3000만 달러의 광고 수입을 챙겼다.

2001년 이 '지퍼게이트'와 관련된 여러 가지 사실에 허구의 이야기를 뒤섞은 『미국 광시곡(American Rhapsody)』이라는 책이 미국에서 출판돼 화제가 되었다. 〈원초적 본능(Basic Instinct)〉(1992년, 감독 폴 버호벤), 〈쇼걸(Showgirls)〉(1995년, 감독 폴 버호벤) 등의 각본을 쓴 할리우드 시나리오 작가 조 에스터하스(Joe Eszterhas)가 쓴 이 책에 이렇다 할 내용은 없었다. 이 책의 출간은 몇 년이 지난 뒤에도 여전히 장사 밑천으로 쓰일 만큼, '지퍼게이트'가 당시에 미친 사회적 파장이 컸다는 사

실을 방증(傍證)하는 셈이 됐다.(한겨레 2000)

2000년 10월 『뉴욕타임스』의 칼럼니스트 프랭크 리치(Frank Rich 2000)는 르윈스키를 만나 자신을 둘러싼 보도에 대한 감정이 어떤 것인지 이야기해달라고 했다. 리치는 "르윈스키는 언론에서 만들어낸 이미지와 거의 닮은 점이 없었다. 르윈스키는 언론이 과거의 정치적인 섹스 스캔들 주인공들과 정확히 일치하는 사람으로 그녀를 그려내기 위해 그녀에 관해 때로 부정확한 사실들을 보도했으며, 심지어 노골적인 거짓말까지 서슴지 않았다고 말했다. 다시 말해서 언론이 그녀를 '머리 나쁜 매춘부' 쯤으로 취급했다는 것이다"라며 다음과 같이 말했다.

"르윈스키는 사건이 터지고 나서 옛날에 알던 거의 모든 사람들에게서 배신을 당하는 경험을 했다. 사건과 관련된 사람들은 물론이고, 그녀의 옛날 학교 친구들이나 이웃들도 그녀에 관한 이런저런 이야기들을 팔기 위해 언론과 접촉을 하곤 했다. 또한 르윈스키의 집 앞에는 하루 종일 기자들과 파파라치들이 진을 치고 그녀가 밖으로 나오기를 기다리고 있었다. 필자는 르윈스키가 필자와 인터뷰를 하면서 혹시나 또 이야기가 잘못 전달될까 봐 자꾸만 제동을 거는 것을 보면서 뭔가 그녀를 안심시키는 말을 해주고 싶었지만, 결국 해줄 말이 없다는 결론에 도달했다. 르윈스키는 포위를 당한 도시에서 간신히 목숨만 건져 도망친 생존자처럼 보였다."

스펙터클에 굶주린 대중의 광기

2000년 말 클린턴은 『뉴욕타임스』와의 인터뷰에서 이렇게 변명했다.

"대통령이 인간으로 보이는 것이 그렇게 나쁜지 몰랐다. 대통령직의 신비를 벗길 필요가 있다. 이것도 직업이다." 반면, 그의 핵심 측근이 었다가 르윈스키 사건으로 결별한 후 책을 쓴 조지 스테파노풀로스 (George Stephanopoulos 1999)는 클린턴에 대해 다음과 같이 말했다.

"나는 글을 쓰고 또 다듬으면서, 수치를 모르는 클린턴의 성품이 정치적 성공의 열쇠이며, 부인하는 능력이 바로 그의 가장 탁월한 정치적 강점인 낙관주의와 연관되어 있다는 것을 알게 되었다. 그는 교묘하게 자기 자신과 주변 사람들의 나약함을 이용하기도 했지만, 마찬가지로 자기 자신과 그들의 재능을 개발하기도 했다."

2001년 이 '지퍼게이트'를 학문적 연구대상으로 삼은 책이 출간돼 화제를 모았다. 시카고대학 영문과의 로렌 벌랜트(Lauren Berlant) 교수와 뉴욕대학 미국학과의 리사 더건(Lisa Duggan) 교수가 편집한 『우리의 모니카, 우리 자신: 클린턴 사건과 전국적 흥미(Our Monica, Ourselves: Clinton and the Affairs of State)』라는 책이 바로 그것이다. 『뉴욕타임스』를 비롯한 미국 주요 언론은 서평을 통해 이 책을 자세히 다뤘다. 그러니까 '지퍼게이트'라는 블록버스터는 아직 상영이 끝난 게 아니라, 재탕되고 윤색해 또 다른 버전을 만들어내고, 재편집되면서 계속 세인들의 관심을 끌었던 셈이다.

2009년 9월 퓰리처상 수상 작가인 테일러 브랜치(Taylor Branch)는 1993년부터 8년간 클린턴과 79차례 인터뷰를 한 내용을 담은 『더 클린턴 테이프(The Clinton Tapes)』를 발간했다. "빌 클린턴 전 대통령은 모니카 르윈스키에 관한 질문만 하면, 신경질적인 반응을 보이며 답변을 꺼렸다. 하지만 상원 탄핵을 간신히 피한 후인 1999년 8월 밤, 그는 처음으로 입을 열었다. 그리곤 '(정사는) 내가 완전히 지친 상황에서 시작됐다'고 털어놓기 시작했다."

클린턴은 당시 상황에 대해 "1994년 초에는 어머니가 세상을 떠났고, 화이트워터 스캔들 조사도 시작됐다. 이후 11월 총선에서까지 민주당이 완패하면서 난 고립감과 좌절감에 빠졌고, 르윈스키와의 정사를 시작했다"고 말했다. 둘의 은밀한 관계는 1995년 11월 정부 예산안이 부결된 상황에서 시작됐는데, 1996년 클린턴이 재선에 성공하고 나서도 몇 달간 계속됐다. 하지만 탄핵 소동 등 그 대가는 너무 컸다. 이후 클린턴은 "백악관에서의 정사는 너무 위험하다고 생각해 백악관에서는 더 이상 사고를 치지 않기로 굳은 결심을 했다"고 한다.(이혜운 2009)

공인의 섹스 스캔들에 관대한 문화를 갖고 있는 프랑스 언론은 "클린턴이 성희롱의 희생양이 되고 있다"며 미국 언론을 비난했다지만, 나라마다 즐기는 스펙터클의 종류가 다를 뿐 프랑스에는 스펙터클에 굶주린 대중의 광기가 없겠는가? 고독한 대중의 스펙터클에 대한 집착을 감히 누가 말릴 수 있으랴!

참고문헌 Donaldson 2007, Rich 2000, Stephanopoulos 1999, 강수진 1998, 김세원 1998, 김승련 1998, 김연극 1998, 동아일보 1998, 신재민 1998, 염태정 1998, 이혜운 2009, 임춘웅 1998, 정동선 1998, 정연주 1999 · 1999a, 주용중 2001, 최철호 1999, 한겨레 2000, 허승호 · 구자룡 1998, 홍은택 1998c

'섹스 매카시즘' 인가?
래리 플린트의 활약

여성운동 진영의 고민

클린턴의 '지퍼게이트'는 '무브온'의 탄생과 더불어 '성적 매카시즘' 논란이라는 결과를 낳기도 했다. 우선 무브온부터 살펴보자. 무브온(www.moveon.org)은 오늘날 320만 명의 회원이 참여하는 세계 최대 규모의 미국 온라인 진보운동 단체로, '행동하는 민주주의'를 표방한다. 주된 활동은 의회나 정부, 언론사 등을 상대로 하는 온라인 청원운동이며, 자원봉사 형태로 일하는 수십 명의 운영자들이 이 운동을 조직하고 전개한다. 청원 운동이 효과가 적을 때는 운영자들이 회원들에게 시위 계획을 전자우편이나 무브온 사이트를 통해 알리면 각자 주거지에서 가까운 곳에서 열리는 시위에 참가한다. 무브온은 기업이 내는 돈을 받지 않으며, 회원들의 모금으로 운영된다. 무브온 사이트의 '기부'란을 클릭하면 신용카드로 25달러에서 1000달러까지 기부금을 낼 수 있는데, 2005년 한 해 동안만 900만 달러를 모았다.(이춘재

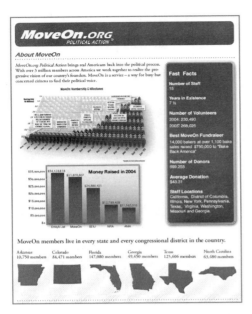

세계 최대의 온라인 진보단체 무브온은 1998년 클린턴의 탄핵 위기 때문에 태어났다. 회원 수 증가 목표와 기부금 증가 등의 정보를 홈페이지에서 알리고 있다. ⓒ www.moveon.org

2008, 이태희 2008) 한국에서는 안병진(2009) 등 노무현의 열성 지지자들이 한국판 무브온을 만들어야 한다는 주장을 펴게 된다.

무브온은 1998년 조앤 블레이즈(Joan Blades)와 웨스 보이드(Wes Boyd)라는 두 실리콘밸리 벤처기업인이 클린턴 대통령을 탄핵하려는 공화당 활동에 반대하는 청원서를 돌리는 한편으로, 의회에 대해서는 다른 긴급한 안건을 처리하기 위해 '계속 전진할 것(move on)' 을 요청하는 과정에서 탄생했다. 이 청원서는 일주일이 되기 전에 10만 명의 서명을 확보했다. 무브온의 공동 설립자인 블레이즈는 이렇게 회고했다. "일시적인 운동으로 끝날 줄 알았다. 우리는 온갖 방법을 동원해 모든 사람이 지도층과 연결되도록 돕고 나면, 원래의 일상적인 생활로 복귀할 줄 알았다. 50만 명이 서명을 했고, 우리는 복귀할 수 없게 되었다." (Leadbeater 2009)

'성적 매카시즘' 논란은 어떻게 볼 것인가? 최내현은 "클린턴의 섹스 스캔들은, 미국인들의 관음증적 엿보기 취향의 산물이라기보다는 페미니즘의 극단적 형태로서의 '성적 매카시즘' 으로 불려야 마땅하다. …… 이번 클린턴 성 추문 사건은 단순히 대중의 호기심과 옐로 저널리즘의 결과가 아니라 섹스에 관련된 것까지 감시의 대상이 되는, 푸코식으로 이야기하자면 새로운 양식의 판옵티콘(원형 감옥)으로 사회가 작동하기 때문이다"라며 다음과 같이 주장했다.

"나는 여기서 페미니즘이 사회를 각박하게 몰아간다고 비난하는 것은 아니다. …… 다만 진보적 시각을 가지고 사회 변혁을 외쳐온 대표적인 세력인 미국 여성계의 목소리가, 어떻게 사회 통제의 원리로, 전통적 가치의 강화로, 그리고 보수적인 공화당에게 유리한 형태로 전개되어가는지, 그 한 측면을 이야기하고 싶었다. 미국인들에게 클린턴의 섹스 추문이, 단순히 또 하나의 '볼거리'로서 제공되는 것은 아니다. 그 사회적, 이념적 의미를 이해하지 않고서는, 상업적 자본주의의 한 측면으로만 이해하게 된다. 이야말로 상업 자본주의에 물든 언론이 원하는 바가 아닐까?"(강준만 1999)

'지퍼게이트'가 불거졌을 때 미국 여성운동 진영이 난감해했던 것도 바로 이 때문이었다. 그들은 정책적으로 클린턴과 민주당을 지지했기 때문에 이 섹스 스캔들에 대한 자신들의 입장을 정리하기가 난처했던 것이다. 여성운동 진영 내부에서는 이견끼리 마찰이 있기 했지만 대세는 '그래도 클린턴'이었다. 1998년 9월 24일 미국 내 15개 여성·인권 단체들은 공동 성명서를 통해 케네스 스타의 성 추문 수사를 '위선적 관음증'이라고 규탄하고 클린턴을 지지했다.

그들은 "클린턴을 지지한다"는 정치적 입장을 밝혔지만 이는 클린턴 개인이 아니라 자신들과 클린턴이 공동으로 추구해온 가치를 지지했기 때문이라는 단서를 달았다. 이들은 여성운동의 핵심적 문제인 성과 권력의 관계, 여성들의 상호책임, 개인적 문제와 정치적 문제의 상관성 등에 관해 새삼 의문을 던지면서 클린턴과 부인 힐러리, 그리고 르윈스키가 이 같은 문제를 온통 뒤죽박죽으로 만들어놓았다는 반응을 보였다.

1998년 9월 『유에스 뉴스 앤드 월드 리포트』는 여성운동가들과 인터뷰를 갖고 성 추문에 어떤 생각을 갖고 있는지 보도했다. 작가 메그 월리처(Meg Wolitzer)는 "클린턴 부부와 르윈스키, 주변 사람들의 이야기를 읽으면 읽을수록 점점 더 혼란에 빠진다. 연약하면서도 욕망과 오만, 어리석음으로 가득 찬 인간들의 모습을 보면서 내 자신이 소설 속에 서 있는 것처럼 느껴진다"고 말했다. 또 힐러리가 "남자가 무슨 짓을 해도 곁에 남아 그를 지지해야 한다"는 잘못된 메시지를 딸 첼시와 젊은 여성들에게 보내고 있다고 비난했다. 르윈스키에 대해서는 굴욕적인 섹스를 일방적으로 제공한 뒤 남자에게 버림받은 어리석고 딱한 여성이라는 견해도 있지만 전기작가 시어도어 베어는 "르윈스키는 힐러리와 첼시에게 사죄해야 한다"고 말했다.(경향신문 1998)

곤혹스러운 가운데서도 미국 여성 운동 진영을 비롯한 여러 시민단체가 결국 클린턴 편에 선 데에는 정치적·이념적 배경이 자리하고 있었다. 흑인들 대다수가 전과 다름없이 클린턴을 지지하고 나선 것도 같은 이유에서였다. 노벨 문학상을 수상한 흑인 작가 토니 모리슨(Toni Morrison)이 "미국 최초의 흑인 대통령"이라는 말을 할 정도로 클린턴에 대한 믿음이 공고했던 흑인들은 주저 없이 클린턴의 손을 들어주었다. 심지어 흑인들은 스타와 클린턴의 관계를 흑인들에게 몹쓸 짓을 많이 한 전(前)연방수사국 국장 존 에드거 후버(J. Edgar Hoover, 1895~1972)와 암살된 마틴 루서 킹(Martin Luther King, Jr., 1929~1968) 목

사의 관계에 비유하기도 했다. 르윈스키가 유대인 스파이라는 설마저 떠돌았다.(동아일보 2001)

래리 플린트의 '섹스 매카시즘'

'지퍼게이트' 와중에서 클린턴을 지지한 사람들 중엔 좀 엉뚱하다 싶은 이도 있었으니, 그는 바로 포르노 잡지 『허슬러(Hustler)』의 발행인인 래리 플린트(Larry Flynt)였다. 그는 1998년 9월 '스타 보고서' 를 접한 후, "우리가 포르노물을 좀 더 넓은 성인층으로 확산시키기 위해서는 명시적인 포르노물 확산에 신기원을 연 당신의 도움이 필요하다"며 스타 검사에게 일자리를 주겠다고 빈정거려 클린턴의 성 추문을 부추기는 사람들을 조롱했다.

1998년 10월 4일, 플린트는 현직 의원이나 고위 공무원들과 간통한 적이 있거나 이런 사실을 입증할 수 있는 사람에게는 최고 100만 달러를 주겠다는 8만 5000달러짜리 전면광고를 『워싱턴포스트』에 게재했다. 그 광고가 나간 직후 수천 명의 섹스 스캔들 제보자가 쇄도했다. 그는 FBI와 CIA의 전직 요원들을 고용하여, 수천 건의 제보 중 근거 있는 48건의 제보를 추적했고 특히 12건은 폰섹스 녹음테이프까지 확보했다. 그리고 곧 정치인들의 성적 부정을 파헤친 보고서를 책으로 출간

포르노 잡지 『허슬러』의 발행인 래리 플린트 ⓒ Glenn Francis

허슬러 TV의 방송 스튜디오. 이 잡지의 래리 플린트는 클린턴의 성 추문을 부추기는 고위 인사와 현직 의원
들에게 클린턴과 똑같이 당하게 될 거라며 섹스 스캔들 폭로에 나섰다.

할 것이라고 밝혔다. 클린턴 편이라고 자처한 플린트는 "워싱턴 정가
의 이중인격적 모습을 밝혀내겠다"며 "클린턴을 심판하려는 사람들
은 자신도 똑같이 당하게 될 것"이라고 엄포를 놓았다.

　플린트의 섹스 스캔들 폭로에 의해 첫 제물이 된 사람은 1998년 12
월 19일 하원 본회의에서 클린턴 탄핵 표결 직전 전격적으로 정계 은
퇴를 선언한 공화당의 밥 리빙스턴(Bob Livingston) 의원이었다. 리빙스
턴은 하원의장 내정자로 미 정계에서도 손가락 안에 드는 거물이었
다. 플린트는 리빙스턴의 혼외정사 사실에 대한 제보를 접한 후 고용
한 FBI와 CIA의 전 요원들에게 조사를 지시했고, 이 사실을 은밀히 언
론에 흘렸다. 이로 인해 섹스 스캔들을 빌미로 '성적 청교도주의'를

부르짖으며 클린턴을 대통령의 자리에서 끌어내려 했던 리빙스턴은 결국 정계에서 은퇴할 수밖에 없었던 것이다. 이때 '섹스 매카시즘'이라는 말이 미국 정계에 나돌기 시작했다.(배국남 1999a)

플린트의 조사에 의한 것은 아니지만 이미 공화당 쪽에서는 리빙스턴 의원 외에도 탄핵을 주도했던 헨리 하이드 법사위원장, 클린턴 선거자금 조사를 주도했던 댄 버튼(Dan Burton) 정부개혁위원장 등 세 명의 의원이 망신을 당했다. 이와 관련, 신재민(1998a)은 1998년 12월 다음과 같이 말했다.

"워싱턴 정가에 '섹스 매카시즘'의 바람이 거세게 불고 있다. 1950년대 조 매카시(Joseph R. McCarthy, 1908~1957) 상원의원의 주도로 비롯된 극단적인 반공주의 정책과 마찬가지로 과거 불륜을 저질렀던 정치인들이 하나씩 여론의 재판대 위에 서고 있다. 40여 년 전 매카시 상원의원 역할은 플린트. 그의 입에서 언제 또 누구의 이름이 폭로될지 모르는 분위기다. 특히 밥 리빙스턴 하원의장 내정자의 중도하차는 공화·민주당을 가리지 않고 정치인들을 놀라게 했다. 그동안 클린턴에 대한 공화당의 탄핵 추진을 '섹스 매카시즘'이라고 비난해왔던 민주당 측조차도 우려를 표시하고, 미국 내 지성들도 개탄하고 있다."

어느 인터뷰에서 자신의 가장 큰 소망으로 "대통령의 부인인 힐러리의 누드 사진을 게재하는 것"이라고 밝히기도 했던 플린트가 그런 '우려'나 '개탄'에 위축될 리는 만무했다. 1999년 1월초 기자회견을 통해 클린턴의 섹스 스캔들과 관련된 탄핵재판에서 클린턴을 심하게 공격하면 가만히 있지 않겠다고 말해 공화당 의원들을 긴장시켰다. 그는 "나는 인간쓰레기다. 사회의 폐기물이다. 하지만, 고결한 척하는 상하원 의원들의 성 추문을 파헤쳐 가증스러운 위선을 벗기고야 말겠다"며 이렇게 말했다.

"공화당 의원 두어 명의 불륜을 입증할 수 있는 자료는 확보했으나 탄핵 재판이 끝나기 전에 이를 공개할 확률은 20퍼센트에 불과하다. 그러나 만약 탄핵 재판에서 대통령에게 불리한 사실이 나온다면 나도 내가 입수한 자료를 공개하겠다. 공화당이 당파적으로 행동하면 할수록 불륜 사실을 공개하려는 나의 욕구도 덩달아 커진다."(김태윤 1999, 윤희영 1999)

이에 대해 플린트의 딸 토냐 플린트-베가(Tonya Flynt-Vega)는 1999년 1월 7일 워싱턴에서 기자회견을 갖고 "아버지는 정상이 아니다. …… 정신적으로 심각한 문제가 있는 아버지가 정치인들에게 이용당하고 있다"고 말해 화제를 낳았다. 그러나 그렇다고 해서 기죽을 아빠가 아니었다.

플린트는 1999년 1월 하원 법사위 봅 바(Bob Barr) 의원의 성 추문을 폭로해 다시 한번 파문을 일으켰다. 미 하원에서 낙태 반대 운동의 선봉이자, 종교적 보수주의자로 알려졌으며 클린턴 공격에서도 선봉장 역을 맡았던 바 의원이 두 번째 부인과의 이혼이 마무리되지 않은 상태에서 현재의 부인과 동거했으며, 또한 낙태를 강요하기도 했다는 사실이 플린트에 의해 폭로된 것이다. 이렇듯 정치인들이 잔뜩 긴장하고 겁을 먹으면서 미 정가에서는 '함정에 빠뜨리다', '혼외정사 사실을 밝혀내다' 라는 뜻의 '플린트 되다(Be Flynt)' 라는 신조어까지 생겨났다.(박두식 1999, 최이정 1999)

휴 헤프너의 『플레이보이』

이렇듯 플린트가 맹활약하고 있을 때 포르노 잡지의 원조라 할 『플레이보이』의 휴 헤프너(Hugh Hefner)는 무엇을 하고 있었던가? 그도 좀 거들긴 했다. 헤프너는 클린턴 대통령의 섹스 스캔들이 한창이던 1998년 3월, 『플레이보이』 홈페이지에 섹스 스캔들로 빌 클린턴을 궁지에 몰아넣는 자들을 '섹스의 적'이라고 비난했다.

"백악관에 바람둥이가 한 명 있는데 여론조사에 따르면 미국인 65퍼센트 정도가 이를 문제 삼지 않고 있다. …… 미국인 대부분이 '그에게 보다 많은 권력을 허용하라. 우리는 그를 교황으로 뽑지는 않았다'고 말하고 있는 점에 비추어 클린턴을 처벌할 수는 없을 것이다. …… 이는 성 혁명 역사상의 승리이다." (한겨레 1998a)

포르노 잡지의 원조 『플레이보이』를 창업했던 휴 헤프너. ⓒ Alexander Hauk

한때 "최소한 1000명 이상의 여자와 잠자리를 같이 했다"라고 떠들고 다닐 만큼 세계적 호색한이었던 헤프너로선 비록 '수백 명' 수준이긴 하지만 섹스에 관한 한 뜻을 같이 하는 클린턴에게 진한 연대감을 느꼈을지도 모르겠다.(김태윤 1999a)

인터넷까지 가세한데다 일국의 대통령이 '백악관 포르노'를 연출하는 시대에 전통적인 포르노 잡지들이 장사가 잘될 리는 만무했다. 1980년대 들어 경영난에 허덕이게 되자 휴 헤프너는 1988년 딸인 크리스티 헤프너(Christie Hefner)에게 자리를 물려주고 경영 일선에서 물러났지만, 1990년대 이후에도 플레이보이사(社)의 섹스 산업은 계속해서 사양길을 걸었다. 급기야 1995년에는 창업 이후 처음으로 7000만 달러의 적자를 보았다.(김인영 1996)

이에 회장 크리스티 헤프너는 기존의 주력산업이었던 잡지에서 눈길을 돌려 성인들에게 성적 판타지를 제공하는 '어덜트(성인) 디즈니'를 경영 모토로 삼아 케이블 TV, 비디오, 인터넷 등의 뉴미디어 쪽으로 섹스 산업의 활로를 뚫어 한동안 흑자경영으로 돌아섰지만, 번영은 오래가지 않았다.(오애리 1999)

2008년 1300만 달러의 적자를 기록한 플레이보이는 출판·배포 비용 절감을 위해 이례적으로 2009년 7월호와 8월호를 묶어 발행했다. 플레이보이는 2009년 11월 최고경영자(CEO)를 크리스티 헤프너에서 전문경영인 출신인 스콧 플랜더스(Scott N. Flanders)로 바꿨으며, 편집을 제외한 대부분의 사업부를 외주 제작에 맡기기로 했다.(손해용 2009)

빌 브라이슨(Bill Bryson 2009a)은 "『플레이보이』는 언제나 미국인의 생활에서 주춧돌"이었다며 그 전성시대를 이렇게 회고한다. "내가 아는 남자들은 나이를 막론하고 모두 『플레이보이』를 읽었다. 어떤 남자들은 (우리 아버지처럼) 안 그런 척했다. 아버지는 슈퍼마켓에서 도색 잡지에 눈길을 주는 걸 들키면 창피해하시면서 사실은 『아름다운 집과 정원』 따위를 보고 있던 척하셨다. 하지만 읽었다. 심지어 옷장 구석의 오래된 모래상자 안에 남성 잡지를 한 다발씩 숨겨두고 자식들이 모를 거라고 생각했지만 모르는 아이는 없었다. 우리는 가끔 아빠들의 잡지를 서로 몰래 교환한 다음 아버지의 비밀 상자에 다른 잡지를 넣어놓곤 아버지들의 반응을 상상하고 낄낄댔다. …… 휴 헤프너는 우리 모두에게 영웅이었다."

'자기야 한 번 더'

이제 섹스는 굳이 『플레이보이』 같은 잡지가 따로 맡을 필요가 없는 세상이 되었다. 1998년 10대 인기 여가수였던 브리트니 스피어스(Britney Spears)의 노래 '자기야 한 번 더(Baby One More Time)'를 보자. "오, 자기야, 자기야/내가 숨쉬는 이유는 바로 너야/아, 너 때문에 나는 눈이 멀었어/아 예쁜 그대/나는 무슨 짓이든 할 거야/그럴 생각은 아니었지만/네가 뭘 원하는지 보여줘"

성적인 내용은 전혀 없지만, 의미심장하다. 이 노래의 가사 후렴구 중에 "Baby, hit me one more time"이 있었는데, 일부 평론가들은 이게 폭력을 부추긴다며 비판했다. 그러자 스피어스는 1999년 『롤링 스톤(Rolling Stone)』과의 인터뷰에서 "그건 그냥 내게 신호를 달라는 말일 뿐이에요. 사람들이 실제로 그걸 육체적으로 때려달라는 말로 생각했다는 게 재미있네요"라고 말했다.

브리트니 스피어스(오른쪽)는 성적으로 해석될 수 있는 가사를 노래한다며 비판받았다. 그러나 로린 힐(왼쪽)처럼 성을 노골적으로 노래하는 가수들 또한 많았다.

아닌 게 아니라 그렇게 볼 수도 있겠다. 그러나 노골적인 노래들도 많아 그렇게 보아야 하는 건지는 의문이다. 수전 린(Susan Linn 2006)은 스피어스에 대해 다음과 같이 말한다.

"브리트니는 최신 뮤직비디오에서 허리선이 낮은 꼭 끼는 바지에 손바닥만 한 셔츠를 입고 혼자 나와 성적인 황홀경에 빠져 몸부림치는 장면을 연출한다. 그리고 카메라의 움직임이 그 장면의 효과를 더욱 강화시킨다. 카메라는 브리트니가 빙빙 돌리고 있는 사타구니와 흩날리는 금발머리, 갈망과 욕망이 담긴 얼굴을 시청자들에게 클로즈업으로 보여준다. 이 비디오가 브리트니를 팔기 위한 광고라고 생각해보면, 그녀가 부위별로 팔리는 살아 있는 고깃덩어리 같다는 생각이 어렵지 않게 떠오른다. 저 엉덩이를 사세요! 사타구니를 사세요! 저 육감적인 입술을 보세요! 브리트니와 자신을 동일시하는 어린 소녀들에게 카메라는 바로 이런 것들이 중요하다고 강조한다."

린은 뮤직비디오에는 1시간당 약 93개, 1분마다 1.5개꼴의 성적인 상황이 등장한다며 MTV의 한 장면을 이렇게 묘사한다. "성적인 가사와 장면들이 충격적이었다. 첫 번째 비디오에서는 여자들이 입을 벌리고 신음을 하며 남자 가수 주위에서 몸부림을 쳤다. 두 번째 비디오에서는 텅 빈 시선의 여자 네 명이 목선이 깊게 파인 옷에 긴 검은색 장화를 신고 빙글빙글 돌았다. 화면에는 그들의 얼굴보다 가슴과 엉덩이가 더 많이 비쳤다."

린은 노래 가사들이 '막장' 수준이라고 열변을 토한다. 로린 힐(Lauryn Hill)은 '두왑(Doo Wap)'에서 "빨리 정액을 쏴/이제 어린애 짓은 그만 두고 남자가 돼"라고 노래하고 폭시 브라운(Foxy Brown)은 '내 인생(My Life)'에서 "정말 멍청했지/콘돔을 쓸걸", 또 '음탕한 여자(Tramp)'에서는 "날 흥분시켜봐/넌 아직 젖꼭지도 빨아주지 않았어! 제대로 좀 해" 하고 노래한다는 것이다.

린은 10~14세 어린이들이 전체 CD 판매량의 9퍼센트를 차지하는 고객이라는 점에 주목하면서 중3 여학생들 중 성관계를 경험한 아이들의 비율은 약 3분의 1에 이른다고 개탄한다. 섹스를 안 하면 바보가 되는 분위기가 팽배해 있다는 것이다. 린에 따르면, 이런 아이들 사이에 유행하는 '에지(edge)'라는 개념은 '대담한, 도발적인, 유행을 선도하는'이란 뜻인데, 마케팅 전문가들은 어린아이들에게 이 단어를 사용함으로써 사실상 성과 관련된 행동이나 가치관을 의미하게 되었다.

제리 폴웰 목사는 1999년 텔레비전 어린이 프로그램 〈텔레토비(Teletubbies)〉의 한 캐릭터인 팅키윙키(Tinky Winky; 보라돌이)가 동성연애자들의 음모에 의해 만들어진 코드라며 방영을 금지해야 한다고 주장했다. 팅키윙키가 게이 긍지의 상징인 삼각형 안테나, '공식적 게이 색조'라는 보라색 털, 남성적 목소리와 큰 덩치에도 불구하고 늘 여자용 손가방을 소지하고 있기 때문이라는 것이다.(박진빈 2003)

마치 이런 동성애 비판을 반박하려는 듯, 도시연구가 개리 게이츠는 처음으로 사람들의 성적 취향을 물어본 2000년 인구조사 자료를 근거로 그간 자신이 연구해온 '게이 지수'를 발전시켜 "게이들은 창조적 시대의 카나리아"라고 결론내렸다. 게이 지수는 게이들의 밀집 정도를 근거로 지역의 순위를 매기는 것으로, 게이들 사이에서 인기 있는 지역들이 하이테크 산업이 위치한 장소라는 게 밝혀졌다. 이와 관련, 경제학자 리처드 플로리다(Richard Florida 2002)는 "게이 지수는 한 지역의 하이테크 산업 밀집도를 나타내는 아주 강력한 예측 자료이며, 다양성을 재는 훌륭한 척도"라며 다음과 같이 주장했다.

"한 집단으로서 게이들은 특히 심한 차별을 받아왔다. 사회의 주류에 통합되려는 게이들의 시도는 상당한 반발을 일으켰다. 어느 정도 동성애는 우리 사회에서 다양성의 마지막 전선을 나타낸다. 따라서 게이 공동체를 기꺼이 받아들이는 지역은 모든 종류의 사람들을 환영한다. …… 이러한 이유 때문에 게이 공동체에 대한 개방은 창조성을 자극하고 하이테크 성장을 생성하는 데 매우 중요한 인간 자본의 낮은 진입 장벽을 나타내는 훌륭한 지표다."

이성애든 동성애든 또 양성애든 성(性)은 청교도들의 아메리카 이주 이래로 늘 미국인들의 삶의 한복판에 자리잡은 주요 이슈였다. 클린턴의 '지퍼게이트'와 같은 한 극단이 있는가 하면 래리 플린트와 휴 헤프너 등과 같은 포르노 거물들이 막강한 사회적 발언권을 행사하는 또 하나의 극단이 있다. 이게 바로 미국 사회의 활력과 역동성을 말해주는 증거인지도 모르겠다.

참고문헌 Bryson 2009a, Current Biography 2000, Florida 2002, Leadbeater 2009, Linn 2006, 강준만 1999, 경향신문 1998, 김인영 1996, 김태윤 1999·1999a, 동아일보 2001, 박두식 1999, 박진빈 2003, 배국남 1999·1999a, 손해용 2009, 신재민 1998a, 안병진 2009, 오애리 1999, 윤희영 1999, 이춘재 2008, 이태희 2008, 정재연 1999, 최이정 1999, 한겨레 1998a·1998b

'1당 민주주의'에 대한 염증인가?
제시 벤추라 돌풍

1998년 중간선거의 이변

1998년 11월 3일 치러질 중간 선거를 앞두고 '지퍼게이트'는 선거 쟁점으로 비화되었다. 특히 깅리치가 앞장서서 클린턴을 헌정 질서의 파괴자라고 부르는 등 클린턴에게 집중적인 공격을 가했다. 그러나 중간선거 결과는 뜻밖이었다. 깅리치 자신은 조지아 주 애틀랜타 선거구에서 승리해 11선을 기록함으로써 최다선 의원이 됐지만, 공화당은 패배했다.

하원의 경우 435명 전원이 다시 선출된 이날 선거에서 민주당은 211석을 확보, 종전에 비해 5석을 늘린 반면 공화당은 5석을 잃어 223석으로 줄었으며, 100개 의석 중 34개 의석의 선거가 치러진 상원에서는 공화당과 민주당이 각각 55석과 45석으로 종전과 변동이 없었다. 민주당은 주지사 선거에서도 기존의 17명을 고수한 반면, 공화당은 1석을 잃어 주지사가 31명으로 감소했다. 나머지 미네소타와 메인 등 2

개 주에서는 각각 개혁당과 무소속 후보가 당선됐다. 이 같은 선거 결과는 공화당이 소폭이나마 상·하원 의원들과 주지사를 모두 늘릴 것이라던 당초 예상을 뒤집은 것으로 미국의 집권당이 대통령을 선출하지 않는 중간선거에서 하원의석을 늘리기는 1934년 이후 64년 만의 일이었다.

이게 어떻게 가능했을까? 경제의 역할이 컸다. 지퍼게이트의 와중인 1998년 2월 2일 워싱턴이 온통 축제 분위기였다는 점을 상기할 필요가 있다. 바로 그날 빌 클린턴 대통령이 10월 1일부터 시작되는 99 회계연도 예산안을 30년 만에 첫 흑자 예산으로 편성, 의회에 제출했기 때문이다. 정치인들의 환영 속에 클린턴 대통령은 이날 백악관에서 흑자 예산 편성을 자랑하는 기자회견을 했다. 물론 지난 30년간 적자시대를 사느라 기를 못 펴던 미국민도 기적 같은 일이 발생하게 됐다며 기쁨을 나타냈다.

1998년 2월 홍은택(1998)은 "미국이 1999년도 이후 10년간 예상되는 1조 달러의 누적 흑자를 5조 6000억 달러에 이르는 국가부채를 갚는데 쓸 경우 생길 파급효과에 대한 기대도 크다. 정부가 쓰는 민간자본의 절대량이 줄기 때문에 자본시장에 여유가 생겨 장기이자율이 낮아지고 투자가 활성화한다. 그렇게 되면 미국 경제는 계속 장밋빛을 유지한다는 것. 앨런 그린스펀(Alan Greenspan) 미 연방준비제도이사회(FRB) 의장의 '노터치' 제안이다"라며 다음과 같이 말했다.

"미국 정가 또한 엄청난 돈의 사용처를 놓고 행복한 고민에 빠져 있다. 세계 최강 미국의 국가 경쟁력을 타의 추종이 불가능한 영역에 올려놓기 위해 교육에 투자하자는 자유주의 진영과 아예 국방비에 더 많은 예산을 투입하자는 보수 진영의 엇갈린 목소리가 요란하다. 지역구 관리를 위한 선심성 예산 사용에 눈독을 들인 의원들은 고속도로 확충에 보다 많은 예산을 투입해야 한다고 아우성이다. 클린턴 대통령은 이미 남는 돈의 용처를 밝혔다. 그는 국민 이해관계의 최대 공통분모로 베이비붐 세대가 은퇴하면서 고갈시킬 것으로 예상되는 노인사회보장기금을 지목, 지난달 27일 연두교서에서 이 기금을 확충하는 것이 흑자배분의 최우선순위라고 선언했다."

1998년 8월 7일 케냐와 탄자니아 미 대사관 폭탄테러 사건도 클린턴 행정부에 호재로 작용했다. 8월 20일 클린턴은 케냐와 탄자니아의 미 대사관 폭탄테러에 대한 응징으로 아프간과 수단의 테러리스트 근거지에 크루즈미사일을 발사했다고 발표했다. "우리의 목표는 테러리스트이며, 우리의 임무는 분명합니다. 오늘의 세계에서 가장 뛰어난 국제 테러리즘 조직자이며 재정 후원자인 오사마 빈 라덴(Osama Bin Laden)과 연계하는 급진그룹의 조직망을 타격하는 것입니다." (Bodansky 2001)

반면 깅리치는 선거 이전에 하원 6~30석 정도를 늘릴 수 있을 것이라며 자신이 2003년까지 하원의장을 할 것이라고 낙관했기 때문에 충격이 컸다. 그는 하원 선거의 패배의 책임을 지고 정계를 은퇴했다. "내가 하원에 남아 있으면 새로운 지도자가 성장하고 배울 기회를 얻는 것이 어려워진다"는 것이 은퇴의 변이었다.(김승련 1998a)

깅리치의 은퇴는 클린턴 탄핵을 주도하다가 맞은 역풍으로 평가되기도 했지만, "집권 후 미국 주류사회의 보수화 욕구를 간파한 클린턴 정부는 그동안 민주당의 전통적 진보주의를 수정, 실용주의적 온건노선을 취해왔기 때문에 결과적으로 급진적 보수주의가 설자리를 잃었다"는 진단이 나오기도 했다.(송충식 1998)

이후 깅리치는 정치 평론가로 활동했는데 너무 돈을 밝힌다는 비판을 받았다. 각종 강연으로 연간 300만 달러(약 36억)의 수익을 올리는 동시에 여러 기업의 고문, 컨설턴트, 방송 출연 등을 하며 건당 1~2만 달러의 부수입도 올리고 있다는 비판이었다. 그러나 그게 어디 깅리치만 그런가. 정치인으로 이름만 얻으면 누구든 그 정도의 수입을 올리는 곳이 미국인지라, 정치가 그 어떤 문제에도 불구하고 '성장 산업'이 되는 이유도 바로 여기에 있다고 보아야 할 것이다.

2009년 8월 한국국제교류재단 초청으로 한국을 방문한 깅리치는 조찬강연회에서 "한국에서 보수와 진보의 갈등이 격화되는 상황에 대해 어떻게 생각하느냐"는 질문에 "미국도 보수 · 진보 간 충돌이 계속돼왔다"면서 "충돌과 갈등이 빚어지는 것이 차라리 정치적 반대자를 수십 년 동안 감옥에 넣는 체제보다는 더 합리적"이라고 대답했다.(설원태 2009)

제시 벤추라의 미네소타 주지사 당선

1998년 중간선거의 최대 이변은 제시 벤추라(Jesse Ventura)의 미네소타 주지사 당선이었다. 레슬러 출신이라는 게 화제가 되었지만, 그의 당선은 기존 '1당 민주주의'에 대한 유권자들의 염증을 반영한 것이어서 그 의미가 컸다.

1951년 7월 15일 미네소타 주 미니애폴리스에서 독일계와 슬로바키아계 가정에서 출생한 벤추라의 본명은 제임스 조지 제이너스

특이한 이력을 자랑하는 전(前)미네소타 주지사 제시 벤추라.
© Agent Cody Banks/Flickr

(James George Janos)다. 그는 고교 졸업 후 18세의 나이로 해군에 입대했는데, 해군 특수부대(SEAL)에 지원해 4년간 베트남에서 특수 임무를 수행했다. 주로 수중 폭파 요원으로 활동했다고 알려졌다.

벤추라는 1973년에 제대해 22살의 늦은 나이에 대학에 들어갔지만 적응하지 못하고 중퇴하고 말았다. 이 직업 저 직업을 전전하며 방황했으며, 한동안 캘리포니아에서 오토바이족으로 살기도 했다. 그 기간 중 부인 테리를 만났다. 또 한동안 롤링스톤스의 보디가드로 일하기도 했다.

1975년 벤추라는 어렸을 때부터의 꿈이기도 했던 프로레슬러로 변신했다. 워낙 늦은 나이에 입문했기 때문에 레슬링 솜씨는 보잘것없었다. '치고 도망가기'와 못된 악한 노릇을 하는 게 주 특기였다. 벤추라는 자신만의 독특한 '무기'를 또 하나 개발했는데, 바로 '입심'이었다. 그는 탁월한 쇼맨십과 관중 선동의 재능을 보여 카리스마가 있는 레슬러로 인기를 누렸다. 특히 시합 전 기자회견 솜씨가 일품이었다. 프로레슬러들의 기자회견이라는 것은 상대편을 어떻게 요리하겠다는 따위의 무시무시한 겁을 줌으로써 관중을 불러 모으는 일종의 쇼라고 할 수 있는데, 벤추라는 바로 그런 면에서 탁월한 재능을 선보였던 것이다.

말솜씨를 눈여겨본 프로모터의 권유로 그는 1985년부터 레슬링 해설자로도 활약했다. 해설이 큰 인기를 얻자 1986년부터는 아예 전업 해설자로 일했다. 그의 유명세는 할리우드에까지 퍼져 1987년 처음으로 아널드 슈워제네거(Arnold Schwarzenegger)와 함께 〈프레데터(Predator)〉(감독 존 맥티어난)라는 영화에 출연하게 되었다. 슈워제네거와 친해져 그해에 〈런닝 맨(The Running Man)〉(감독 폴 마이클 글레이저)에도 같이 출연했다. 영화배우로 변신한 벤추라는 1991년에는 B급 영화 주연을 맡기도 했지만 큰 재미를 보지는 못했다.

그런 가운데 지방정치에 서서히 발을 들이밀기 시작했다. 1990년 가을부터 자신이 사는 동네인 미니애폴리스 근교의 브루클린 파크의 시의회 회의에 정기적으로 참관하며 훈수를 두기 시작했다. 그가 시정에 대해 비판을 퍼붓자 시의원들은 "그러면 네가 시장을 해봐"라고 비아냥댔다. 시의원들은 '설마' 했겠지만, 벤추라는 그해 11월 실제로 시장 선거에 출마해 18년간 장기집권을 해온 현직 시장을 물리치고 당선했다. 4년간 재임했지만 자신의 무능력 때문인지 아니면 의회의 비협조 때문인지 이렇다 할 업적을 남기진 못했다.

시장 재임 중에도 레슬링에 관여하고 영화에도 출연했는데, 대표작은 1993년 실베스터 스탤론(Sylvester E. Stallone)의 영화 〈데몰리션맨(Demolition Man)〉(감독 마르코 브람빌라)이었다. 시장 임기가 끝나자 미네소타 라디오 방송의 아침 토크쇼 사회자로 활약했으며, 1996년에는 인기 TV 시리즈인 〈X 파일(The X-file)〉에 출연하기도 했고 1997년에는 다시 슈워제네거와 같이 〈배트맨과 로빈(Batman & Robin)〉(감독 토니 Y. 리에스)이라는 영화에 출연했다. 또 1997년에 라디오 스포츠 토크 쇼의 사회자로 활약하기도 했다. 그러다가 1998년 주지사 선거에 개혁당 후보로 출마한 것이다.

'사이버 정치'의 승리?

벤추라는 프로레슬러로 활약하던 시절 '떡대(the Body)'라는 별명을 얻었다. 키 196센티미터, 몸무게 118킬로그램의 거구에 어울림직한 별명이다. 그런 '떡대'가 미네소타 주지사에 당선되었으니 미국이 발칵 뒤집힌 것도 결코 무리는 아니었다. 선거 직전에 실시한 여론조사에서 벤추라의 지지율은 민주·공화 양당 후보에 한참 뒤져 있었기 때문에 사람들은 선거 결과에 더욱 경악했다. 1998년 6월 7퍼센트에 불과했던 지지율은 선거 나흘 전인 10월 29일 23퍼센트까지 올라가긴 했지만 민주당의 휴버트 험프리 3세(Hubert Humphrey III, 34퍼센트)나 공화당의 놈 콜맨(Norm Coleman, 33퍼센트)에 비해서는 여전히 10퍼센트 이상 뒤져 있었던 것이다. 그런데 37퍼센트의 표를 얻어 1등을 차지했으니 이 어찌 이변이 아니랴.

개표 방송을 진행하면서 CBS 앵커 댄 래더(Dan Rather)는 "워싱턴 사람들은 피델 카스트로(Fidel Castro)가 하마를 타고서 중서부 초원을 달린다 해도 이보다는 덜 놀랄 것"이라고 논평했다. 세상의 그런 시각을 의식한 탓인지 벤추라는 승리가 확정된 후 NBC의 뉴스 앵커 톰 브로코와의 인터뷰에서 이제는 '몸(the Body)'이 아닌 '정신(the Mind)'

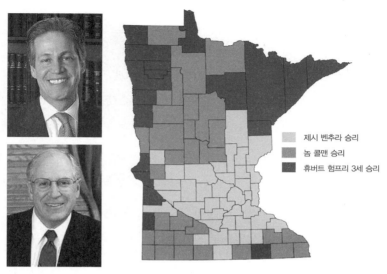

1998년 미네소타 주지사 선거에서 공화당의 놈 콜맨과 민주당의 휴버트 험프리 3세 등 기성 정치인이 제시 벤추라와 맞붙어 뜻밖에도 패하고 말았다. 당시 세 후보가 승리한 지역을 표시한 지도.

제시 벤추라 승리
놈 콜맨 승리
휴버트 험프리 3세 승리

으로 알려지고 싶다고 말했다.

세상을 경악케 한 제시 벤추라의 승인(勝因)은 과연 무엇이었을까? 벤추라의 승리는 '사이버 정치'의 승리로 평가받았다. 그는 선거 사흘 전 '주지사를 향한 72시간의 최종 질주' 캠페인을 펼쳤다. 주 전역에서 자신의 지지 결의대회를 동시다발적으로 개최한 것이다. 이 행사를 위해 벤추라는 자신의 웹사이트를 통해 조직한 하이테크 신경망 '제시넷(JesseNet)'을 가동했다. 하이테크 신경망을 통해 이미 확보한 3000명의 지지자들에게 이메일을 보내 결의대회 개최소식을 전했다. 불과 몇 분 만에 연락이 완료됐다. 물론 연락을 위한 중간조직도 필요없었다. 메일을 받은 지지자들은 즉각 지역별 지지결의대회를 준비했다. 이 같은 움직임이 지역 언론의 큰 주목을 끌어 선거막판 사흘 동안 유권자들의 관심을 독차지하는 덕분에 벤추라는 불과 1만 달러를 손에 쥐고 단기필마로 출마한 선거에서 대역전극을 이뤄냈다.

그러나 아무나 사이버 정치를 잘한다고 해서 주지사에 당선될 수 있는 건 아닐 게다. 사이버 정치의 혜택이 없었다면 벤추라의 승리는 불가능했겠지만, 그것 이외에도 벤추라 특유의 그 무엇이 있었기에 그의 승리가 가능했던 것임에 틀림없다. 그게 무엇일까?

그것은 기존 정치판에 대한 유권자들의 염증에 불을 지른 벤추라의 탁월한 선동 솜씨였다. 예전 레슬링 시합에서 관중을 선동하던 것처럼 말이다. 그런 선동을 하기 위해서는 기존 정치인들과는 다른 그 무언가가 필요했다. 그건 바로 허세를 부리지 않는 솔직함이었다.

사실 일반적인 기준으로 보자면 그의 솔직함은 과잉이었다. 그는 1998년 봄 자신이 출연했던 영화〈프레데터〉에서 자신의 주요 대사였던 '나는 피를 흘릴 시간이 없다'는 말을 제목으로 삼은 자서전을 냈는데, 이 책 역시 솔직 그 자체였다. 그는 16세 때 고교 친구들과의 내기에서 이기기 위해 동정(童貞)을 버렸으며, 마리화나와 스테로이드를 사용한 적이 있다고 고백했다. 해군 복무 시절 네바다 외곽 창녀촌에서 화대 대신 기관총 탄창으로 만든 벨트를 주자 오히려 상대가 10달러를 쥐어줬다고 말했다. 또 베트남전쟁에 참전해 동남아에서 복무하던 17개월간 동안엔 전투보다 술 파티로 더 많은 시간을 보냈다면서, 지금껏 내의를 입지 않는 이유는 당시 술집에서 탁자에 올라가 몸매를 자랑하던 것이 습관으로 굳어졌던 것이라고 술회했다.(윤희영 1999a)

벤추라는 선거에 임해서도 자신이 거짓말을 밥 먹듯이 하는 직업 정치인이 아니라는 것을 강조했으며 이익집단의 앞잡이가 되지 않겠다고 공언했다. 선거 공약도 간단명료하게 '솔직한 주지사'였다. 그의 솔직함은 젊은이들 사이에 높은 인기를 누렸다. 기자들의 질문 가운데 모르는 게 있으면 솔직하게 '모른다'고 대답하곤 했는데 그것마저도 인기를 얻는 이유가 되었다.

벤추라의 솔직한 박력

주지사 선거에 출마한 사람이라면 반드시 알아야 할 최소한의 상식이란 게 있는 법이지만, 벤추라는 그 점에 있어서는 대단히 무식했다. 논리적 일관성도 없어 정치적 성향은 도무지 종잡을 수가 없었다. 낙태와 동성애에 찬성하는 동시에 개인의 총기 소지에 대해서도 찬성했다. 자기 스스로 재정적인 면에선 보수적이라고 말하면서도 브루클린파크의 시장 시절 해마다 세금을 올린 이력을 갖고 있었다.

벤추라의 정치 노선은 굳이 좋게 말하자면 중도주의였다. 그는 "이념에 치우친 기존 양당정치 사이의 빈 공간"을 뚫는 게 자신의 입지라며 민주당이든 공화당이든 국민에게 유리하다면 누구와도 타협할 수 있다고 주장했다. 실제로 그의 내각은 정파를 초월한 전문가와 개혁인사들로 구성됐다. 그래서 어떤 사람들은 그의 인기가 기존의 양당제 정치 구도에 변화를 몰고 오는 기폭제가 될지도 모른다는 가능성에 주목했다. 또 그런가 하면 어떤 사람들은 외견상의 파격 이외에 그가 기존 정치의 대안으로 제시하는 내용이 별 게 없으며, 그가 누리고 있는 인기는 재미를 좇는 언론이 만들어낸 일시적 현상에 불과하다고 주장했다.(김종수 1999)

어찌됐든 미네소타 주민들은 주지사로 벤추라를 택했다. 물론 설마

2000년 미네소타 YMCA 유스에서 연설을 하고 있는 제시 벤추라 주지사. 기존 정치인들과 다른 솔직한 주지사로 젊은이들 사이에서 높은 인기를 누렸다. ⓒ moleofproduction

벤추라가 당선할까 싶어서 장난으로 던진 표도 많았을 것이다. 그러나 그런 장난으로 표를 던진 유권자들조차 그의 솔직함에 높은 점수를 주었다는 건 분명하다. 그에 대한 지지는 '반사적 지지'의 의미가 강했다. 즉, 솔직하지 못한 기존 정치인들의 행태에 유권자들이 넌덜머리를 내고 있는 상황에서 그의 솔직한 박력은 무식이라고 하는 약점을 커버하고도 남음이 있었다는 말이다. 『미네소타 정치』라는 소식지의 편집장인 D. J. 리어리는 "벤추라의 강점은 기성 정치인과는 다른 새로운 눈으로 사물을 보는 것"이라고 말했다.

벤추라도 주지사 당선 뒤 "정치인들은 국민들의 눈을 보고, 그들의 마음을 헤아리는 정치를 해야 한다. 그런데 정치인들은 말은 그렇게 하면서도 당파싸움만 계속한다"고 비판했다. 그리고 정치도 '힘의 발레'인 프로레슬링처럼 신나고 재미가 있어야 한다고 말했다. 그의 지론에 따라 그의 선거운동도 무척 재미가 있었다. 민주·공화당 후보들이 마치 내일 종말이라도 오는 것처럼 굳은 표정으로 서로를 비판·중상·모략하는 데 열을 올린 반면, 그는 인형을 동원한 텔레비전 광고에다, 기지와 우스갯소리가 섞인 선거연설을 했다.

유권자들은 겉으로 내뱉는 말과는 달리 특권계급으로 변질된 정치인에 대해 강한 혐오감을 갖고 있다. 그런데 벤추라는 기존 정치인들과는 전혀 다른 모습을 보여준다. 관용차도 리무진이 아닌 대형 트럭이다. 이런 기행마저도 사랑스럽다. 왜? 기존 정치인들에 대한 염증 때문이다. 1999년 1월 16일에 열린 벤추라의 취임식도 벤추라가 누리는 인기의 비결이 무엇인지 잘 시사해주었다.

우선 복장부터가 모든 사람들의 예상을 뒤엎었다. 그는 당선 이후 애써 입어보이던 양복을 벗어던진 채 너덜너덜한 견장이 달린 가죽조끼에 속에는 티셔츠를 받쳐 입었으며, 여기에 검은 선글라스를 낀 모습은 영락없는 레슬러 전성기 때의 모습이었다. 그는 단상에 올라서자마자 양손을 번쩍 들어올리며 "여러분 여기 '떡대'가 돌아왔습니다. 자, 파티를 즐깁시다"라고 외쳤다. 취임식장은 이내 레슬링 특설 무대가 돼버렸다. 그의 아내 복장 역시 '검은색 가죽 투피스'였다. 취임식장에서는 점잖은 포도주 대신 맥주가 흘러 넘쳤고 참석한 사람들 역시 정장이 아닌 청바지 차림이 대부분이었다. 사람들은 행사에 참석하려고 10~20달러 하는 입장표를 사기 위해 장사진을 쳤으며 1만 3800장의 표가 모두 동이 났다.

뉴스 사냥꾼은 벤추라를 사랑한다

그렇게 기행을 일삼으니 벤추라 자체가 늘 값나가는 뉴스 이벤트일 수밖에 없었다. 그가 전국주지사협의회 참석을 위해 워싱턴 정가에 등장했는데, 다음과 같은 보도를 보면 미국 언론이 얼마나 벤추라라고 하는 재미있는 뉴스거리에 목말라 있는지 잘 시사해준다.

"지난 1월 16일 취임한 벤추라는 20일 마침내 워싱턴 정가에 등장했다. 전국주지사협의회 참석을 위해서다. 그는 누구보다 많은 기자와 TV 카메라를 몰고 다닌다. 차기 대선주자들이 오히려 찬밥 신세다. 오죽하면 '내가 대통령선거에 출마하면 당선은 문제없다'고 큰소리를 칠까. 그의 독설은 거침이 없다. 그는 21일 백악관 만찬에서 '내가 섹스 스캔들에 휘말리면 스스로 사퇴한다. 미네소타 주민은 걱정 안 해도 된다'고 기염을 토했다. 물론 클린턴 대통령을 꼬집은 말이다. 뉴욕 주 상원의원 출마를 저울질하는 힐러리에 대해서는 '뉴욕에서 산 적도 없지 않느냐. 고향인 아칸소에서나 나가라'고 직격탄을 날렸다. 벤추라의 주지사 활동 역시 기행의 연속이다. 최근에는 올 봄 미네소타를 방문하는 바츨라프 하벨(Václav Havel) 체코 대통령의 공식 환영만찬을 로큰롤 파티로 치르겠다고 발표했다."(장정훈 1999)

뉴스 사냥꾼들의 입장에서는 벤추라가 얼마나 사랑스러웠겠는가. "매스컴도 광적으로 그의 일거수일투족을 좇는다"는 말이 나올 정도였다. 각종 매체의 인터뷰와 특집 기사는 말할 것도 없고 웬만한 텔레비전 토크쇼는 그를 섭외하느라 안달이었다. 그 덕분이었겠지만, 1999년 7월 그의 인기도는 득표율 37퍼센트의 두 배가 넘는 85퍼센트로 치솟았고, 직무 수행에 대한 주민 만족도도 72퍼센트에 이르렀다.

캘리포니아 여론조사에선 그의 지명도가 현직 캘리포니아 주지사보다 높은 80퍼센트를 기록했다.(김종수 1999, 변창섭 1999)

벤추라는 개혁당의 대통령후보로 나서달라는 요청을 받았다. 개혁당은 1992년 대선에 출마했던 로스 페로가 19퍼센트의 지지를 얻은 것을 기반으로 삼아 1995년에 만든 정당이지만, 민주·공화 양당 체제에 염증을 느끼는 사람들로부터 제법 무시할 수 없는 '반사적' 지지를 얻고 있었다. 벤추라는 대통령후보의 자격 조건까지 제시했는데, 그건 "제3당 소속으로 선출된 주지사라야 하며 키 193센티미터 정도에 포수용 글러브만 한 손을 가졌고 특대 사이즈 옷을 입어야 한다"는 것이다. 그것은 바로 자신을 가리키는 조건이었다.(Bai 1999)

그러나 벤추라는 "임기가 끝날 때까지 현직을 고수할 것"이라며 대신 로웰 웨이커(Lowell P. Weicker, Jr.) 전 코네티컷 주지사를 지지한다고 밝혔다. 웨이커는 확답을 피했지만 다음과 같은 그의 발언은 벤추라가 웨이커를 택한 이유를 짐작케 했다. "공화당을 안방에서 몰아내고 민주당을 회의실에서 쫓아낸다면 이 나라는 위대한 나라가 될 것이다." 『뉴스위크』 한국판 1999년 7월 21일자는 웨이커에 대해 다음과 같이 말했다.

"그들은 묘한 콤비를 이룬다. 벤추라는 프로레슬러 출신인 반면 웨이커는 명문가 출신으로 한 제약업체의 상속자다. 지난달 벤추라와 웨이커는 뉴욕 맨해튼에서 3시간 동안 머리를 맞댔다. 그들 사이에 더 강력한 제3당 건설에 대한 대화가 오갔다. 그들은 자신만만하고 오만한 성격, 기존 정치에 대한 환멸, 키 작은 약자를 옹호해야 할 필요가 있다는 거의 병적인 생각까지 공유하고 있다. …… 웨이커는 과거 공화당 소속 3선 상원의원으로 당 노선과 상관없이 독자적으로 행동했다. 그는 워터게이트 사건 초기 리처드 닉슨 대통령의 사임을 촉구한 바 있다. 그는 '장애인법' 등 입법 실적도 많다. 4선 도전에서 고배를 마신 웨이커는 코네티컷당 소속으로 코네티컷 주의회에 쉽게 진출했다. 그러나 때로 거만하기도 한 그는 쉽게 적을 만드는 성격이다. 게다가 인종 및 학교의 기도시간 같은 문제에 대해 매우 진보적인 입장을 보이고 있다."

벤추라는 1999년 7월 개혁당 전당대회를 앞두고 당원들에게 보내는 공개서한을 통해 당권 도전을 공식 선언했다. 플로리다 주 개혁당을 이끌고 있는 잭 가건(Jack Gargan)을 의장 후보로 지명하면서 자신의 지명이 관철되지 않으면 당을 떠나겠다고 위협했다.

물론 벤추라의 위협은 지난 1992, 1996년에 이어 대권 3수를 노리고 있는 페로를 겨냥한 것이었다. 벤추라는 당외 인사의 영입이 가능하도록 당헌을 개정할 것을 요구해왔다. 부동산 재벌 도널드 트럼프(Donald Trump)와 공화당의 보수 강경파인 패트릭 부캐넌도 개혁당으로 옮겨 대선 출마를 노린다는 이야기마저 나오고 있던 상황에서 그러한 당헌 개정은 페로의 위치를 위협할 게 틀림없었다. 개혁당을 만든 당사자 페로로서는 땅을 치며 통곡할 일이었겠지만, 세상사가 다 그런 게 아니겠는가.

그런데 개혁당이 왜 그렇게 인기가 높았던 걸까? 민주·공화 양당의 구태 정치에 신물을 내는 유권자들이 많다는 것이 가장 큰 이유였다. 지난 대선에서 페로가 9퍼센트를 득표한 덕택으로 이제 곧 다가오는 2000년 대선에서 1260만 달러 이상의 연방 선거자금을 받게 된 것도 또 다른 이유였다.(미국 선거자금법은 5퍼센트 이상 득표한 후보의 정당에 선거자금을 지원한다.)

벤추라는 1999년 8월 8일 CBS에 출연해 2000년 대선에서 콜린 파월 전 합참의장과 러닝메이트가 된다면 자신이 부통령으로 출마할 생각이 있다고 말했다. 그는 그 인터뷰에서 자신의 인기에 대해 "기자들이 뭔가 기사를 써야 하기 때문에 나를 택했을 뿐"이라는 말도 했다.(여시동 1999)

벤추라의 인기를 의아하게 생각한 사람들은 미네소타 주민들의 지적 수준에 의문을 표했지만, 인류사회학자 비키 쿤켈(Vicki Kunkel 2009)의 분석은 단순명쾌하다. "벤추라의 당선과 계속되는 그의 인기는 논쟁을 일으키고 적을 만들려는 인간의 본능과 관계된다. 알다시피 '갈등'은 또 하나의 인간의 보편성이다. 그리고 벤추라는 확실히 그런 갈등을 유발하는 방법을 알고 있었다. 그는 인간의 본능에 어필했던 것이다."

벤추라는 수많은 벤추라들이 나와야 한다고 역설했지만, 벤추라든 개혁당의 그 어떤 후보든 기존의 양당 체제에 심각한 위협이 되기는 어려웠다. 대중이 기존 정치를 욕한다고 해서 그들이 변화를 염원하는 것이라고 생각한다면 그건 큰 오산이다. 오늘날의 대중에게 정치는 '오락'에 지나지 않기 때문이다. 똑같은 시기에 한쪽에서는 미국인들의 정치 혐오증이 극에 달했다는 조사 결과가 나오는가 하면 다른 한쪽에서는 양당 구도를 선호한다는 조사 결과가 나온다.

한국의 경우는 어떤가? 왜 오락 제공의 차원에서나마 벤추라와 같은 인물을 구경할 수 없는 것일까? 한국의 유권자들은 미국의 유권자들보다 훨씬 더 정치인들의 '솔직함'에 굶주려 있는 게 아닐까? 그러나 한국에서 조만간 벤추라와 같은 인물이 나오는 것을 기대하기는 어려울 것 같다는 생각이 든다. 한국 유권자들 스스로 솔직하지 않기 때문이다. 자신은 솔직하지 않으면서 정치인만 솔직해지라고 요구할 수는 없는 일이다. 아니 요구할 수는 있다 하더라도 표를 던지는 행위 자체가 솔직하지 않은 상황에서 그런 요구가 어찌 실현될 수 있겠는가. 정치인이 유권자를 속이는 게 아니다. 유권자들을 속이는 건 유권자들 자신이다.

참고문헌 Bai 1999, Bodansky 2001, Kunkel 2009, 김승련 1998a, 김종수 1999, 변창섭 1999, 설원태 2009, 송충식 1998, 여시동 1999, 우태희 2008, 윤희영 1999a, 이용순 1999, 장정훈 1999, 최이정 1999a, 홍은택 1998

제5장
세계화와 신자유주의 논쟁

"우주로 무대를 넓힌 전쟁"
코소보전쟁

코소보전쟁

"미국은 세계적 장에서 인정받는 분명한 정치적 목표를 설정하지 못하고 있고, 미국의 동맹국들은 독자적인 전략과 전술을 실행에 옮기기 시작했다. 그리고 무엇보다도 미국은 장기간의 값비싼 대가를 치르게 될 수 있는 어떤 전쟁도 쉽게 감행할 수 없기 때문에 군사적으로 불구국가이다. 더 나아가 이런 점과 관련한 전망을 개선시켜줄 수 있는 것은 아무 데도 없다. 오히려 그 반대다. 실제로 미국 국력의 약화에 대해 느끼는 미국인들의 좌절감으로 미국 국내정치의 많은 부분을 설명할 수 있다고 말하는 이들도 있다. 아직 미국은 종이호랑이는 아니다. 그러나 앞으로 10~25년이 지난 뒤 미국이 세계 문제에 얼마나 통제력을 행사할 수 있을 것인가? 나는 그리 많지 않을 것이라고 말하고 싶다."

이매뉴얼 월러스틴(Immanuel Wallerstein 1998)이 1998년 10월 「저무

코소보전쟁 당시 추락한 미그 29기의 잔해. 이 전쟁은 미국의 확실한 우위를 드라마틱하게 입증했다.

는 초강대국, 미국」이라는 칼럼에 쓴 말이다. 25년 후에는 어떨지 몰라도 적어도 1999년에 미국은 여전히 세계 총 군사비의 36퍼센트를 쓰는 군사국가이자 초강대국이었다. 초강대국 지향성에 관한 한, 공화당과 민주당의 차이는 전혀 없었다. 클린턴 행정부의 국무장관 매들린 올브라이트(Madeline Albright)는 미국에서조차 "외교상의 장기라고는 다른 나라 정부에 잔소리나 늘어놓고 위협적인 용어를 구사하면서 미국의 힘과 미덕을 자랑할 줄밖에 모르는 미국 사상 최초의 국무장관이다"라는 말을 들을 정도였다.(Kagan 2003) 하긴 그녀는 1996년 텔레비전에 출연해 "5년 동안 이라크에서 50만 명의 어린이가 목숨을 잃었다는 사실을 어떻게 생각하느냐"는 질문에 "그 정도의 희생은 당연한 것이라 생각합니다"라고 답하기도 했다.(Chomsky 2001)

초강대국으로서의 미국의 힘을 잘 보여준 게 1999년의 코소보전쟁이다. '지정학적 화약고'라 불리는 발칸반도에서도 코소보(Kosovo)는 특히 민족적·종교적으로 복잡하다. 코소보는 동쪽과 북쪽으로는 세르비아에 둘러싸여 있고, 남쪽으로는 마케도니아, 서쪽으로는 알바니아와 몬테네그로에 면해 있다. 코소보는 세르비아어로 '검은 새'라는 뜻이다. 1389년 이곳에 펼쳐진 코소보 폴리예, 즉 '검은 새들의 들판'에서 오늘날 세르비아인들의 조상이 막강한 오스만 제국 군대와 싸워 승리를 거뒀다. 그래서 세르비아인들은 이곳을 민족적 성지로 삼고 역사의 중심으로 여긴다. 그러나 그 땅에 사는 이들은 대부분 알바니아 민족이다. 180만 명의 인구 중 알바니아계가 88퍼센트이고, 세르비아계는 7퍼센트에 불과하다. 나머지는 보스니아계와 터키계, 집시 등 소수민족이다.

코소보는 유고연방 시절인 1946년 '코소보·메토비아 자치주'로 지정됐다가 1974년에는 '코소보 자치주'로 이름이 바뀌었다. 1990년 유고연방이 해체된 뒤 세르비아를 주축으로 한 신(新)유고연방이 만들어졌다. 코소보가 세르비아로부터 갈라져 나가겠다며 분리독립을 추진하자 세르비아군은 '인종 청소'를 자행했다. 코소보의 알바니아계 30만 명이 학살을 피해 마케도니아 등 주변국으로 도망쳤다.

1999년 3월 24일 밤, 북대서양조약기구(NATO)군은 알바니아계를 보호한다며 코소보를 폭격했다. 나토군이 주권국가를 상대로 공격을 감행한 것은 1949년 출범 이래 반세기 만에 처음이었다. 이탈리아의 나토군 기지에서 1000대 이상의 전투기가 발진, 토마호크 크루즈미사일을 코소보에 퍼부었다. 아드리아해의 나토 함정과 잠수함까지 모두 동원했다. 폭격에 동원한 나토 전투기의 비행 횟수가 이후 6월 3일까지 두 달 동안 3만 8000번에 이르렀다.(구정은 2010)

"우주로 무대를 넓힌 전쟁"

코소보전쟁은 미국의 확실한 전력우위를 드라마틱하게 입증한 전쟁이었다. 이 전쟁은 미국과 유럽의 연합 군사작전으로 이뤄졌지만, 유럽은 들러리만 섰을 뿐이었고 거의 모든 것을 미국이 도맡아 했다. 미국이 출격 임무의 대부분을 담당했고 세르비아와 코소보에 투하된 정밀 유도 폭탄 역시 거의 미국제였다. 첨단기술을 활용한 정보 수집 능력도 비교할 바가 못 돼 폭격 목표의 99퍼센트가 미국 정보에 의존한 것이었다. 유럽에서 제법 군사력이 강하다고 자부하던 영국조차도 출격한 항공기의 4퍼센트, 투하된 폭탄의 4퍼센트만 기여했을 뿐이다. 먼 곳도 아니고 바로 자기들 동네 유럽에서 그랬으니, 이 전쟁으로 인해 "유럽의 체면이 다소 충격적인 정도로 구겨지고 말았다"는 말이 나올 정도였다.(Kagan 2003)

그러나 당연한 결과였다. 국방비에서 큰 차이가 나는데 유럽이 무슨 수로 미국을 뒤쫓아갈 수 있을 것인가? 1990년대에 유럽 전체 연간 국방비는 1500억 달러인 반면, 미국은 2800억 달러였다. 2001년도에도 미국 국방비는 3000억 달러로 러시아 국방비의 5배, 미국이 '불량국가(rogue states)'로 부른 쿠바, 이란, 이라크, 리비아, 북한, 수단, 시리아 등 7개국 국방비 총액의 3배 가까이 되었다.(이삼성 2001) 미국의 국방비는 2001년 세계 국방비 지출 총액의 36퍼센트를 차지했다.(백찬홍 2003) 미국의 국방비는 4000억 달러로 앞으로 계속 늘어날 추세였지

미 공군은 코소보전쟁 당시 전투기 2기가 격추되었을 뿐, 사망한 조종사가 단 한 명도 없었다. 당시 미 우주 사령관이던 리처드 마이어스는 코소보전쟁을 "우주로 무대를 옮긴 전쟁"이라고 평했다.

만, 유럽은 국방비를 증액할 뜻이 없었다.(Kagan 2003) 그러니 미국과 유럽의 군사력 격차는 더욱 커질 수밖에 없었다.

어디 그뿐인가. 국방비의 구성 내용을 보면 격차는 더욱 커진다. 1999년의 경우 미국 국방비 가운데 인건비 비중은 39퍼센트였으나 유럽연합 국가들의 경우는 61퍼센트에 달했다. 신무기 구입에 투입되는 비율은 미국이 24퍼센트인 반면, 유럽은 14퍼센트에 불과했다. 신무기 연구개발비 투자에서는 미국이 365억 달러를 투입해 유럽을 4대 1의 비율로 압도했다.(이삼성 2001)

미국 미주리와 발칸반도를 오간 일부 B-2 스텔스 폭격기를 포함해서 미군 조종사들은 세르비아 상공으로 3만 8000번 이상 출격하는 과정에서 단지 비행기 두 대만 격추되었고, 미군 사상자는 한 명도 발생하지 않았다. 미 우주사령관 리처드 마이어스(Richard Myers)는 코소보를 "우주로 무대를 넓힌 전쟁", 미래의 "새로운 모델"이라고 논평했다. 군사위성과 우주에 기반한 위치 추적 시스템으로 미 항공기는 비교적 정밀한 폭격과 유도 미사일 공격을 감행할 수 있었고, 그래서 병사들과 조종사들은 멀리 떨어진 곳에서 안전하게 있을 수 있었다는 것이다.(Johnson 2004)

그러나 미국의 입장에서만 그럴 뿐이었다. 전 대통령 지미 카터(James E. Carter, Jr.)는 1999년 5월 27일자 『뉴욕타임스』 기고문을 통해 클린턴 행정부가 주도한 유고 공습을 강하게 비판했다. 나토군의 공습은 '몰상식하고 극도로 야만적'인 것으로 사태를 해결하기는커녕 역효과만 초래했다고 지적했다. 또 "미국이 유고와의 협상을 회피함으로써 무고한 유고 시민들에게 고통을 안기는 동시에 고약한 정권을 강화시켜주고 있다"고 비판했다.(이중근 1999)

카터가 옳았다. 실제로 악천후와 인구가 밀집한 코소보의 지형적 특성 등으로 인해 숱한 오폭이 벌어졌다. '학살을 막기 위한 공습'은 효과가 없었다. 나토 공습으로 민간인 수천 명이 희생됐고, 세르비아계의 보복으로 알바니아계 수천 명이 다시 학살당했다. 공습은 두 달 만에 끝났지만 '학살-공습-학살'로 이어진 코소보 공습의 공과는 두고두고 논란을 불렀다. 2003년 신유고연방은 해체됐다. 세르비아 안에 남아 있던 코소보는 2008년 독립을 선언했다. 러시아와 세르비아의 반발 속에서도 미국 등 60여 개국이 코소보 독립을 인정했다.

'미국이 대표적 인권 침해국'

미국의 코소보 폭격이 이루어지기 직전인 1999년 3월 22일에 제네바에서 열린 유엔인권위원회(UNCHR) 연례회의에서는 '세계의 인권 기준국'인 양 주장해온 미국의 인권 문제가 본격적인 도마 위에 올랐다. 국제사면위원회(Amnesty; 앰네스티)의 피에르 사네(Pierre Sane) 사무총장은 개막회의에서 미국의 사형제도와 경찰의 가혹행위를 겨냥해 "미국 안의 인권 침해는 지속적이고 광범위하며, 소수 인종 또는 민족에게 차별적인 영향을 미치는 것으로 보인다"고 지적했다.(사형제도를 철폐한 주는 14개다.)

사네 사무총장은 국제적인 사형제도 폐지 추세에도 불구하고 미국에서는 1990년 이후 350명이 처형되고 3500명이 사형판결을 받았다며 국제사면위원회가 침묵을 지킨다면 신뢰성에 위험이 초래될 것이라고 말했다. 또 미국에서는 난민들이 일반 범죄인과 함께 체포되고 그중 여성들은 남성 감시자들의 성폭력과 학대의 대상이 되고 있다면서 "미국의 경찰폭력은 전국에 걸쳐 체계적이고 광범위하게 자행되고 있다"고 주장했다.

이런 지적에 미국 대표 낸시 루빈(Nancy Rubin)은 즉각 반발했다. 그녀는 "미국은 자랑스러운 정치·사법체계를 가지고 있다"며 "우리는 불만을 적절하게 해결하는 장치를 가지고 있고, 잘못이 일어나는 곳에서는 항상 그에 대한 지속적인 조처를 취하고 있다"고 말했다.(오태규 1999, 이희성 1999)

그러나 2000년 6월에 나온 뉴욕대학과 컬럼비아대학 법대의 공동연구팀 보고서는 루빈의 주장을 무색하게 만들었다. 이 보고서에서 미국 법원이 내린 사형 판결 중 3분의 2가 불충분한 증거, 절차상 잘못으로 원심판결이 뒤집어졌다는 통계가 발표되었기 때문이다. 사상 처음으로 사형 판결에 대한 통계를 만들어낸 이 보고서에 따르면, 1973~1995년의 사형 판결 4578건 가운데 68퍼센트가 심각한 법적 하자가 있어 상급심에서 판결이 뒤집어졌다. 다시 재판을 받은 사형수 중 75퍼센트는 감형됐으며 심지어 7퍼센트는 무죄로 방면됐다. 또 재재판에서 사형선고를 받은 18퍼센트도 재상소 절차를 통해 많이 구제받은 것으로 드러났다.

보고서를 작성한 컬럼비아대학의 제임스 리브먼(James S. Liebman) 교수는 "잘못은 어느 특별한 사례, 특정 주(州)의 얘기가 아니다"라면서 "사형제도의 신뢰성과 신빙성을 해치는 실수가 수십 년 동안 계속돼왔다"고 사형제도 자체를 비판했다. 연구팀은 잘못된 사형 판결의 원인으로 빈약한 보수 또는 능력 부족으로 인한 변호인의 무능한 변호가 37퍼센트로 가장 높게 나타났다고 설명했다. 다음으로 배심원들에 대한 판사의 잘못된 지침이 20퍼센트, 피고인에게 유리한 증거를 무시한 검찰과 경찰의 잘못된 행위가 19퍼센트 등이었다. 기타 원인으로는 강제자백 등이 꼽혔다. 그럼에도 갤럽의 여론조사 결과에 따르면 미국인 66퍼센트가 사형제도를 찬성하고 있는 것으로 나타났다.(이승철 2000)

미국이 '자랑스러운 정치 · 사법체계'를 갖고 있다는 낸시 루빈의 주장이 옳다 하더라도, 진짜 문제는 미국이 인권침해를 유발하는 폭력 친화적인 문화를 갖고 있다는 데에 있었다. 이를 잘 보여준 것이 컬럼바인 총기난사 사건이다.

컬럼바인 총기난사 사건

코소보전쟁의 와중인 1999년 4월 20일 콜로라도 주 리틀턴 시 컬럼바인 고등학교에서 에릭 해리스(Eric Harris, 1981~1999)와 딜런 클레볼드(Dylan Klebold, 1981~1999)라는 이름의 두 학생이 총을 난사해 학생 12명과 교사 1명이 사망하는 참사가 벌어졌다. 이 사건은 발생 지역이 폭력과 마약으로부터의 안전지대 또는 최후의 보루로 여겨지던 주거 중심의 교외 지역이었다는 점에서 미국인들에게 큰 충격을 안겨주었다. 경찰과 전문가 들은 범인들 주변의 선정적 음악, 비디오, 게임, 마약에서 원인을 찾으려 한 반면, 이를 다큐멘터리로 만든 마이클 무어(Michael Moore)는 미국의 총기문화 제도에서 그 원인을 찾았다.(이성호 2002, 박보균 2005)

미국의 총기문화 제도는 컬럼바인 총기난사 사건의 원인 중 하나로 지적되었다. 사진은 피해자들의 대부분이 있던 도서관에 건립된 새로운 도서관.

Article the second... No law, varying the compensation for the services of the S

Article the third...... Congress shall make no law respecting an establishment of

assemble, and to petition the Government for a redress of g

Article the fourth... A well regulated militia, being necessary to the service

Article the fifth...... No Soldier shall, in time of peace be quartered in any hou

"A well regulated Militia, being necessary to the security of a free State, the right of the people to keep and bear Arms, shall not be infringed." 1791년에 발효된 권리장전에 속한 이 수정헌법 2조는 무기소지를 제한하려는 시도를 번번이 좌절시켜왔다.

당시 일반인들이 소지하고 있는 총기류 전체 숫자는 미국 총 인구(2억 7000만 명)에 버금갔다. 1년에 3만 6000명가량이 총기사고로 목숨을 잃었는데, 이는 자동차사고 사망자 수(4만 3000명)에 육박하는 수치였다. 고등학생 12명 가운데 1명 정도는 1년에 적어도 한 번 이상 총으로 위협을 당하거나 총상을 입은 경험이 있었다. 그럼에도 1791년 통과된 미국의 권리장전(수정헌법 1조~10조)에 속하는 수정헌법 2조는 "총기를 보유하고 간직하는 국민의 권리를 침해하지 못한다"고 돼 있고, 이를 여전히 중요한 헌법적 권리로 보는 미국인들이 많아 총기규제는 별 진전을 보지 못했다.(정연주 2000)

4월 24일 수사관들은 10대 범인들이 1년 전부터 범행을 치밀하게 계획, 나치 독일의 아돌프 히틀러(Adolf Hitler, 1889~1945) 생일에 맞춰 행동에 옮긴 것으로 밝혀졌다고 말했다. 존 스톤 보안관은 이날 브리핑에서 범인의 일기에는 범행 계획의 시간이 분 단위까지 기록돼 있으며 이들은 학교 내 은신할 수 있는 장소를 가리켜주는 지도뿐만 아니라 교내 식당에 최대 인원이 몰리는 시간까지 파악하고 있었다고 밝혔다.(한국일보 1999b)

왜 히틀러의 생일에 맞춰 그런 나쁜 짓을 저질렀을까? 비단 이 사건

뿐만이 아니다. 매년 미국과 유럽의 치안당국은 히틀러가 태어난 4월 20일 전후로 긴장 상태에 돌입한다. 그날을 기념해 인명을 살상하려는 미치광이들이 적지 않기 때문이다. 『경향신문』 1999년 4월 24일자는 다음과 같이 보도했다.

"'컴뱃 18'이라는 영국의 극우단체는 지난 18일 런던 남부의 혼잡한 시장에서 사제 폭탄을 터뜨려 40여 명의 부상자를 냈다. 여기서 1과 8은 아돌프 히틀러의 머리글자인 'A'와 'H'가 알파벳에서 첫 번째와 여덟 번째 글자인 데서 따온 것. 히틀러 생일 하루 전인 4월 19일에도 대형 사건이 발생했다. 1993년 텍사스 주 웨이코에선 한 극우단체와 연방군의 충돌로 80명이 사망했다. 1995년엔 오클라호마시티 연방건물 자동차 폭탄테러 사건으로 168명이 목숨을 잃었다. 치안 관계자들은 이미 54년 전 사망한 히틀러가 아직도 세계 도처에서 극우주의자와 사회불만 세력에 영향을 미치는 것 같다고 긴장하고 있다."(설원태 1999)

1999년 9월 10일 『그녀는 예스라고 말했다: 캐시 버널의 순교(She Said Yes: The Unlikely Martyrdom of Cassie Bernall)』라는 책이 출간되었다. 이 책에는 컬럼바인 고교에서 총기를 난사한 범인 중 한 명이 도서관에 들어와 버널(Cassie Bernall, 1981~1999) 양에게 총을 들이댄 채 "하나님을 믿느냐"고 질문하자 죽음을 각오한 버널 양이 "그렇다"고 대답

한 뒤 총격에 숨지는 당시 상황이 묘사돼 있다.(김의구 1999)

앞서(13권 1장) 지적했다시피, 2002년에 제작된 마이클 무어의 영화 〈볼링 포 컬럼바인(Bowling for Columbine)〉은 미국식 개인주의의 기원을 노예제에서 시작된 인종 간 관계에서 찾았다. 즉 노예의 반란이나 공격 가능성을 늘 의심하고 공포에 떨며 살았던 남부인의 정서가 개인 무장에 열을 올리는 미국인들의 정서의 근간이라는 것이다. 또 무어는 컬럼바인이 세계 최대의 핵미사일 제조업체 록히드 마틴의 거대 공장이 있는 곳이라는 점에 주목하면서 중서부와 남부 지역에 편재한 군수산업 시설들이 지역사회에서 폭력이 남용되는 결정적 원인이라고 주장했다.(박진빈 2003)

코소보전쟁이 미국의 확실한 우위를 드라마틱하게 입증하면서 "우주로 무대를 넓힌 전쟁"이었는지는 모르겠지만, 미국의 그런 영광의 이면에는 짙은 그늘이 있었다. 미국이 대표적 인권 침해국으로 지목받고, 컬럼바인 총기난사 사건 같은 총기 폭력이 자주 일어나는 것은 폭력을 통해 미국의 힘과 영광을 찾고자 하는 '팍스 아메리카나'의 당연한 귀결로 보아야 하지 않을까?

참고문헌 Chomsky 2001, Johnson 2004, Kagan 2003, Wallerstein 1998, 구정은 2010, 김의구 1999, 박보균 2005, 박진빈 2003, 백찬홍 2003, 설원태 1999, 오태규 1999, 이삼성 2001, 이성호 2002, 이승철 2000, 이중근 1999, 이희성 1999, 정연주 2000, 한국일보 1999b

'스타 워즈'와 '매트릭스'
사이버 문화 신드롬

'스타 워즈'와 사이언톨로지

"우주로 무대를 넓힌 전쟁"이라는 코소보전쟁의 시너지 효과 때문이었을까? 1999년 5월 19일 조지 루카스(George Lucas) 감독의 〈스타 워즈 4 에피소드 Ⅰ : 보이지 않는 위험(The Phantom Menace)〉의 상영을 앞두고 미 전역이 스타 워즈 열풍으로 들끓었다. 전작 3부작 중 마지막 편인 〈제다이의 귀환(Return of the Jedi)〉(1983년) 이후 16년 만에 상영되는 스타 워즈 입장권 구입을 위해 한 달 전부터 각 극장 앞에서는 북새통을 이뤘는데, 아예 소형 텐트나 침낭을 갖고 와 밤을 꼬박 새우는 극성팬도 있었다.

인터넷 사이트만 1500개가 넘었고 애플 컴퓨터의 인터넷용 예고편은 무려 1000만 명 이상이 내려받기(다운로드)를 했다. 5월 3일 판매가 시작된 인형과 완구 등 캐릭터 상품이 불티나게 팔렸으며 서적 역시 예약 주문만으로 베스트셀러가 됐다. 캐릭터 상품 판매수입만도 30억

(위)스코틀랜드 에든버러에서 사이언톨로지교 신도들이 반 정신의학 시위를 하고 있다. (아래)E미터를 사용해 정화치료 중인 신도와, 로스앤젤레스 할리우드에 있는 사이언톨로지 센터.

달러를 넘어섰다. 통신을 이용한 영화 예매가 시작된 5월 12일에는 주문이 폭주해 예매사인 '무비폰'의 전화가 불통되고 컴퓨터 서버가 다운되는 사태가 빚어졌다.

'스타 워즈 신드롬'에 편승하겠다는 것인지, 2000년 봄에 SF 영화 〈배틀필드(Battlefield Earth)〉(감독 로저 크리스티안)가 개봉되었다. 그런데 이 영화는 미국의 신흥 종교 사이언톨로지(Scientology)의 창시자인 론 허바드(L. Ron Hubbard, 1911~1986)의 공상과학 소설을 원작으로 하고 있는데다 연기는 물론 제작에까지 참여한 존 트라볼타(John Travolta)가 독실한 사이언톨로지교도여서 논란이 되었다.

사이언톨로지교는 1950년대에 '물질문명과 정신문명의 균형 회복'을 내걸고 세워졌지만, '물질문명' 쪽에 가까운 모습을 보였다. 허바드는 "돈을 갖고 있으면 당신은 성공한 사람이며 그게 없으면 실패한 사람이다"라거나 "세계 곳곳에 우리는 상당한 재산을 갖고 있다. 앞으로 좀 더 많은 재산을 손에 넣을 작정이며 나라도 몇 개 소유할 것이다"라고 했다. 이와 관련, 마빈 해리스(Marvin Harris 1996)는 "사이언톨로지스트들은 자신들의 운동이 부와 권력을 얻는 수단임을 숨기려하기보다는 과대선전한다는 느낌을 준다"고 말한다.

동시에 사이언톨로지교는 '정화(淨化)'라고 하는 심리 치료만으로 행복의 최종 단계에 이를 수 있다고 주장하는데, 이 〈배틀필드〉에 그 철학적 기반을 두었다. 이 영화는 인류의 온갖 사악함과 죄악은 7500만 광년 떨어진 사이클로라는 행성에 사는 외계인들로부터 파생된 것으로 묘사했다. 이들은 지구의 광물질을 약탈하기 위해 심리학과 정신분석학을 이용해 지구인들의 마음을 조종한 끝에 서기 3000년경 대부분의 지구 문명을 파괴하지만 조니 굿보이 타일러라는 선지자가 사이언톨로지의 가르침에 따라 생존 인류를 이끌고 사이클로인들을 물리친다는 내용이다.

사이언톨로지는 이처럼 SF적 상상력으로 충만한 교리에 걸맞게 과학기술을 통한 심리 치료를 종교적 처방으로 내세웠다. 신도들이 정신적, 육체적 고통을 치료하기 위해서는 '정화'라는 영혼치료법을 받아야 하는데 이때 E미터라는 거짓말 탐지기를 사용했다. 이런 교리 때문에 사이언톨로지는 독일과 프랑스 등에서 한때 사이비 종교로 몰리기도 했지만 당시 더스틴 호프먼(Dustin Hoffman)과 래리 킹(Larry King) 등 할리우드 스타들은 물론 클린턴 대통령까지 옹호에 나서면서 막강한 영향력을 과시했다.

그러나 막상 사이언톨로지의 교리를 담은 영화까지 등장하자 미국 내에서도 이 종교에 대한 비판론이 거세게 일었다. 실제 이 영화를 감독한 로저 크리스티안(Roger Christian)은 영화 개막일에 "사이언톨로지 교인이 아니냐"는 기자들의 질문이 쇄도하자 "나는 싸구려 SF 소설을 영화로 만들었을 뿐"이라며 신경질적 반응을 보였다. 그러나 존 트라볼타 못지않게 열성적인 사이언톨로지교도로 알려진 톰 크루즈(Tom Cruise) 주연의 〈미션 임파서블 2(Mission: Impossible II)〉(2000년, 감독 오우삼)까지 개봉하면서 할리우드에는 그 어느 때보다 뜨거운 사이언톨로지의 바람이 불었다.(권재현 2000)

사이언톨로지는 톰 크루즈, 존 트라볼타 외에도 엘비스 프레슬리의 부인 프리실라, 딸 리사 마리 등 유명 연예인 신도들 덕분에 자주 논란의 대상이 되었다. 그래도 미국에서는 1993년 국가에 의해 정식 종교단체로 인정받으며 급속히 세를 넓혀갔지만, 프랑스·독일 등 유럽에서는 이단 또는 컬트로 분류되었다. 2009년 10월 프랑스 법원은 프랑스 사이언톨로지교의 지도자 알랭 로장베르(Alain Rosenberg) 등 지도자급 6명에 대한 재판에서 4명에게 '사기' 혐의로 10개월~2년의 집행유예형을 내리면서 모두 30만 유로(약 5억 3000만 원)의 벌금을 물게 하는 판결을 내린 적도 있다.(김영희 2009)

존 터먼(John Tirman 2008)의 주장에 따르면, "사이언톨로지는 전 세계에 수많은 지부를 둔 조직으로, 광기 어린 철학과 독단적인 태도로 사람들을 현혹한다. 그런데 이 종교는 불운하게도 전적으로 미국적인 종교이며, 미국이 종교적으로 세상에 기여한 큰 사건이다."

'매트릭스 신드롬'

1999년 전 세계를 강타한 할리우드 영화 〈매트릭스(Matrix)〉는 〈스타워즈〉 열풍과 더불어 이른바 '사이버 문화 신드롬'을 낳았다. 사이버(Cyber)라는 용어는 원래 '통제', '조타수'를 의미하는 그리스어 어근이다. 사이버 공간(Cyberspace)이라는 용어는 1981년 캐나다 출신 미국 소설가 윌리엄 깁슨(William F. Gibson)이 쓴 단편소설 『불타는 크롬(Burning Chrome)』(1982)에 최초로 등장했으며, 그 후 1984년에 나온 깁슨의 대표작 『뉴로맨서(Neuromancer)』로 인해 널리 알려지게 되었다. 사이버 공간은 기술적으로는 '가상현실기술 기반 컴퓨터 네트워크'를 가리킨다.

『뉴로맨서』는 '사이버펑크(cyperpunk)'라는 새로운 공상과학 장르를 낳았는데, 이 소설에서 사이버 공간은 매트릭스(matrix; 원래 뜻은 자궁, 모체, 행렬)로도 불린다. 『뉴로맨서』에서 "매트릭스는 사이버 공간이 고도의 수학에 기반을 두고 있으며, 모든 사람의 가장 기본적인 일상환경이라는 것을 가리키는 것"이다.(홍성태 2000)

'사이버 공간'이라는 단어가 처음 등장했던 『뉴로맨서』의 작가 윌리엄 깁슨. © Astrojunta

영화 〈매트릭스〉도 바로 깁슨의 사이버 공간을 의미하는 것이었다. 한국을 비롯 전 세계를 열광시킨 '매트릭스 신드롬'은 사이버 공간의 신비화와 더불어 기술 유토피아적 전망을 부각시키는 데에 큰 영향을 미쳤다. '매트릭스'의 주인공 '네오'는 실재인 줄 알았던 현실 세계가 사실은 컴퓨터가 만든 가상 세계임을 알게 되면서 큰 혼란에 빠져드는데, 장 보드리야르(Jean Baudrillard)는 "우리 인간이 매트릭스의 세계로 가고 있다"고 주장했다.(권기태 2005)

'매트릭스'는 속도의 개념에 있어서 새로운 경지를 보여주었다. 주인공 네오의 '총알 피하기' 장면에 쓰인 '불릿타임(bullet-time)'은 120대의 카메라로 전체를 에워싸고, 1초에 100프레임씩 전체적으로 1초에 무려 1만 2000프레임을 찍는 초고속 촬영방식이었다. 김지훈(2003)은 "〈매트릭스〉와 함께 영화는 물리적 운동의 속도를 얼마든지 감속하거나 가속시키고, 나아가 운동의 순간들을 자유자재로 분절하여 재구성할 수 있는 가능성을 발견했다"고 평했다.

도정일은 모두들 열광할 때에 홀연히 매트릭스를 "할리우드의 똥"이라고 과격하게 비판했다.(강성민 2004) 다른 이유로 매트릭스에 반감을 표한 사람들도 있었다. 2003년 6월 이집트 검열당국은 전 세계에서 흥행돌풍을 일으키고 있는 '매트릭스'의 2편인 〈매트릭스 리로디드(Matrix Reloaded)〉(감독 앤디 워쇼스키 · 래리 워쇼스키)에 대해 '지나치게 종교적'이라는 이유로 자국 내 상영금지 조치를 내려 오히려 이 영화에 대한 관심을 증폭시켰다. 15명의 영화평론가, 학자, 작가 등으로 구성된 검열당국은 〈매트릭스 리로디드〉가 "인류의 운명을 좌우하는 창조자 문제를 다루고 있다"면서 "탁월한 특수효과에도 불구하고 종교와 관련된 이런 주제는 위기를 초래할 수 있다는 점에서 상영금지키로 했다"고 밝혔다. 또 이 영화의 폭력적인 장면들이 "사회적 평화를 해칠 가능성이 높다"고 주장했다. 이 같은 결정은 이집트 언론들이 '매트릭스' 시리즈가 시오니즘을 찬양하고 있다는 이유로 상영금지 운동을 펼치고 있는 가운데 나온 것이었다.(오애리 2003)

사이버펑크 문화

깁슨의 『뉴로맨서』가 낳은 '사이버펑크'라는 새로운 공상과학 장르는 어떤 것인가? '펑크 록' 운동에서 파생된 '펑크(punk)'라는 어근은 '불쏘시개로 쓰는 썩은 나무'나 '보잘것없는 물건'을 의미한다. 속어로는 보기 흉하고 형편없다는 뜻으로 사용된다. 문화적으로는 1970년대의 영국에서 거친 도시생활, 섹스, 마약, 폭력 그리고 팝 문화와 패션에서의 반권위주의적 반항 태도를 의미했다.

펑크는 노동계급 젊은이의 운동이라기보다는, 록 엘리트의 고급 취향과 무계급이라는 보헤미안적 신화를 동시에 거부하는 노동계급의 보헤미안적 문화였다. 펑크족의 슬로건은 '경력 없음(No careers)'과

1980년대 초의 펑크 패션. 모호크족 헤어스타일에 가죽 재킷을 입는 것이 일반적이었다. ⓒ Tim Schapker

'영웅은 없다(No heroes)'였다. 이는 '실업 문제'와 '우상 거부'의 메시지를 담고 있는 것이었다. 이동연(2002)은 펑크적 하위 문화의 스타일은 애초부터 하나로 정돈된 것이 아니라 혼란스러우며 예측 불가능한 것이었다고 말한다. 예컨대 펑크족들은 히틀러의 나치주의를 반대했음에도 불구하고 나치를 상징하는 십자상인 '스와스티카(swastika)'를 간간이 패용하고 다녔으며, 이들의 우상인 '섹스 피스톨스'가 전미 순회공연차 오른 비행기 트랩 앞에서 생방송 아침 프로그램 카메라를 향해 헛구역질과 손가락 표시와 함께 'Fuck You'를 외치기도 했다는 것이다.

영국의 기성세대들은 펑크족들의 비행(非行)에 대해 대대적인 단속을 요청했고, 경찰의 불심검문에 잡힌 펑크족들의 옷에서 나온 소지

품들은 기성세대의 반감을 증폭시키기에 족한 것이었다. 핀, 플라스틱 빨래집게, 면도날, 탐폰(지혈용 솜뭉치), 수세식 변기줄, 안전핀 등 기성세대가 보기에는 더럽고 불결한 것 일색이었다. 이동연은 펑크족들이 이런 스타일을 하고 다닌 이유는 단 하나, 어른들에게 밉게 보이려고 한 것뿐이었다고 말한다. 그들은 부모세대와 자본가 계급들에게 정치적 혁명을 위한 싸움에 직접 나서기보다는 스타일을 통해 간접적으로 상징적으로 저항하려 했다는 것이다.

패션으로서의 펑크스타일은 무정부주의적이고 허무주의적인 스타일로 충격을 의도한 것이었다. 검은 색 일색이고, 일부러 옷을 찢기도 하고 겹쳐 입는 식이었다. 남녀 모두 타이트한 검은색 바지를 입고, 페인트로 칠하거나 체인과 쇠 징으로 장식한 가죽 재킷에 부츠를 착용했다. 여성 펑크족은 미니스커트에 검은색 그물망 스타킹을 입기도 했으며, 재킷과 티셔츠에는 외설적이거나 거부감을 불러일으키는 문구나 이미지를 그렸다.

가죽, 고무, PVC는 펑크족이 가장 선호하는 소재였다. 체인, 지퍼, 안전핀과 면도날 등은 의복 장식으로 이용되었다. 헤어스타일과 화장, 장신구도 펑크 룩에 중요한 역할을 했다. 머리는 밝은 색으로 염색하고 젤을 발랐다. 화장으로 안색을 창백하게 하고 눈두덩과 입술을 검게 칠했다. 여러 개의 귀걸이를 착용했으며, 뺨과 코를 뚫기도 했다.

'펑크'는 1970년대에서 1980년대 사이, 분노한 사회적 선언으로부터 의상 스타일로 변질되었다. 그것도 가격이 폭등하는 경쟁적 소비 행위의 한 품목으로 변질돼버렸다. 펑크족의 옷차림은 고급 패션 디자이너들에 의해 밀리터리 룩, 무정부주의자 패션, 누더기 룩, '구멍

룩' 등으로 발전했다. '포스트핵 시대의 누더기룩' 이라는 이름도 얻었고, 일본인들은 '포스트히로시마룩' 이라고 부르기도 했다.

1982년경 디자이너들이 펑크를 변형시켜 내놓은 일련의 패션은 옷에 어떤 색도 쓰지 않고 음산한 회색과 검은색으로 일관했다. 몸에 달라붙은 가죽옷과 고무 옷도 선을 보였다. 펑크족은 붉은색, 녹색 또는 노란색의 닭벼슬 머리, 인디언 머리, 악마의 뿔 머리, 빡빡 민 머리 등을 하고 다녔는데, 평범한 소비자들도 이걸 원용하기 시작했다. 소녀들은 염색을 하거나 인조머리카락을 붙여 머리카락에 색이 들어가는 짧은 고슴도치 머리를 했다. 펑크족의 뺨이나 입술 주변에 위협적인 장식물로 패용되었던 안전핀들은 그 안에 보석이 박히고, 더러운 플라스틱 제품들은 광택이 나는 수지로 만들어지는 등 모든 게 최고급으로 탈바꿈했다.

1990년대 초에는 펑크와 히피 스타일이 그런지 룩(Grunge look)으로 통합되었다. 시애틀의 팝 그룹 너바나와 펄 잼에 그 기원을 두고 있는 '그런지 룩' 은 색상이 화려하고 단정치 못한 스타일로, 여러 겹을 겹쳐 입고 남녀 모두 투박한 군화를 착용했다.

영국의 패션 전문가 엘리자베스 루즈(Elizabeth Rouse 2003)는 "침을 뱉고 점프 놀이를 하듯이 이리 저리 튀고 욕설을 퍼붓는 아주 별난 옷을 입은 젊은이들에 대한 대중매체의 혐오에도 불구하고, 어떤 다른 스타일도 이처럼 재빨리 패션 산업에 의해 채택된 경우는 없었을 것이다. 1970년대 말과 1980년대 초기의 패션에 펑크는 헤아릴 수 없을 정도의 영향력을 가지고 있었다"고 말한다. 심지어 모델들에게까지 영향을 미쳤다. 모델들이 카메라를 향해 찌푸리는 태도와 자세도 펑크의 영향을 받은 것이었다.

　이동연은 펑크족들의 공포스런 스타일들을 고급 패션의 상품 형식으로 흡수해버리는 이 상품미학의 논리는 '반(反)미학의 재(再)미학화'라고 부를 만하다고 말한다. 더 정확히 말하자면 부르주아 미학을 거부하려 했던 청년문화의 반(反)부르주아 미학이 소비자본의 상품화 과정을 거치면서 다시 새로운 부르주아 상품미학으로 재생산되었다는 것이다.

신체는 고깃덩이인가?

더글라스 켈너(Douglas Kellner 1997)는 '사이버'와 '펑크'의 결합은 "하이테크 하위 문화와 밑바닥 거리문화의 결합" 또는 "보헤미안 하위 문화와 연계된 감각과 정신과 생활양식의 변화를 최첨단 기술과 융합하는 테크노 의식과 문화"를 가리킨다고 말했다. 그러므로 하위 문화 현상으로서 사이버펑크는 일반적으로 기술과 문화에 대한 아방가르드적 태도를 의미하는 것으로서, 새로운 것을 추구하고 기성의 구조와 권위에 저항하는 것을 통해 새로운 경험을 획득하고 신기술이 활용되도록 한다는 것이다.

　"일종의 운동으로서의 사이버펑크는 법의 외부에서 움직이는데, 중앙집권화된 국가와 기업구조에 대항하고 관련된 개인들의 필요에 봉사하는 과학과 기술의 탈중앙집권화된 하위 문화적 이용을 옹호한다. 많은 SF가 기성의 제도 안에서 법과 질서를 존중하는 주류의 순응적 유형의 인물들에 초점을 맞추는 경향이 있는 반면에, 사이버펑크 문학과 영화는 더 주변적인 인물, 심지어 범죄자를 활용하는 경향이 있다. 또한 히피, 펑크 및 이전의 대항적 하위 문화가 반(反)기술적 경향을 보였던 반면에 사이버펑크 문화는 기술을 포용해서 개인들 자신의 목적을 위해 사용한다.(비록 기성의 제도와 관례가 가진 목적과 이해에는 이따금 대항하지만.)"

시간이 흐르면서 사이버펑크의 개념은 확대되었는데, 1990년대 후반 사이버펑크 전문잡지 『몬도 2000(Mondo 2000)』은 사이버펑크를 ① 20세기 말 기술혁명 또는 그것을 이끄는 사람들 ②아나키즘에 빠진 해커 ③정부기관의 컴퓨터 통신망에 접속, 해킹을 시도하는 사람 ④ 반문화운동의 일환으로 기술적 통찰력과 반항적인 생활태도를 함께 갖고 있는 사람으로 정의했다. '몬도 2000 회의마당'은 사이버펑크의 세계관을 ①정보해방을 추구한다, ②명령으로 시달되는 간섭은 거부한다, ③권력의 분산을 촉진한다, ④시대의 첨병이 되기 위해 첨단을 달린다, ⑤ '사람의 마음'을 새로운 전쟁터로 한 미래사회는 현재로 다가왔다, ⑥컴퓨터 문화는 컴퓨터 음악, 예술, 가상사회, 해커 등의 군소문화와 결합된 형태로 표현된다, ⑦사람은 인조인간(사이보그)이 될 수 있다 등 7가지로 요약했다.(김강호 1997)

사이버펑크의 세계관에서 확연히 드러나는 것은 사이버리즘(cyberism)이다. 사이버리즘은 인간의 몸과 정신을 분리하는 데카르트적 사고가 디지털 기술의 발달로 다시 나타난 것으로 육체를 폐기하는 탈육화 지향성을 말한다. 홍성태(2001)는 "사이버리즘의 핵심 내용은 정보통신기술의 발달을 통해 우리가 물질적 한계를 벗어나 무한한 자유의 왕국에 도달하게 된다는 것으로 요약할 수 있다"며 사이버리즘을 "정보통신기술에 대한 과도한 기대나 오해에 바탕을 두고 자본주의를 합리화하는 이데올로기"로 규정했다.

실제로 깁슨의 사이버펑크 추종자들은 "신체는 고깃덩이다"라고 선언했다. 이에 대해 미국 카네기멜론대학 예술 및 로봇공학 교수 사이먼 페니(Simon Penny 2001)는 신체 극복에 대한 그들의 욕망은 결코 새로운 생각이 아니라고 지적했다. 그는 "신체가 '폐물'이라는 생각은 이상하게도 특히 사이버 문화 서클에서 유행하고 있다"며 "당대의 기술을 통해 신체를 극복하려는 이 욕망은 내 생각으로는 기묘할 뿐만 아니라 지지자들이 생각하는 것보다는 훨씬 덜 미래적이다. '신체'보다 '마음'을, 구체보다 추상을 우위에 두는 것은 기독교 신플라톤주의부터 데카르트와 그 이후에 이르기까지 서구 철학에서는 강하게 지속하는 흐름이다"라고 말했다.

사이버 공간에 푹 빠진 '폐인'들은 신체를 혹사하거나 돌보지 않는다. 신체를 고깃덩이로 보기 때문에 그런 것은 아니겠지만, 그들을 매료시키는 곳은 현실세계보다는 탈육화된 사이버 공간임이 틀림없다. 그러나 동시에 사이버 공간은 '얼짱'이나 '몸짱' 등 극단적인 신체 숭배의 무대로 활용되기도 한다. 그 어느 쪽이든 사이버 공간의 구원에도 한계가 있다는 점은 분명하다.

사이버 공간은 전 인류적 차원의 새로운 프런티어로 등장했다. 그것은 개척하고 정복해야 할 미지의 세계로 많은 사람들의 호기심을 사로잡고 열광을 자아내게 한다. 그 과정에서 열광의 극한을 치닫는 폐인들, 또 그들 중에서 일확천금을 쥐는 기업가들도 나타나고 있다. 호기심과 열광의 잔치는 프런티어의 종언이 외쳐지는 그날까지 계속될 것이 틀림없다.

'라이언 일병 구하기'

〈스타 워즈〉와 〈매트릭스〉의 열광에도 불구하고 1999년의 시대정신을 대표한 영화는 스티븐 스필버그의 〈라이언 일병 구하기〉였다. 스필버그는 이 영화로 1999년도 아카데미 최우수 감독상을 수상했다. 아카데미 감독상 후보로 1978년 이후 모두 5번 올라 1994년 〈쉰들러 리스트(Schindler's List)〉에 이어 1999년 두 번째로 수상한 것이다. 이게 과연 우연일까? 흑인을 다룬 영화는 두 번이나 물을 먹고 미국 영화계의 실세라 할 유태인을 다룬 영화 그리고 국방부의 홍보 영화와 다를 바 없는 영화는 상을 받은 게 말이다.

미국 대중문화의 그런 '시너지효과'는 거의 모든 영역에 걸친 산업과의 관계에서 실현되었다. 예컨대, 100여 개국 이상에 수출돼 20억 달러의 수입을 올린 우주과학 공상영화 〈스타트렉(Star Trek)〉도 세계에서 가장 발달된 미국의 우주산업의 덕택을 본 것이었다.

미 군부와 할리우드의 시너지 또는 유착 관계도 빼놓을 수 없다. 이홍환(1999)은 "지난 90여 년 동안 미 군부와 할리우드는 손을 잡고 전쟁 영화를 양산해냈다. 2차 세계대전 이후 최근의 〈라이언 일병 구하기〉에 이르기까지 할리우드가 만들어낸 전쟁 영화는 총 470여 편에 가깝다. 2차 세계대전을 주제로 한 영화만 해도 280여 편에 달한다. 한국전을 주제로 한 영화가 약 60여 편이고, 월남전을 주제로 한 영화도 50여 편을 웃돈다. 펜타곤과 할리우드의 만남, 군부와 연예 비즈니스의 만남, 세계 최강의 군과 세계 최대 흥행업의 만남, 이 둘의 만남은 자신의 이익 보호라면 물불을 가리지 않는 가장 미국적인 만남일 수도 있다"며 다음과 같이 말했다.

"군부 쪽에서 보면 할리우드야말로 군부에 대한 좋은 이미지를 심어주는 데 둘도 없는 단짝인 셈이고, 할리우드 쪽에서는 전쟁 영화 제작에 군부의 지원이 필수적이다. …… 할리우드의 영화 제작자들이 펜타곤에 제작 지원을 요청하는 건수는 줄잡아 매년 200여 건. 펜타곤은 이 가운데 약 3분의 1인 60~70여 편을 지원한다. 전쟁 영화를 제작하거나 전쟁 영화가 아니더라도 군이 등장하는 영화를 만들려고 할 때 할리우드가 가장 먼저 접촉해야 할 곳이 펜타곤이다. 군 장비나 인원을 값싸게 동원하거나 아예 무료 지원을 요청하기도 한다. 펜타곤으로서는 더 없이 좋은 기회. 모병을 위한 군 홍보는 물론이고 비행기나 잠수함 제작 등 군 예산을 확보하기 위해 의회에 압력을 넣을 수 있는 절호의 기회인 셈이다. 펜타곤은 영화 대본을 읽어보고 지원 여부를 결정한다. 물론 영화 대본이 펜타곤의 마음에 안 들 경우도 있다. 그럴 경우 영화 제작자는 즉각 펜타곤의 입맛에 맞추어준다. 펜타곤이 대본을 수정하거나 다시 쓸 수 있도록 허락하는 것이다."

〈라이언 일병 구하기〉의 '미국 찬양'에는 적잖은 비판이 쏟아졌지만, 이 영화는 나름의 충분한 근거를 갖고 있는 것이었다. 코소보 사태로 유고군에 포로로 잡혔다가 풀려난 한 군인은 미 군용기로 미국 땅에 내리면서 "조국이 명하면 나는 다시 코소보로 가겠다"고 말했다. 국가를 위해 싸움터에 나갔다가 포로가 된 자신을 위해 미 국민과 정부가 쏟는 애정을 누구보다도 실감했기 때문이라는 것이다.

로널드 레이건은 대통령 재임 시절 '성조기 아래서 벌어진 전쟁에 참전했던 미귀환 포로와 실종군인들을 기억하는 행사'에서 행한 연설에서 "우리 미국은 모든 유해와 실종자를 찾을 때까지 당신들을 결

코 잊지 않을 것이다" 라고 했다. 물론 이 일을 하는 데에는 공화당과 민주당의 차이는 없다. 미국은 9월 16일을 '전쟁포로 및 실종자 추념일' 로 지정했으며, 국방부 내에 '포로 및 실종군인 담당국(DPMO)' 이라는 부서가 있어 전쟁에 참가했다가 포로가 됐거나 실종된 모든 장병문제를 관장했다. 미국 정부는 전쟁터에서

1994년 김일성을 방문한 지미 카터. 클린턴 대통령은 카터 전 대통령이 북한을 방문할 때 '미군 유해 발굴과 송환' 에 대해 특별히 당부하는 등 국민이 애국심을 갖게끔 최선을 다했다. ⓒ The Carter Center

돌아오지 못한 미군포로와 실종자들의 신원을 파악하고 억류당한 포로나 실종자들을 안전하게 데려오는 것을 '국가의 최우선정책' 으로 삼았다. 예산도 아낌없이 사용했다.

클린턴 대통령은 1994년 지미 카터 전 대통령이 당시 김일성 (1912~1994)을 만나러 갈 때 '미군 유해 발굴과 송환' 을 특별히 당부했다. 김일성이 남북정상회담을 앞두고 1994년 7월 8일 갑자기 사망하자 클린턴 대통령과 카터 전 대통령이 이례적으로 당시 김정일 국방위원장에게 '조의' 를 표한 것도 김정일이 '미군 유해송환' 에 대해 관

심을 갖도록 하려는 목적에서였다. 클린턴은 1996년 5월 26일 오랜 친구이며 에너지부 장관인 빌 리처드슨(Bill Richardson) 당시 연방 하원의원의 방북 때에도 '미군 유해송환'에 관한 관심을 친서에 담아 북한 최고위층에 전달토록 했다. 이 결과로 김정일은 한국전쟁이 휴전된 이래 최초로 미국의 군인이 공식적으로 평양에 입국하는 조치를 내렸다. 유해 발굴과 관련해 일부 한국 언론에 "미국은 유해 1구당 200만 달러를 지불키로 했다"는 보도가 나가기도 했다.(변홍진 2000)

지구상에서 미국만큼 이런 문제에 그토록 깊은 관심과 성의를 보이는 나라가 또 있을까? 그러니 〈라이언 일병 구하기〉가 말도 안 되는 엉터리 이야기일망정, 미국인들의 애국심을 고취시키는 근거라고 하는 점에서는 설득력을 가졌다고 보아야 하지 않을까? 다인종·다민족·다국적 출신으로 이루어진 나라이기에 국민이 애국심을 갖게끔 최선을 다하는 미국, 단일민족 운운하면서 애국심이 당연히 있을 것이라 전제하고 '국민 돌보기'를 소홀히 하며 엘리트 계급은 '노블레스 오블리주(Noblesse Oblige)'를 실천하지 않는 한국. 과연 어떤 나라 국민의 애국심이 더 강할까? 반미(反美)를 외치기 이전에 생각해보아야 할 점이 아닐까?

참고문헌 Angell 2001, Ewen 1996, Frith 1995, Harris 1996, Kellner 1997, Loschek 2002, Mendes & Haye 2003, Penny 2001, Rouse 2003, Tirman 2008, 강성민 2004, 권기태 2005, 권재현 2000, 김강호 1997, 김영희 2009, 김지훈 2003, 변홍진 2000, 선종구 1999, 송평인 2005, 오애리 2003, 이동연 2002, 이흥환 1999, 채동배 2004, 한겨레 1999, 홍성태 2000·2001

'햄버거 제국주의' 인가?
조세 보베의 맥도널드 공격

'미 제국주의의 상징' 인가?

1967년부터 해외진출을 시작한 맥도널드는 1982년 당시 유고슬라비아를 시작으로 1990년 모스크바와 1992년 베이징까지 진출함으로써 '자본주의의 전도사'라는 별명까지 얻었다. 2005년 4월 15일로 창립 50주년을 맞은 맥도널드는 전 세계 122개국 3만 1000여 개 점포에서 매일 5000만 명 이상의 사람들에게 햄버거를 팔았다.

그러나 이 놀라운 성공은 맥도널드에 부메랑이 되었다. 한동안 비만의 책임을 묻는 소비자들의 소송이 잇달아 제기되더니 이젠 세계 각국에서 반미 시위만 벌어졌다 하면 맥도널드가 '미 제국주의의 상징'으로 간주돼 공격 대상이 되고 있기 때문이다. 맥도널드는 쇠고기 대량 생산, 포장지, 값싼 노동력 고용 등으로 환경보호 운동가에서 인권운동가에 이르기까지 다양한 종류의 사람들로부터 공격 대상이 되고 있다. 맥도널드의 '햄버거 제국주의'라는 말까지 나왔다.

특히 유럽 지역에서의 반감이 컸다. 뉴욕주립대학 교수 리처드 쿠이젤(Richard F. Kuisel)은 『프랑스인 유혹하기: 미국화의 딜레마(Seducing the French: The Dilemma of Americanization)』(1997)라는 책에서 이렇게 말했다. "중요한 것은 유럽의 식습관이 맥도널드의 패스트푸드에 의해 변하고 있다는 점이다. 수많았던 파리의 카페와 오래 앉아 먹던 가족 점심이 사라진 것이 커다란 사회적 변화를 잘 설명해준다. 어떻게 광고되

맥도널드 매장 파괴 사건으로 유명한 프랑스의 농민운동가 조제 보베. 맥도널드는 미 제국주의의 상징으로 떠오르면서 세계 각국에서 반세계화 운동의 공격 대상이 되었다.

든지 간에 운동화를 신는 것은 유럽식 옷 입기 그리고 심지어는 행동에 있어서 새로운 비공식성을 보여준다. 유럽의 소비에 맞춰져 있기는 하지만 MTV 시청은 유럽 젊은이들이 미국 젊은이들과 같은 사회적·문화적 메시지를 받는다는 것을 의미한다. 그리고 아이들의 상상력은 미국 텔레비전과 할리우드 영화를 봄으로써 변화하고 있다."

1999년 8월 12일 프랑스 농부인 조제 보베(José Bové)가 프랑스 서남부 미요(Millau)에 있는 맥도널드 건물 신축공사장에 들어가 기물을 파괴해 재판을 받게 된 사건은 맥도널드 반대 운동의 축제이자 기폭제가 되었다. 재판에서 그는 맥도널드가 자사의 점포에서 판매하는 제품 원료로 공급받는 농산물의 재배 방식과 축산물의 사육 방식 그리

고 그것의 가공 방식에 반대한다고 밝혔다. 보베는 3개월 형을 선고받았다.

보베는 햄버거로 대표되는 요리 문화의 브랜드 획일화, 그리고 다국적 기업의 침입으로 공동체가 받게 되는 충격에 대해 우려를 표명했다. 특히 반대한 것은 성장 속도를 인공적으로 늘리기 위해 호르몬을 투여하는 행위였다. 보베가 다른 사람과 함께 쓴 책『세계는 상품이 아니다(The World Is Not for Sale)』(2001)는 지속 가능하고 인간적인 농업에 대해 설명했는데, 이 책은 베스트셀러가 되었고 보베는 국제적인 반(反)세계화 운동의 지도자로 부상했다.(Sardar & Davies 2003)

앞서(8권 4장) 지적한 바와 같이, 미국 메릴랜드대학 사회학 교수 조지 리처(George Ritzer 1999)가 쓴『맥도널드 그리고 맥도널드화: 유토피아인가, 디스토피아인가(The McDonaldization of Society)』는 '맥도널드'로 대표되는 패스트푸드점의 원리가 미국 사회와 그 밖의 세계의 더욱더 많은 부문들을 지배하게 되는 과정과 그것이 초래하는 비인간화를 '맥도널드화(McDonaldization)'라고 불렀다. 리처는 맥도널드 모델이 전 세계로 수출되고 세계 각지에서 큰 성공을 거둔 이유를 맥도널드의 효율성, 계산 가능성, 예측 가능성 그리고 통제에서 찾았다.

리처는 맥도널드가 야기하는 문제로 환경 문제도 심각하지만 사람들이 비인간적인 환경에서 먹거나 일한다는 점을 지적했다. 사람들 사이의 상호 접촉을 최소화하며 미국뿐만 아니라 전 세계를 동질화하는 것도 문제라고 했다. 그가 문제 삼는 것이 맥도널드 그 자체는 아니다. 그는 맥도널드의 원리가 패스트푸드는 물론이고 의료, 교육, 여가, 스포츠, 영화, 기업, 노동, 쇼핑, 마케팅 등 사회 전 분야로 확산되는

'맥도널드화'를 우려했다. 자신이 "맥도널드에 대해 특별히 적의를 가지고 있지 않다"는 것을 강조하면서 전 사회가 맥도널드화되는 것만큼은 저지해야 한다고 역설했다.

"소가 사람을 먹는다"

제러미 리프킨(Jeremy Rifkin 2002)은 아예 한 걸음 더 나아가 미국인들의 육식을 문제 삼았다. 그의 주장에 따르면, 이 지구상에 12억 8000마리의 소가 있는데, 미국에만 1억 마리가 있다. 미국인 2.5명당 소 1마리의 비율인 것이다. 물론 잡아먹자고 키우는 것이다. 그래서 미국에서 매일 도축되는 소가 10만 마리나 된다. 미국 인구는 전 세계 인구의 5퍼센트인데도 미국인은 전 세계 쇠고기 생산량의 23퍼센트에 달하는 양을 소비하고 있는 것이다.

쇠고기에 걸신들린 미국인들이 펴는 '쇠고기 예찬론'이 인종차별주의와 제국주의에까지 연결되기도 했다는 게 흥미롭다. 서부극 작가 에머슨 허크(Emerson Hough, 1857~1923)는 미국 카우보이 예찬론을 펴면서 "역사적으로 승리를 거둔 이들은 식물 대신 쇠고기를 주식으로 삼는 민족들이었다"고 주장했으며, 이는 많은 사람들에 의해 받아들여졌다는 것이다. 쇠고기가 남녀차별, 계급주의, 국수주의에까지 연결돼 있다는 주장도 눈여겨볼 만하다.

미국인들의 '쇠고기 예찬론'은 오늘날 미국의 상징이 된 햄버거에 이르러 그 극치를 보여준다. 맥도널드를 아무리 '신의 축복'으로 찬양할망정, 버펄로 학살(3권 4장) 때부터 그러했듯이, 미국에서 쇠고기의 역사는 추문의 연속이었다는 것은 분명한 사실이다. 도축 공장의

미국인은 전 세계 소고기 소비량의 25퍼센트를 소비할 정도로 육식을 즐기고 있다. 그 덕분에 소를 기를 공간이 필요해져서 수많은 밀림이 불태워지고 있다. 사진은 가축을 몰아오는 콜로라도 시머런의 카우보이들과, 불탄 멕시코의 밀림.

노동자들은 절망적인 빈곤에 허덕였으며, 공장은 구토를 유발하기에 충분할 정도로 위생과 거리가 먼 작업 환경을 자랑했다. 앞서(6권 1장) 살펴본 바와 같이, 출간된 업턴 싱클레어(Upton Sinclair, Jr., 1878~1968)의 작품 『정글(The Jungle)』(1906)은 쇠고기 포장산업의 끔찍한 현실을 폭로한 것인데, 이는 전 국민을 엄청난 충격에 휩싸이게 만들었다.

그 후 위생 시설은 크게 개선되었겠지만, 이젠 '과학'이 지나치게 개입하는 일이 벌어지고 있다. 소의 발정기를 통제하고 인공수정을 통해 '대량생산'하는 것은 기본이고 성질을 유순하게 만들고 좋은 육질을 위해 수송아지들을 거세한다. 소는 과학인 것이다.

오늘날 쇠고기 생산은 미국 제조업에서 네 번째로 큰 규모를 자랑하는데, 우연히 그렇게 된 것은 아니다. 리프킨은 "서부 목축업자들이 영국 은행가들과 결탁하여 강력한 유럽-미국 축산 단지의 창출을 위해 광대한 미국 토지의 40퍼센트 정도를 식민화했다는 사실을 알고 있는 미국인들은 거의 없다"고 말한다. 또 광대한 서부 방목지의 축산업자들과 축산 회사들이 수백만 에이커의 공유지를 마음대로 이용하고 있으며, 그들이 사실상 미국인 납세자들의 보조금을 지급받고 있다는 사실을 알고 있는 미국인들은 더욱 드물다고 말한다.

문제는 그로 인한 환경 파괴일 것이다. 소는 가축들 중에서 음식물의 에너지 전환이 가장 비효율적이라고 한다. 1파운드의 고기를 얻기위해 9파운드의 사료가 필요하다는 것이다. 미국에서 생산되는 곡물의 70퍼센트가 가축 사육을 위해 소비되고 있다. 지구 한쪽에서는 수많은 사람들이 굶어 죽어가고 다른 쪽에서는 그런 일이 벌어지는 현실은 너무 하지 않은가. 전 세계적으로 보더라도 12억 8000마리의 소를 사육하는 면적은 전 세계 토지의 24퍼센트를 차지하는데, 이 소들이 13억 명의 굶주리는 사람들을 넉넉히 먹여살릴 만한 곡식을 먹어치우고 있다니, "소가 사람을 먹는다"는 말이 나오게도 생겼다.

어디 그뿐인가. 소는 초원을 황폐하게 만든다. 때 묻지 않은 초원에 소 떼가 나타나면 그곳은 순식간에 상업적인 목초지로 변한다. 소떼는 목초지의 풀은 물론 나무의 싹까지 모조리 먹어치우며 강력한 발굽으로 토양을 단단히 다져 흡수되는 수분의 양을 줄어들게 만든다. 그 이후 어떤 일이 벌어질지는 더 이상의 설명이 필요치 않을 것이다. 미국만 그렇게 되면 모르겠는데, 힘 있고 돈 많은 미국이 라틴 아메리카를 미국의 쇠고기 생산 기지로 이용하는 바람에 그 지역의 열대 우림까지 거덜 나게 생겼으니 문제는 이만저만 심각한 게 아니다.

쇠고기는 건강에도 좋지 않다. 리프킨은 쇠고기 때문에 서구인들은 인류 역사상 최초로 과다 체중에 시달리고 있으며 여러 질병의 공격을 받고 있다고 말한다. 1차 세계대전 때 300만 명의 덴마크인들이 봉쇄돼 어쩔 수 없이 감자와 보리 위주로 먹고 살았는데, 그런 배급이 실시된 해에 질병으로 인한 사망률이 34퍼센트나 감소되었다는 사례도 제시한다. 리프킨은 이처럼 많은 문제를 안고 있는 쇠고기를 먹지 않는 것이 '모든 대륙의 자연을 대대적으로 회복시키는 생태계적 르네상스'를 가져올 것이라고 역설한다.

'맥월드'와 '맥몽드'
그러나 쇠고기를 먹지 않는 것이나 맥도널드화를 저지하는 것이 가능

런던의 맥도널드 매장 앞에서 전단을 나눠주고 있는 반(反)맥도널드 캠페인. © Kaihsu Tai

할 것 같지는 않다. 이미 맥도널드화의 물결은 전 세계를 뒤덮고 있기 때문이다. 그런 세상 또는 맥도널드를 상징으로 하여 초국적기업들이 지배하는 세상을 가리켜 미국의 정치학자 벤저민 바버(Benjamin R. Barber 2003)는 '맥월드(McWorld)'라는 표현을 썼다.

맥도널드의 전 세계적인 보편성은 맥잡(McJob)이라는 불명예스러운 용어를 낳게 만들었다.

맥잡은 실패한 사람들이 하던 일을 대체하는 새로운 형태의 일을 의미하게 되었다. 소매 및 요식업종 내에서도 맥도널드의 임금은 하위 25퍼센트에 해당하고, 업종 평균에 비해 20~50퍼센트 높은 이직률을 보였다. 또 경영자 측의 계속되는 취업규칙 위반행위가 발생하고, 종업원들이 심리적으로 '극도의 흥분' 상태로 있게 하고, 초과수당 지불 없이 연장근무를 요구하고, 노조활동을 하면 해고하고, 최신 전술로 노조 설립에 대응하는 것으로 악명을 얻었다.

영국에서 맥도널드 명예훼손 재판을 주재했던 판사 로저 벨(Rodger Bell)은 맥도널드가 종업원에게 너무 낮은 임금을 주어서 영국의 모든 요식업종 근로자의 임금을 하락시키는 데 일조했다고 판결했다. 또 뉴욕시립대 교수 조 킨첼로(Joe L. Kincheloe 2004)는 승진 기회가 거의 없고 저임금 · 비숙련의 맥잡은, 열심히 일하면 신분이 상승한다는 모더니스트들의 주장에 대한 노동자 계급 청년들의 믿음을 상실하게 만드는 데 기여해왔다고 평가했다.

맥도널드는 그런 상징성과 더불어 전 세계적인 보편성 때문에 각 나라의 물가지수를 맥도널드 값으로 비교하는가 하면 각 나라의 문화를 비교하는 연구의 주제로도 자주 활용된다. '빅맥지수(Big Mac Index)'란, 각국의 통화가치와 그 통화의 실질구매력을 '빅맥' 햄버거 가격과 비교해 평가하는 지수로, 세계 물가와 실질구매력을 알 수 있는 지표다. 하버드대학의 인류학자 제임스 왓슨(James D. Watson)이 서울을 비롯한 아시아 5개 주요 도시의 맥도널드에 대해 실시한 연구에 따르면, 미국의 맥도널드에서는 음식을 먹고 바로 나가는 것이 가게와 손님 사이의 암묵적 합의인 데 반해, 아시아에서는 맥도널드가 10대들이 숙제를 하고 친구를 기다리면서 시간을 보내는 장소로 애용했다.

반면 프랑스 지식인 기 소르망(Guy Sorman 1998)은 맥도널드화를 너그럽게 볼 것을 제안했다. "사실 우리가 세계화라고 부르는 것은 종종, 실제로는 미합중국의 제국주의인, 미국화를 의미한다. 그렇기 때문에 나는 세계화라는 용어를 사용하기보다, 오히려 전 세계의 몸과 마음의 양식을 생산하는 매킨토시(Macintosh)와 맥도널드(McDonald's)

의 머리 부분을 따서 프랑스어와 영어의 신조어인 맥몽드(McMonde)
를 제안한다. 맥몽드는 미국적 제국주의를 지칭하는 것이 아니며, 미
국을 중심으로 하고 유럽·캐나다·호주로 그 외곽지역을 구성하는
서양의 캠프다."

맥도널드와 관련해 한 가지 잊지 말아야 할 것은 맥도널드가 '세
뇌'라고 해도 좋을 정도로 엄청난 광고 공세를 퍼부었으며 지금도 그
렇게 하고 있다는 점일 것이다. 맥도널드는 매출액의 15퍼센트를 광
고비로 지출했으며, 새로운 햄버거를 선보일 땐 20~25퍼센트를 광고
비로 지출했다. 브랜드 인지도 제고 차원에서 광고를 하는 게 아니다.
"오늘 아침 드셨습니까?"라는 광고 문구가 말해주듯이, '식사=맥도널
드'를 추구하겠다는 것이다. 그런 점에서 맥도널드는 미디어 현상이
기도 하다.

맥도널드 포퓰리즘

맥도널드가 보통사람들에게 어필하는 또 하나의 이유는 '포퓰리즘'
과 관련이 있다. 조 킨첼로(Joe L. Kincheloe 2004)는 많은 미국인이 맥도
널드의 반(反)엘리트주의적 포퓰리즘에 호감을 갖고 있다고 말했다.
그들은 맥도널드에 대한 비판을 자신들에 대한 비판, 즉 자신들의 정
치성, 미학, 먹는 습관을 경멸하는 것으로 간주하여, 그에 대한 반발심
으로 오히려 맥도널드를 옹호한다는 것이다.

맥도널드는 사회학뿐만 아니라 정치학에서도 깊은 관심을 기울여
야 할 주제임에 틀림없다. '맥도널드 포퓰리즘'도 정치적 포퓰리즘에
시사하는 바가 많지만, 효율성, 계산 가능성, 예측 가능성 그리고 통제

를 제공하는 맥도널드화의 원리는 상당 부분 정치에도 침투했으며, '맥월드'나 '맥몽드' 같은 신조어는 국제정치의 메커니즘과도 맞닿아 있기 때문이다.

어찌 맥도널드뿐이랴. 맥도널드는 미국 대중문화의 일부일 뿐이다. 『중앙일보』 1999년 10월 4일 기사에 따르면, 유고슬라비아의 영화감독 조르제 밀로사브예비치는 "공산 시절에도 그랬지만 개방 이후 더욱 거세게 들어온 미 대중문화는 이제 우리 문화의 일부가 됐다"고 말했다. 또 베오그라드 영화학교 교수 출신의 영화제작자 고르단 미히치는 "개방 이전 훌륭한 예술영화를 많이 만들었던 동구의 자랑스러운 영화 전통은 우수한 인력에도 불구하고 개방 이후 정부지원이 끊긴데다 진지함을 회피하는 사회풍조와 오락성이 강한 할리우드 영화의 봇물 유입에 밀려 빛이 바랬다"고 개탄했다. 단지 유고만이 매년 6~8편의 영화를 만들고 있을 뿐 개방 전 세계적 수준을 자랑했던 동구의 영화는 이제 매년 국가별 제작편수가 1~2편 정도로 격감했다는 것이다.

이 기사는 "동구 붕괴는 이처럼 고유문화의 붕괴를 수반했다. 상업성·오락 취향으로 가득 찬 서구 대중문화에 잠식당했다. 특히 젊은 이들은 서구 대중문화에 푹 빠져 있다. 베오그라드의 주택가 노비베오그라드. 12평짜리 작은 아파트에서 부모와 함께 살고 있는 고교 1년생 파블레 부슈코비치(16)의 공부방은 〈닌자거북이(Teenage Mutant Ninja Turtles)〉(1990년, 감독 스티브 바론), 〈배트맨(Batman)〉(1989년, 감독 팀 버튼), 〈터미네이터(The Terminator)〉(1984년, 제임스 캐머런) 등 미국 영화 포스터로 온통 도배질돼 있었다. 그의 워크맨 속에 들어 있는 카

세트에는 라디오에서 녹음된 최신 유행의 서구 테크노 음악이 가득 담겨 있다"고 말했다.(중앙일보 특별취재팀 1999)

1999년 11월 4일 21세의 한 이란 여대생은 이란혁명 20주년을 맞아 벌어진 반미집회에 대해 청바지를 입은 이란 학생들을 비판하면서 『뉴욕타임스』 기자에게 "청바지를 입고서 어떻게 '미국 타도'를 외칠 수 있단 말입니까?'라고 말했다.(Friedman 2000) 친미·반미와 무관하게 전 세계를 휩쓸고 있는 미국 대중문화의 힘을 말해준 것으로 볼 수 있겠다.

2003년 프랑스의 여성지 『파리 마치』는 자국 여성 500명을 대상으로 실시된 설문조사 결과를 보도했는데, 성관계의 환상을 누구에게 품느냐는 질문에 케빈 코스트너, 폴 뉴먼(Paul Newman, 1925~2008), 멜 깁슨(Mel Gibson), 톰 크루즈, 해리슨 포드가 답변의 1위부터 5위까지를 차지했다. 모두 미국인이다. 맥도널드와 할리우드가 무관할까? 아무리 맥도널드를 공격해도 맥도널드가 사라지기 어려운 이유도 바로 이 물음에 담겨 있는 것은 아닐까?

참고문헌 Barber 2003, Friedman 2000, Kincheloe 2004, Lafeber 2001, Rifkin 2002, Ritzer 1999, Sardar & Davies 2003, Schwartz 1999, Sorman 1998, Taylor 2005, 김균미 2005, 우성규 2005, 중앙일보 특별취재팀 1999, 진성훈 2004, 홍성욱 2002

'시애틀·워싱턴 전투'
세계화 논쟁

"세계화란 곧 미국이다"

조세 보베의 맥도널드 공격이 시사하듯이, 세계화는 풀뿌리 민중 차원의 격렬한 저항을 받았다. 세계화를 추진하는 대표적인 기구라 할 세계무역기구(WTO) 총회만 열렸다 하면 세계 각국에서 시위대가 몰려드는 것도 바로 그런 이유 때문이다.

1999년 11월 30일부터 12월 3일까지 시애틀에서 열린 WTO 연례총회는 '시애틀 전투'라는 말이 나올 정도로 격했다. 시애틀에 모인 관료 대표는 3000명, 저널리스트는 2000명이었지만, 각자 자기 돈 내고 세계 80여 개국에서 몰려든 시위대는 1300여 단체의 6만여 명에 이르렀다. 시애틀 시위는 인터넷을 통해 고밀도의 광범위한 대안 매체들을 충분히 활용한 첫 번째 사례이기도 했다. 시애틀 시위 이후, 모든 새로운 시위는 새로운 '독립매체' 조직을 꾸려 신문, 웹사이트, 비디오, 라디오 프로그램 등을 제작해 계속 정보를 제공하는 '네트워크 전

1999년 시애틀에서 열린 세계무역기구(WTO) 연례총회는 고춧가루 스프레이가 반세계화 시위 군중에 뿌려지는 등 상황이 폭력적이어서 '시애틀 전투'로 일컬어졌다. © Steve Kaiser

쟁'을 수행하게 된다. 시애틀 시위는 "1960년대의 반전운동과 시민권 운동 이래 가장 큰 대중 시위"였다. 오죽하면 미국 역사상 최초로 평화적 시위대를 향해 고무탄환까지 발사하는 일이 벌어졌겠는가.

칼럼니스트 토머스 프리드먼(Thomas L. Friedman)은 『뉴욕타임스』 1999년 12월 1일자에 기고한 칼럼에서 시애틀의 시위대를 가리켜 "노아의 방주를 타고 지구가 평평하다고 주장하는 사람들"이라고 조롱했다. 프리드먼(Friedman 2000)은 2000년에 출간한 『렉서스와 올리브나무(The Lexus and the Olive Tree)』에서는 아예 "세계화란 곧 미국이다(Globalization is US)"라고까지 주장했다. 세계화가 자유시장 자본주의의 전 지구적 확산과 미국 문화의 전 지구적 지배를 가능케 하는 자유의 메커니즘이란 뜻이다.(권용립 2003) 이에 대해 노엄 촘스키는 "그가 생각하고 대변하는 1퍼센트 인구의 입장에서 보면, 자신들에게 반대하는 사람들은 지구가 평평하다고 주장하는 사람들입니다"라고 주장했다.(Chomsky & Barsamian 2002)

마틴 울프(Martin Wolf)는 『파이낸셜타임스』 1999년 12월 8일자에 "세계화에 반대하는 시위대의 공통점은 그들 모두가 시장경제를 싫어한다는 것이다. 이 정서가 그 모든 불평가, 불량배 그리고 위선자들을 시애틀에 모이게 했다"고 썼다. 『이코노미스트』 1999년 12월 11일자는 시애틀 시위를 커버스토리로 실으면서 "무역이 없다면 남아시아의 어린 소녀는 교육이나 의료보장을 받지 못할 것이다. 그녀로 하여금 일하지 못하게 하는 것은 그녀를 전혀 돕는 것이 아니며, 무역은 소수의 특권을 위한 것이 아니라 수백만에게 더욱 큰 기회를 주는 것이다"라고 주장했다.(Tabb 2001)

반기업 운동의 『자본론』

시애틀 반(反)세계화 시위가 벌어진 뒤 얼마 안 되어 캐나다 출신으로 미국에서 활약하는 사회운동가 나오미 클라인(Naomi Klein)이 출간한 『노 로고(No Logo: Taking Aim at the Brand Bullies)』(2000)는 그 분위기에 힘입어 14개국 이상의 언어로 번역된 세계적인 베스트셀러가 되었고, '반(反)기업 운동의 『자본론』'으로까지 불렸다.

그녀의 반기업 운동은 기업들의 브랜드 마케팅에 초점을 맞추었다. 그녀는 광고와 브랜드를 구별해야 한다며 기업들이 브랜드 마케팅을 중단할 것을 요구했다. 브랜드 마케팅은 우리 삶의 전 영역에 침투해 소비자가 살 수 있는 것을 제한하는 독점구조를 형성함으로써 문화를 동질화하고 표현의 자유를 억제한다는 논리다. 책이 나온 직후 가진 언론 인터뷰에서 '반기업 운동의 '자본론' 같은 건 없어요. 이 운동의 최상의 특징 중 하나는 누구도 위에서 선언문 따위를 내려보내지 않는다는 것이지요"라고 말했다.

캐나다 출신 저널리스트이자 반(反)신자유주의 운동가인 나오미 클라인. ⓒ Steve Kaiser

클라인은 2002년 인터뷰에선 "브랜딩의 목적은 매끈한 통합입니다. 브랜드는 문화적 인프라가 되고 우리 저널리스트와 예술가들은 브랜드의 콘텐츠가 되는 겁니다. 우리는 그들의 구조 안에 있는 것이지, 그 반대는 아니에요"라면서 이렇게 주장했다. "대규모의 브랜딩 캠페인은 상징에 의미를 부여하려는 가장 기본적인 부족적 충동이에요. 자신을 특징짓고, 자신의 정체성과 그것에 따라붙는 것을 만들려는 거죠. 종교도 그렇게 하고 정당도 그렇게 하지요. 이젠 기업들이 그렇게 하고 있는 겁니다. 문제는 그들이 가짜 공동체를 팔아먹고 있다는 겁니다."

일부 사람들은 클라인이 위선자라고 꼬집었다. 거대 미디어를 비판하고 브랜드에 반대하면서도 캐나다의 가장 큰 국제 미디어 중 하나인 『글로브 앤 메일(Globe and Mail)』에 칼럼을 쓰고, 자신의 책을 거대 다국적 출판사에서 내고, 브랜드 딱지를 떼긴 하지만 브랜드 옷을 사 입는다는 이유 때문이다. 그러나 그녀는 그런 모순은 불가피하다며 자신은 개의치 않고 편안하게 여긴다고 밝혔다.

워싱턴의 반IMF 시위

시애틀 시위에 이어 2000년 4월 16~17일 워싱턴 D.C.에서 반(反)IMF 시위가 벌어졌다. 워싱턴에서 개최되는 국제통화기금(IMF)과 세계은행(IBRD)의 연차 총회를 목표물로 하여 시민운동의 연합조직인 '지구촌의 정의를 위한 운동(The Mobilization for Global Justice)'은 시위뿐만이 아니라 대중교육, 길거리 연극, 축제 등 다양한 시위 프로그램을 마련했다.

워싱턴 시위는 인권 논쟁으로까지 비화되었다. 시위대를 워싱턴 경찰이 마구잡이로 체포하고 인권에 반하는 처우를 했기 때문이다. 경찰은 참가자 중 일부를 체포해 손을 등 뒤로 묶은 채로 버스에 12시간 넘게 방치해 뒀으며, 차 안에 가둔 이들에게 물과 음식을 제공하지 않고, 외부인사 접견은 물론 화장실 사용까지 금지했다. 체포된 이들 가운데는 관광객과 언론인 20여 명도 포함돼 있었다. 시민단체 '시민 정의를 위한 연합(Partnership for Civil Justice)'은 시위 참가자들을 대신해 집단소송을 제기했다. 9년여 간의 소송 끝에 2009년 11월 시정부는 700여 명의 피해자들에게 1인당 1만 8000달러(약 2000만 원)씩 모두 1370만 달러(약 158억 원)를 배상하기로 합의했다.

워싱턴 경찰의 그런 과잉 대응은 주류 언론의 보도 태도와 무관치 않았다. 주류 언론들은 이 시위에 적대적이었기 때문이다. 『워싱턴포스트』와 『뉴욕타임스』 등 주류 언론은 시민운동의 시위 목적과 IMF 정책에 기초한 세계화의 현실에 대한 본질적 규명보다는 시위 양상과 워싱턴 시정부의 대응 방식, 그리고 시위의 폭력성 여부 등으로 사태의 초점을 몰아갔다. 시위 전인 4월 3일자 『유에스 뉴스 앤드 월드 리포트』는 이들 시위대를 '구체성이 결여된 좌파적 태도를 지니고 있다'고 주장했으며, 4월 24일자 『타임』은 '신 급진주의자들'이라고 규정했다. 김민웅(2000)에 따르면, "이 주류 언론들과 시사주간지들이 이런 태도를 보인 까닭은 명백하다. 이 언론들은 그 자체가 초국적 거대자본의 독점체제 아래에 존재하는 기업들이기 때문이다. 이들은 초국적 자본의 주도로 이뤄지는 '세계화의 새로운 선교사' 구실을 맡고 있는 것이다."

2000년 8월 25일 영국 런던에서 나이지리아 주최로 열린 비동맹체제의 후신이라 할 'G77' 회의가 열렸을 때에도 마찬가지였다. 회원국이 133개국인 이 모임은 선진7개국(G7) 회의에 대응해 초국적 금융자

2000년 워싱턴의 반(反)IMF 시위는 경찰의 마구잡이 체포와 심한 처우 때문에 인권 논쟁으로 비화되기까지 했다. 그 과잉 대응은 주류 언론의 적대적 보도와 무관치 않았다. ⓒ pixietart

본에 대한 통제와 국제통화기금, 세계은행의 개혁을 요구했으며 세계화의 문제를 제기했지만, 『뉴욕타임스』를 비롯한 미국 주류 언론은 이 사실을 전혀 보도하지 않았다.

세계화의 문제는 외면했을망정 세계화가 언론의 주요 관심사로 떠오른 것은 분명했다. 『뉴스위크』는 40개 주요 신문과 잡지를 조사한 결과, 1991년에는 불과 158개였던 세계화 관련 기사를 2000년에는 1만 7638개나 찾아냈다고 밝혔다.(Toffler & Toffler 2006)

"감상적 반(反)세계화 가난한 나라 망친다"

그러나 지금까지 지적한 모든 문제에도 불구하고 모든 사람이 세계화를 반대하는 것은 아니며 세계화가 부정적인 면만을 갖고 있는 것도 아니다.

안병영(2000)은 세계화의 밝은 면으로 시장적 가치, 즉 자유, 개인주의, 효율성, 경쟁, 실적주의를 전 세계에 확산시킴으로써 민주적 분권화, 정치와 행정의 현장화, 전자 민주주의, 경쟁과 혁신을 통한 자원의 효율적 배분을 가져다준다는 것 등을 들었다.

세계화의 문제점을 조목조목 지적한 조지프 스티글리츠(Joseph E. Stiglitz 2002)도 "세계화를 포기하는 것은 그럴싸하지도, 바람직하지도 않다. 세계화는 엄청난 이득을 가져왔다. …… 더 많은 민주주의와 더 큰 사회정의를 위해 투쟁하는 활동적인 세계 민권사회를 이룩했다. 문제는 세계화에 있는 것이 아니라 그것이 어떻게 관리되느냐에 있다"고 주장했다.

원칙적으로는 세계화에 거리를 둘망정 원칙만으로는 풀기 어려운 현실의 문제를 들어 무조건적인 세계화 반대에 이의를 제기하는 사람들도 있다. 예컨대,『인터내셔널 헤럴드 트리뷴』2001년 4월 23일자에 「감상적 반(反)세계화 가난한 나라 망친다」라는 칼럼을 기고한 미국 MIT 경제학자 폴 크루그먼(Paul Krugman 2001)은 "세계화는 반드시 아름다운 것은 아니다. 제3세계의 수출품들은 서구적 기준으로 보자면 열악한 근로 환경에서 극히 적은 임금을 받는 노동자들이 생산한 것이고 이러한 사실에 전혀 개의치 않는 사람은 심장이 없는 것이다"라고 전제하면서도 세계화에 대한 무조건적인 반대에 대해서도 반론을 제기했다.

"그렇다고 해서 반세계화 시위대의 주장이 옳다는 얘기는 아니다. 세계화에 반대하는 것이 세계적 빈곤의 문제를 해결하는 길이라고 믿는 사람은 두뇌가 없거나 두뇌를 사용하지 않는 쪽에 속한다. 실제로 반세계화 운동은 이미 그들이 보호하려는 사람들에게 해를 입히고 있다. 지난 미국 대선은 이상주의를 좇아 랠프 네이더(녹색당 후보)에게 표를 던진 두뇌가 없는 사람들이 세계 최강대국을 심장이 없는 사람들이 통치하도록 만들었다는 점에서 반세계화 운동의 부작용을 확연히 보여주는 예다. 1993년 방글라데시 어린이들이 수출용 옷을 만든다는 사실이 알려지자 톰 하킨(Tom Harkin) 상원의원은 어린이 노동자가 만든 물건을 수입하지 못하도록 하는 법안을 발의했다. 그 결과 방글라데시 직물 공장은 더 이상 아동들을 고용하지 않았고, 아동들은 더 근로조건이 나쁜 일을 하게 되거나 거리로 나왔다. 제3세계는 저임금으로 수출품을 만들기 때문에 가난한 것이 아니라 가난하기 때문에 저임금 수출품을 만드는 것이다. 수많은 멕시코인들이 저임금 수출품

생산직을 얻기 위해 북쪽 국경을 넘고 있는데 인위적으로 저임금 노동을 제한하면 이들은 일자리를 잃게 된다. 가난한 나라들은 생산성이 낮고 경제적 토대가 취약한데다 사회구조에 문제가 있다. 이런 나라들은 서구에 비해 임금수준이 매우 낮아야만 세계 시장에서 경쟁할 수 있다."

크루그먼의 이런 주장에 대해 '투자협정·세계무역기구반대국민행동' 집행위원 박하순(2002)은 "그러나 우리는 자유무역을 반대하는 것이 아니라 투기자본의 이윤을 극대화하는 금융 세계화가 민중의 삶을 파괴하지 못하도록 하자는 것이다. 농산물 개방의 폐해를 몸으로 느끼고, 의도적으로 한국을 금융위기로 몰아넣은 미국과 국제통화기금의 횡포를 겪어보지 않았는가"라고 반박한다.

반세계화 운동가들은 미국이 참가하는 국제행사마다 나타나 쑥대밭을 만들기 위해 애를 썼다. 1999년 11월 시애틀에서 열린 WTO 각료회의를 무산시킨 이래 반세계화주의자들은 IMF 워싱턴 총회(2000년 4월), 이탈리아 제노바 선진8개국(G8) 정상회담(2001년 7월), 멕시코 칸쿤의 WTO 각료회의(2003년 9월) 등을 최루탄과 화염병이 난무하는 극렬시위의 현장으로 만들었다. 『뉴욕타임스』는 반세계주의자들을 일컬어 "현재 지구상에는 미국과 '새로운 길거리 권력(A New Power in the Streets)'이라는 두 개의 수퍼파워가 있다"고 논평했다.(중앙일보 특별취재팀 2003)

그러나 '두 개의 수퍼파워'는 과장된 표현인 것 같다. 반세계화 운동이 성공하기는 쉽지 않다. 싸워야 할 전선(戰線)이 워낙 복잡하게 얽혀있기 때문이다. 미국의 외교·안보 싱크탱크인 '포린 폴러시 인 포커스(FPIF)'의 선임연구원인 존 페퍼(John Feffer)는 반세계화 운동이 미국에 맞서는 가장 위협적인 세력으로 등장할 거라는 전망에 대해 이렇게 말했다. "회의적이다. 반세계화 운동이 아무리 확산된다 하더라도 냉전시절의 소련과 맞먹는 반미 파워가 될 것 같지는 않다. 세계화가 반드시 미국화를 의미하는 것도 아니다. 예컨대 다국적 유통업체인 카르푸는 프랑스에서 시작됐고, 요즘 젊은이들이 좋아하는 모스버거(Mosburger) 햄버거는 일본산이다." (최원기 2003)

한국도 세계화에 대해 명쾌한 거부를 할 수 없을 만큼 어려운 입지에 놓여 있는 나라다. 높은 해외 의존도와 미국 의존도 때문에 구조적으로 독자적인 행보를 취하기가 매우 어렵게 돼 있는 것이다. 이는 세계화와 맞물려 있는 신자유주의에 대한 논의에서 살펴보기로 하자.

참고문헌: Albert 2003, Armond 2005, Barabási 2002, Brecher 외 2003, Chomsky 1996 · 1999, Chomsky & Barsamian 2002, Current Biography 2003, Frank 2003, Friedman 2000, Klein 2002, Krugman 2001, Martin & Schumann 1997, Moody 1999, Negroponte 1995, Rifkin 1996, Schiller 1990, Stiglitz 2002, Tabb 2001, Toffler & Toffler 2006, Waters 1998, 권용립 2003a, 김민웅 2000 · 2001, 박하순 2002, 신기섭 2003, 안병영 2000, 윤영관 1995, 이수훈 1996, 임혁백 1995 · 2000, 정남구 2009, 정양환 2008, 중앙일보 특별취재팀 2003, 진덕규 1999, 최원기 2003, 홍성욱 2002

다른 대안은 없는가?
신자유주의 논쟁

"다른 대안은 없다"

두말할 필요 없이, 세계화의 핵심은 시장의 세계화다. 시장의 세계화는 시장을 신성시하는 신자유주의를 세계를 이끌어가는 주도적인 사회질서 조직원리로 부상시키고 있는 것이다. 그렇지만 현실은 누가 먼저라고 할 것도 없이 세계화와 신자유주의는 서로 끌어주고 밀어주는 관계가 돼 버렸다.

신자유주의(Neoliberalism)란 무엇인가? 그 뿌리와 역사가 복잡하다. 김균(2000)은 "20세기 경제사상의 관점에서 보면, 신자유주의는 신고전파 경제학 전통과 일치한다"며 이렇게 말한다. "자본주의 경제의 근본적 불안정성을 승인하는 바탕 위에 적극적 정부개입을 내세운 케인스주의와는 달리 신고전파 전통을 잇는 통화주의, 합리적 기대학파 등은 시장기구의 효율성을 신뢰하고 정부 비개입주의를 주장한다. 케인스주의가 쇠퇴하면서 신고전파가 재등장하는 1970년대는 고전적

1988년 백악관 디너파티에 신자유주의를 강력히 주장했던 미국의 로널드 레이건 대통령(맨 왼쪽)과 영국의 마거릿 대처 총리(왼쪽 두번째)가 만났다. 이들은 균형 예산을 실현하겠다고 국가 관리하에 있는 공기업을 민영화하고 복지에 대한 대대적인 공격에 임했다.

자유주의가 신자유주의라는 이름으로 부활하는 시기이기도 하다."

통화주의(monetarism)의 기본 가정은 저인플레와 저실업 그리고 지속적 성장은 통화공급을 통제하고 공공지출의 억제를 통한 균형예산을 실현함으로써 성취될 수 있다는 것이다. 영국 총리 마거릿 대처가 구현한 이른바 '대처리즘(Thatcherism)'의 핵심이 바로 이것이다. 그래서 대처는 균형 예산을 실현하겠다고 국가 관리하에 있는 공기업을 민영화하고 복지에 대한 대대적인 공격에 임했던 것이다.

대처는 "다른 대안은 없다", 즉 TINA(There Is No Alternative)라고 하는 유명한 발언을 남겼다. 자본주의 이외에 이를 대체할 정책이나 이념이 없다는 말인데, 이는 좁게는 신자유주의 옹호론으로 해석되었다. 대처의 이런 발언을 염두에 두고, 2000년 1월의 세계사회포럼(WSF)에서는

"대안은 있다", "또 다른 세상은 가능하다"는 주장이 나온다.

반면 이미 민영화가 이루어져 있던 미국의 레이건 행정부는 신자유주의 노선의 알맹이를 이른바 '공급 측면의 경제(supply-side economics)'로 채웠다. 이는 사회복지 비용을 대폭 삭감하고 세율을 인하해 투자를 촉발함으로써 실업을 줄이고, 따라서 더 많은 세금을 거두어 국방비를 늘리는 동시에 연방정부의 적자폭을 메워나가겠다는 경제 청사진이었다.

대처와 레이건의 실제 스승이 통화주의의 대부라 할 시카고대학의 경제학자 밀턴 프리드먼(Milton Friedman, 1912~2006)이라는 것은 결코 우연이 아니다. 1976년에 노벨경제학상을 받은 프리드먼은 이미 1960년대부터 리처드 닉슨 등 공화당 대통령후보들에게 경제학 강의를 했는데, 로널드 레이건도 그의 경제학 제자였다. 프리드먼은 1970년대에 영국을 자주 방문해 당시 야당이었던 보수당의 리더 마거릿 대처를 상대로 경제 브리핑을 했다. 1979년 영국에서 대처가 이끄는 보수당이 집권하고, 한 해 뒤인 1980년 미국에서 레이건이 집권함으로써 프리드먼의 경제 이론이 전 세계에 걸쳐 관철될 수 있는 굳건한 토대가 마련되었다.

'레이거노믹스'와 '대처리즘'에 의해 견인된 신자유주의의 핵심을 한마디로 이야기하자면, "시장은 좋은 것이고, 국가의 개입은 나쁘다"는 것이다. 세계화가 그러하듯이, 신자유주의는 작은 국가와 국가의 축소를 지향한다. 이러한 일반적 통념은 신화에 가까우며 신자유주의는 '강한 국가'를 지향하는 점도 있다는 반론도 있다. 예컨대, 손호철(2000)은 이렇게 주장한다.

"물론 신자유주의가 민영화, 탈규제, 복지 기능의 제지 등을 통해 국가의 축소를 지향하는 것은 사실이다. 그러나 동시에 잊지 말아야 할 것은, 신자유주의가 '법과 질서'를 강조하고, '범죄와의 전쟁'을 선언하여 경찰력을 오히려 늘리는 등 '강한 국가'를 지향하는가 하면, 낙태 규제 등이 보여주듯이 어느 부문에서는 국가의 규제 강화를 주장하고 있다는 점이다. 따라서 신자유주의는 국가의 축소가 아니라 국가의 기능 조정을 의미한다는 것이 더 정확한 평가일 것이다."

그러나 이런 주장은 신자유주의가 신보수주의와 결합해 나타나는 현상을 지적한 것으로 보인다. 신자유주의는 약한 국가를 지향하면서 모든 것을 자유시장이라는 '보이지 않는 손'이 이끌어가도록 내맡기는 사회야말로 효율적이고 민주적인 사회라 여기지만, 신보수주의는 신체·성(gender)·인종관계의 정치학, 규범, 가치, 행위, 다음 세대에 전수해야 마땅한 지식 등 몇 가지 영역만은 강한 국가를 이상으로 내세운다.

신자유주의는 경제적 측면에, 신보수주의는 정치적 측면에 무게를 두기 때문에 이들은 복지 문제에 있어서도 서로 다른 입장을 취한다. 예컨대, 신보수주의는 빈민이나 실업자들의 도덕적 해이를 핵심적 문제로 삼고, 이들에 대한 복지정책의 효과가 오히려 복지 의존성을 심화할 뿐이라고 주장하는 반면, 신자유주의는 빈민이나 실업자들의 문제를 도덕적 문제가 아니라 경제적 재분배의 문제로 이해한다는 차이가 있다. 그렇지만 신자유주의자들도 신보수주의자들의 복지 의존성에 대한 공격을 수용하여, 복지에 '투자'라는 포장을 씌우는 논리를 구사한다. 즉, 국가가 실업자나 빈민들의 인적자원에 '투자'를 수행하는 것이니 도덕적 해이를 너무 걱정하지 말라는 식이다.

워싱턴 컨센서스

신보수주의의 영향력이 증대되면서 복지에 대한 공격은 전 세계적으로 날로 강화되고 있는 추세를 보였다. 국제 분야에 있어서 신자유주의의 구체적인 강령은 이른바 워싱턴 컨센서스로 나타났다. 워싱턴 컨센서스는 1980년대에 워싱턴에 있는 미국의 재무부와 경제연구기관들, IMF, 세계은행 등의 국제기구들 사이에 합의된 내용을 가리키는 것인데, 이 합의의 형성 과정에 라틴아메리카의 외채 문제가 중요한 역할을 했다.

반(反)세계화 진영에서는 '워싱턴 컨센서스'를 '세계 경제를 미국 기업이 진출하기 쉽게 만들어 이익을 극대화하기 위한 금융자본주의의 음모'라고 풀이하지만, 원래 원작자의 뜻은 그게 아니었다. 미국의 국제경제연구소(IIE) 선임연구원으로 세계은행(IBRD) 수석 이코노미스트를 지낸 정치경제학자 존 윌리엄슨(John Williamson)은 1989년 남미 경제를 위한 정책보고서에서 열 가지 개방개혁처방을 제안하면서 제2장의 제목으로 이 단어를 처음 사용했다. 그런데 워싱턴 컨센서스는 이후 미국에서조차 부정적인 어감으로 사용됐다. 조지 소로스(George Soros)는 이를 '시장근본주의'라고 비난했다. 1999년 노벨경제학상 수상자인 조지프 스티글리츠가 개도국에 고금리 정책을 강요하는 것에 반대하며 세계은행에서 사퇴할 때도 이 용어를 거론했다. 그러자 영국의 『이코노미스트』 등 언론들은 '워싱턴 혼란(Confusion)', '워싱턴 불화(Dissensus)'라고 비아냥댔다. 견디다 못한 윌리엄슨은 수

차례 기고문 등을 통해 "구체적인 정책 제안이 어떻게 이데올로기 용어로 변질될 수 있는가"라고 항변했다. 남미의 한 경제학자에게 말을 원래 뜻대로 써 달라고 설득하자 돌아온 답변은 "그 단어의 지적소유권이 이미 당신에게서 인류에게로 넘어갔다"는 것이었다.(유승우 2002b)

1989년 '워싱턴 컨센서스'라는 용어를 처음 사용한 정치경제학자 존 윌리엄슨. ⓒ TIGER

워싱턴 컨센서스에서 나온 신자유주의 정책의 3대 기둥은 재정 긴축, 민영화, 시장자유화 등이다. 좀 더 구체적으로 보자면, 신자유주의의 경제 논리는 자본 운동에 대한 대외적 개방, 정부와 노조의 기업에 대한 규제 철폐, 공공부문이나 복지제도의 민영화 및 감축, 인원 감축을 비롯한 기업 경영 유연화 등이다.

말이 좋아 '시장'이지 시장 상황은 나라에 따라 크게 다르다. 미국의 시장과 제3세계의 시장이 어떻게 같겠는가? 그래서 신자유주의적 개혁의 제3세계로의 확산은 시장 민주주의를 가져오기보다는 시장 권위주의(market authoritarianism)로의 퇴행을 초래할 가능성이 더 크다는 지적도 있다.

전 세계에 걸쳐 신자유주의적 구조조정을 강제하려는 미국의 의도는 1998년에 도입된 '아프리카의 성장과 기회 법안(AGOA)'으로 구체화되었다. 이 법의 핵심은 아프리카 국가들에게 재산권을 보호하고, 가능한 한 몰수로부터 외국인의 소유권을 보장하고, '높은' 수입세와

조지 W. 부시 대통령이 아프리카 국가에 미국 시장을 열어주는 조건을 내건 '아프리카의 성장과 기회 법안'에 서명을 하고 있다. 그러나 이 법안은 신자유주의적 구조조정을 강제함으로써 아프리카 식민화 법이라는 비판을 듣게 된다.

법인세를 감축하며, 정부 지출을 줄이고 정부의 가격 통제와 보조 등과 같은 시장개입을 최소화하도록 요구하는 것이다. 이들 국가에 대한 원조는 시장친화적인(market-friendly) 개혁의 정도에 따라 조건부로 시행되었다. 또 미국 말을 들어야만 미국 시장에 접근할 수 있는 기회가 부여되었다.

그래서 미국의 민권운동 지도자인 제시 잭슨(Jesse Jackson)은 이 법을 '아프리카 식민화법'이라고 비판했다. 그는 "이 법안은 아프리카의 경제주권을 무시하는 것이다. 이는 아프리카 국가가 미국이 강제하는 경제적, 법적, 사회적 시스템을 받아들이지 않으면, 소위 어떠한 혜택이라고 하는 것도 그들에게 주어지지 않을 것이라는 규정에서 명백히 드러난다"고 주장했다.

좌파의 신자유주의 비판

그런 문제들에도 불구하고 신자유주의의 포장은 매우 화려하다. 그래서 프랑스의 사회학자 피에르 부르디외(Pierre Bourdieu, 1930~2002)는 "신자유주의는 실제로는 보수적이면서도 겉으로는 진보를 가장하고 있다. 특히 경제 문제와 관련해선 퇴행과 역행 등 가장 낡은 과거 질서의 복원을 꾀한다. 그런데도 신자유주의 신봉자들은 인터넷 네트워크 기업 등 소위 뉴이코노미(신경제)의 환상을 이용해 인류를 완전히 새롭고도 풍요로운 자유의 시대로 이끌 수 있다고 오도한다. 하지만 그들이 말하는 개혁이나 혁명은 순전히 거짓이다"라고 비판했다.(Said 2001)

부르디외는 독설도 마다하지 않았다. 그는 신자유주의에의 충성을 공언하는 사람은 누구든 헬리콥터에 태워 북미와 남미의 대도시에 있는 버림받은 자들의 빈민굴로 보내버릴 것을 권했다. 그런 자들은 채 1주일도 지나지 않아 복지국가의 찬성자로 변해서 돌아올 것이라는 것이다.(Beck 2000a).

노엄 촘스키(Chomsky 1999)는 신자유주의가 경제의 건전성을 보장하는 조건으로 예찬하는 '노동시장의 유연성'은 기만적인 언어 조작이라고 주장했다. 그는 노동시장의 유연성이라는 말은 내일 당신의 일자리가 사라질 수도 있다는 뜻이라며 다

프랑스의 사회학자 피에르 부르디외는 신자유주의가 과거 질서의 복원을 꾀하면서도 새롭고 풍요로운 포장을 둘렀다며 비판을 멈추지 않았다. ⓒ www.ganahl.info

음과 같이 말했다.

"결국 임금의 하락을 동반할 수밖에 없기 때문에, 이것이 건전한 경제의 디딤돌이라는 뜻이다. 기가 막힌다. 이익은 늘어나는데, 임금은 줄어들고 있다. 이런 교묘한 논리를 모른다면, 대체 뭐라고 반대할 수 있겠는가? 따라서 무엇보다도 필요한 조치는 우리 자신만이 아니라 국민 전체를 위해서 커뮤니케이션 체제, 상호부조체제를 갖추는 것이다. 기업감시단이나 대중을 위한 시민단체 등과 같이 서로 정보를 교환하고 이해를 함께하는 시민단체를 결성해야 한다. 그런 다음, 그들에 맞서 싸워야 한다. 상황에 따라 다양한 방법으로, 의회에 압력을 넣거나 시위를 하거나 대안의 단체를 만들어야 한다."

촘스키가 역설하는 투쟁이 바로 앞서 소개했던 반(反)세계화 시위로 나타난 것이다. 멕시코에서 대대적인 항쟁을 전개했던 사파티스타 반군의 부사령관 마르코스는 신자유주의를 냉전에 이은 4차 세계대전이라고 부르면서 신자유주의는 핵폭탄이나 중성자탄보다 더 강력한 금융폭탄을 개발했다고 주장했다.

그러나 세계화와 신자유주의는 국가 간 이해관계가 엇갈리기 때문에 전문적인 반대 운동가들을 제외하고는 광범위한 국민 차원의 반대 투쟁으로 확산되는 데엔 명백한 한계를 보여주었다. 한국에서의 신자유주의에 대한 논의는 어떠한가? 적어도 진보적 지식계와 노동계에서는 이미 IMF 환란의 수습 책임을 맡은 김대중(1924~2009) 정권 시절부터 신자유주의에 대한 비판이 거세게 일어났다. 심지어 신자유주의는 '악령'이라는 주장까지 제기되었는데, 이는 진보적 지식계와 노동계의 일반적인 정서였다. 강내희(1998)의 주장이다.

사파티스타 반군의 지도자인 부사령관 마르코스는 신자유주의를 냉전에 이
은 4차 세계대전이라고 비판했다. ⓒ Jose Villa

"'신자유주의'라고 하는 악령이 21세기로 들어가는 문턱을 지배하
고 있다. 신자유주의는 새로운 수탈과 억압과 착취와 유린의 논리이
다. 그로 인해 민중의 삶이 궁핍해지고, 그로 인해 노동 강도가 세지
고, 그로 인해 인심이 각박해지고 또한 자연이 훼손받는다. 지배세력
의 지구적 이념으로 채택되고 있는 이 신자유주의가 영향을 미치지
않은 곳은 이제 거의 없으며, 지난 4반세기 정도 사이에 일어난 정치
경제적, 사회문화적 변동 대부분도 신자유주의 세력의 부상과 깊은
관련을 맺고 있다."

그런가 하면 신자유주의에 대한 저주를 김대중 정권에 돌리면서 김 정권을 '신자유주의의 앞잡이'라고 비판하는 따위의 주장이 난무했다. 예컨대, 이러한 비판에 앞장섰던 손호철(1999)은 다음과 같이 주장했다. "더 늦기 전에 현재의 종속적 신자유주의 정책 방향을 더 민중적이고 민족적인 방향으로 선회해야 한다. 그렇지 않을 경우, 김대중 대통령은 '한국의 루스벨트'가 아니라 '한국의 대처'라는, 김대중 정부는 '국민 의 정부', '중산층과 서민의 정부'가 아니라 '초국적 자본의 정부', '제 2의 이완용 정부'라는 역사적 평가를 피하기 어려울 것이다."

한국의 특수성

'악령'과 '제2의 이완용 정부'라고 하는 섬뜩한 표현에도 불구하고, 문제는 세계 체제에서 한국이 갖는 독특한 위상이었다. 흔히 '기적' 으로 일컬어지는 한국의 경제 발전은 미국이 주도하는 경제 노선에 충실했기 때문에 이루어진 것이었지, 윤리적 판단에 근거한 것은 아 니었다. 즉, 한국은 미국을 비롯한 서방세계와 제3세계와의 갈등에서 중간적 위치에 서 있는 나라이면서도 미국 쪽에 편향된 노선을 견지 함으로써 오늘날의 번영을 일궈왔다는 것이다.

또 한국의 높은 대외의존도도 딜레마를 낳는 이유로 지적되었다. 한국 경제의 대외의존도는 미국이나 일본의 3배 이상이었다. 대외의 존도라 함은 총공급에서 수출과 수입이 차지하는 비중을 가리키는 것 인데, 이것이 높아지면 외부 충격에 약하기 때문에 세계경제의 큰 흐 름에 끌려갈 수밖에 없다는 것이다.

박형준(2003)은 국내 일부 좌파 학자들이 '신자유주의=사회적 악

IMF 외환위기 이후에 들어선 김대중 정권과 노무현 정권은 금융시장을 대대적으로 개방했는데, 당시 미국의 권력을 잡고 있던 조지 W. 부시 행정부는 사상 유례 없이 신자유주의를 밀어붙여 한국에서 신자유주의 논쟁이 거세게 일어났다.

(惡)'이라는 규범적 판단을 논의의 바탕에 깔고 한국 사회를 논하는 것은 공허하다고 주장했다. 오늘의 상황에서 시장의 중요성이나 경쟁력을 강조하는 담론을 모두 신자유주의로 몰아붙이는 것은 도덕적 분노와 엄밀한 분석을 혼동하는 것에 다름 아니라는 것이다. 그는 현재 주어진 시스템하에서 민주주의라는 '평등의 에토스'를 실현하기 위해서 시장은 불가피한 조건이며, 국민경제 차원에서 시장의 활력과 경쟁력이 없을 경우에는 그 자체로 민주주의가 위기에 빠지는 조건이 된다고 전제하면서 다음과 같이 주장했다.

"시장과 민주주의 사이의 모순적 접합에 대한 구체적 분석을 도외시한 채, 단순히 도덕적으로 신자유주의를 단죄하는 것은 '진보'나

'보편적 가치' 라는 미사여구로, 비유컨대 아무런 희생과 비용도 들지 않는 할머니 손은 약손 하는 식의 처방으로 이기주의라는 악을 쫓아내려는 도덕적 분노에 지나지 않는다. 질문은 구체적으로 이렇게 던져져야 하지 않을까? 과연 이 시점에서 한국인들은 어떤 경제체제를 가지고 어떻게 먹고살아야 하며, 그런 먹고사는 문제와 민주주의 문제를 접합시킬 수 있는 시스템은 어떻게 확보될 수 있는가? 이런 시스템에 대한 대안을 제시하지 않은 채 신자유주의를 너무 넓게 상정하여 포괄적인 정치세력과 지식인들을 도덕적으로 단죄하는 것은 동의하기 어렵다. 오히려 신자유주의를 제대로 비판하려면 신자유주의의 정의를 조밀하게 하는 것이 필요하다고 본다. 신자유주의와 시민참여적 공화주의, 제3의 길로 대표되는 신사회민주주의 등을 구별하여 '시장제일주의' 또는 '시장만능주의' 에 빠져 있는 이론이나 그 정치적 대표만을 신자유주의로 규정하는 것이 보다 현실적일 것이다."

최용식(2005)은 신자유주의는 그 발상지인 영국과 미국에서조차 가혹한 비난이 제기되었던 것이 사실이지만, "1990년대 들어 그것의 경제적 성과가 눈에 띄게 드러나자 최소한 선진국에서는 급진적인 학자들조차 입을 다물고 말았다"고 주장했다. 영국이 영원히 따라잡을 수 없을 것 같던 독일을 다시 추월하기 시작했고, 미국도 국민소득이 일본의 절반 수준까지 떨어졌다가 다시 따라잡아서 그들의 입을 막아버렸다는 것이다. 그는 지금 세계적으로 번영하는 나라들은 물론이고 심지어 사회주의 국가들도 신자유주의 경제정책을 선택하고 있다며 다음과 같이 주장했다.

"특히 중국은 세계에서 가장 빠르게 성장하고 있는데, 그 밑거름이

된 것이 바로 개방정책 및 외자 유치, 국영기업 폐쇄나 민영화, 노동시장 유연화 등의 시장기능 활성화 정책이다. 진보정당이 집권하고 있는 유럽 각국도 마찬가지로서 독일의 사민당이 지난해에 '아젠다 2020'을 발표한 것은 그 대표적인 사례에 불과하다. 세계 각국의 정책이 이러한데 유독 우리나라 진보만 신자유주의를 '악의 화신'으로 규정하고 배제하고 있는 이유는 과연 무엇일까? 진보는 과학이고 따라서 반드시 현실에 바탕을 둬야 한다는 기본 철칙마저도 지켜지길 바라는 마음이 간절하다."

신자유주의는 국가 간 경쟁 차원에선 유리하나 국가 내부의 분배 문제를 악화시킬 수 있기 때문에 국제경쟁보다는 분배를 더 소중히 여기는 진보파들의 공격을 받고 있는 건 아닐까? 신자유주의의 그런 이중성을 고려한다면, 신자유주의에 대해 독설과 저주를 퍼붓는 것만이 능사는 아닐 것이다. 원론적인 수준의 반대보다는 '한국적 특수성'에 대해 고민하면서 좀 더 현실적인 대안을 모색하는 데에 주력해야 광범위한 지지를 이끌어낼 수 있을 것이다.

그러나 원론적으로 이야기하자면, 신자유주의가 견디기 어려운 인간성을 요구하고 있는 건 분명하다. 미국의 사회학자 리처드 세넷 (Richard Sennett 2002)이 지적했듯이, 신자유주의로 인해 "인간성, 특히 다른 사람과 유대 관계를 맺으면서 지속 가능한 자아(sustainable self)의 의식을 간직하는 인간성의 특징들이 훼손될 위기에 처한 것이다."

신자유주의에 대한 저항은 생태주의의 딜레마와 비슷하다. 우리가 진정한 생태주의적 삶을 살고자 한다면 적어도 '마이카'만큼은 포기해야 한다. 그러나 이미 마이카에 길들여진 사람들에게 그런 요구가 가능할까? 마찬가지로 신자유주의는 인간의 삶과 인간성을 피폐하게 만들지만 경쟁과 효율의 원리에 의해 구축되고 길들여진, 그리고 지금으로서는 근본적인 대안을 찾기도 어려운, 한국의 처지에서 미국과 여타 강대국들이라는 기관차가 끌고 가는 신자유주의로의 행진을 전면적으로 뿌리칠 수 있겠는가 하는 것이다. 전면적이고 근본적인 거부와 부정보다는 '지속 가능한' 수준의 거부와 부정을 택하기 위해 고민해야 할 이유가 바로 여기에 있다 하겠다.

참고문헌 Beck 2000a, Chancellor 2001, Chomsky 1999, Harvey 2007, Martin & Schumann 1997, Said 2001, Sennett 2002, Stiglitz 2002, Tabb 2001, 강내희 1998, 고세훈 2000, 김균 2000, 김동춘 외 1998, 박형준 2003, 사회진보연대 2000, 손호철 1999 · 2000, 송길호 2005, 안병영 · 임혁백 2000, 유승우 2002b, 이광호 2003, 임혁백 1995, 정진영 2000, 조정환 2002, 최용식 2005

마이클 앨버트(Michael Albert), 김익희 옮김, 『파레콘: 자본주의 이후, 인류의 삶』, 북로드, 2003.

이언 앵겔(Ian Angell), 장은수 옮김, 『지식노동자 선언』, 롱셀러, 2001.

폴 드 아몽(Paul de Armond), 「에머랄드 도시의 네트워: WTO 시위의 전략과 전술」, 존 아퀼라 (John Arquilla)·데이비드 론펠트(David Ronfeldt) 엮음, 한세희 옮김, 『네트워크 전쟁: 테러·범죄·사회적 갈등의 미래』, 한울아카데미, 2005, 251~289쪽.

Matt Bai, 「루머 퍼뜨리는 온라인 잡지 성업」, 『뉴스위크 한국판』, 1997년 8월 27일, 79면.

Matt Bai, 「'폐로 그만 나와라' 개혁당 내서 반기」, 『뉴스위크 한국판』, 1999년 7월 21일, 40면.

A. L. 바라바시(Albert-László Barabási), 강병남·김기훈 옮김, 『링크: 21세기를 지배하는 네트워크 과학』, 동아시아, 2002.

벤자민 R. 바버(Benjamin R. Barber), 박의경·이진우 옮김, 『지하드 대 맥월드』, 문화디자인, 2003.

모드 발로(Maude Barlow) & 토니 클라크(Tony Clarke), 이창신 옮김, 『블루골드: 지구의 물을 약탈하는 기업들과의 싸움』, 개마고원, 2002.

피터 바트(Peter Bart), 김경식 옮김, 『할리우드의 영화전략』, 을유문화사, 2001.

장 보드리야르(Jean Baudrillard), 이상률 옮김, 『소비의 사회: 그 신화와 구조』, 문예출판사, 1991.

존 베일리스(John Baylis) & 스티브 스미스(Steve Smith) 편저, 하영선 외 옮김, 『세계정치론』, 을유문화사, 2003.

울리히 벡(Ulrich Beck), 정일준 옮김, 『적이 사라진 민주주의』, 새물결, 2000a.

다니엘 벨(Daniel Bell), 김진욱 옮김, 『자본주의의 문화적 모순』, 문학세계사, 1990.

로빈 블루어(Robin Bloor), 형선호 옮김, 『일렉트로닉 바자』, 한길사, 2000.

요제프 보단스키(Yossef Bodansky), 최인자·이윤섭 공역, 『오사마 빈 라덴』, 명상, 2001.

Ezra Bowen, 「The Posse Stops a 'Softie': Scientists Blackball a Political Theorist」,

『Time』, May 11, 1987, pp.75~76.

제러미 브레처(Jeremy Brecher) 외, 이덕렬 옮김, 『아래로부터의 세계화』, 아이필드, 2003.

데이비드 브록(David Brock), 한승동 옮김, 『우익에 눈먼 미국: 어느 보수주의자의 고백』, 나무와 숲, 2002.

데이비드 브룩스(David Brooks), 형선호 옮김, 『보보스: 디지털 시대의 엘리트』, 동방미디어, 2001.

Adam Bryant, 「'미디어 공룡' 들의 약육강식 시대로」, 『뉴스위크 한국판』, 1999년 9월 22일, 66~68면.

빌 브라이슨(Bill Bryson), 권상이 옮김, 『빌 브라이슨 발칙한 미국 횡단기: 세계에서 가장 황당한 미국 소도시 여행기』, 21세기북스, 2009a.

즈비그뉴 브레진스키(Zbigniew Brzezinski), 김명섭 옮김, 『거대한 체스판: 21세기 미국의 세계 전략과 유라시아』, 삼인, 2000.

마뉴엘 카스텔(Manuel Castells), 김묵한 · 박행웅 · 오은주 옮김, 『네트워크 사회의 도래』, 한울아카데미, 2003.

Vinton Cerf, 「The Net's Big Bang: '89 The Year That Changed the World」, 『Time』, June 29, 2009, p.50.

노암 촘스키(Noam Chomsky), 김보경 옮김, 『미국이 진정으로 원하는 것』, 한울, 1996.

노암 촘스키(Noam Chomsky), 강주헌 옮김, 『그들에게 국민은 없다: 촘스키의 신자유주의 비판』, 모색, 1999.

노암 촘스키(Noam Chomsky), 강주헌 옮김, 『실패한 교육과 거짓말』, 아침이슬, 2001.

노암 촘스키(Noam Chomsky) & 데이비드 바사미언(David Barsamian), 이성복 옮김, 『프로파간다와 여론: 촘스키와의 대화』, 아침이슬, 2002.

노암 촘스키(Noam Chomsky) & 데이비드 바사미언(David Barsamian), 강주헌 옮김, 『촘스키, 세상의 권력을 말하다(전2권)』, 시대의창, 2004.

월터 클레멘스(Walter Clemens), 「문명권 갈등 해소는 가능하다」, 『서울신문』, 1997년 1월 24일, 15면.

Lynette Clemetson, 「여성을 위한 여성의 TV-인터넷망, 새 '미디어 왕국' 탄생」, 『뉴스위크 한국판』, 1999년 12월 1일, 56면.

빌 클린턴(Bill Clinton), 임인배 옮김, 『희망과 역사 사이에서』, 동방미디어, 1998.

Hilary Clinton, 정재연 정리, 「발췌요약/힐러리 클린턴의 『살아있는 역사』: 때려죽이고 싶었던 내 남편 클린턴의 매력」, 『월간조선』, 2003년 7월, 626~635쪽.

로베르트 디 코스모(Roberto Di Cosmo) & 도미니크 노라(Dominique Nora), 조성애 옮김, 『세계를 터는 강도』, 영림카디널, 1999.

타일러 코웬(Tyler Cowen), 이은주 옮김, 『상업문화예찬』, 나누리, 2003.

Current Biography, 「Drudge, Matt」, 『Current Biography』, 1998.

Current Biography, 「Flynt, Larry」, 『Current Biography』, 1999.

Current Biography, 「Spears, Britney」, 『Current Biography』, 2000.

Current Biography, 「Brokaw, Tom」, 『Current Biography』, 2002.

Current Biography, 「Klein, Naomi」, 『Current Biography』, 2003.

Current Biography, 「Wigand, Jeffrey」, 『Current Biography』, 2005a.

Current Biography, 「Stott, John」, 『Current Biography』, 2005b.

데이비드 댈러샌드로(David F. D'Alessandro), 이수정 옮김, 『브랜드 전쟁: 컬러 브랜드를 만드는 10가지 법칙』, 청림출판, 2002.

케네스 데이비스(Kenneth C. Davis), 이순호 옮김, 『미국에 대해 알아야 할 모든 것, 미국사』, 책과함께, 2004.

Gary Donaldson, ed., 『Modern America: A Documentary History of the Nation Since 1945』, Armonk, NY: M.E.Sharpe, 2007.

엘런 테인 더닝(Alan Thein Durning), 구자건 옮김, 『소비사회의 극복: 현대 소비사회와 지구환경 위기』, 따님, 1994.

닉 다이어-위데포드(Nick Dyer-Witheford), 신승철·이현 옮김, 『사이버-맑스: 첨단기술 자본주의에서의 투쟁주기와 투쟁순환』, 이후, 2003.

Michael Emery & Edwin Emery, 『The Press and America: An Interpretive History of the Mass Media』, 8th ed., Boston, Mass.: Allyn and Bacon, 1996.

낸시 에트코프(Nancy Etcoff), 이기문 옮김, 『미(美): 가장 예쁜 유전자만 살아남는다』, 살림, 2000.

스튜어트 유웬(Stuart Ewen), 백지숙 옮김, 『이미지는 모든 것을 삼킨다: 소비사회와 스타일의 문화정치학』, 시각과 언어, 1996.

리처드 플로리다(Richard Florida), 이길태 옮김, 『창조적 변화를 주도하는 사람들』, 전자신문사, 2002.

안드레 군더 프랑크(Andre Gunder Frank), 이희재 옮김, 『리오리엔트』, 이산, 2003.

토머스 L. 프리드먼(Thomas L. Friedman), 신동욱 옮김, 『렉서스와 올리브나무: 세계화는 덫인가, 기회인가?(전2권)』, 창해, 2000.

토머스 L. 프리드먼(Thomas L. Friedman), 김상철·이윤섭 옮김, 『세계는 평평하다: 21세기 세계 흐름에 대한 통찰』, 창해, 2005.

사이먼 프리스(Simon Frith), 권영성·김공수 옮김, 『사운드의 힘: 록 음악의 사회학』, 한나래, 1995.

마르크 퓌마롤리(Marc Fumaroli), 박형섭 옮김, 『문화국가: 문화라는 현대의 종교에 관하여』경성대학교출판부, 2004.

심슨 가핀켈(Simson Garfinkel), 한국데이터베이스진흥센터 옮김, 『데이터베이스 제국』, 한빛미디어, 2001.

데이비드 겔런터(David Gelernter), 현준만 옮김, 『기계의 아름다움』, 해냄, 1999.

존 스틸 고든(John Steele Gordon), 안진환·황수민 옮김, 『부의 제국: 미국은 어떻게 세계 최강대국이 되었나』, 황금가지, 2007.

앨 고어(Al Gore), 이창주 옮김, 『위기의 지구』, 삶과꿈, 1993.

존 더 그라프(John de Graaf) & 데이비드 왠(David Wann) & 토머스 네일러(Thomas Naylor), 박웅희 옮김, 『어플루엔자: 풍요의 시대, 소비중독 바이러스』, 한숲, 2002.

제임스 하딩(James Harding), 이순희 옮김, 『알파독: 그들은 어떻게 전 세계 선거판을 장악했는 가?』, 부키, 2010.

마빈 해리스(Marvin Harris), 원재길 옮김, 『아무것도 되는 게 없어: 마빈 해리스의 현대문화 산 책』, 황금가지, 1996.

데이비드 하비(David Harvey), 최병두 옮김, 『신자유주의: 간략한 역사』, 한울아카데미, 2007.

더그 헨우드(Doug Henwood), 이강국 옮김, 『신경제 이후』, 필맥, 2004.

벨 혹스(Bell Hooks), 이경아 옮김, 『벨 혹스, 계급에 대해 말하지 않기』, 모티브북, 2008.

데이비드 혼피셔(David Hornsischer) & 엘자 혼피셔(Elsa Hornsischer), 김선미 옮김, 『자녀를 성공시킨 아버지들』, 금토, 1997.

Mark Hosenball & Michael Isikoff, 「'우익의 음모'는 아직도 계속되는가」, 『뉴스위크 한국판』, 1998년 4월 15일, 47면.

Samuel P. Huntington, 『The Third Wave: Democratization in the Late Twentieth Century』, Norman and London: University of Oklahoma Press, 1991.

Samuel P. Huntington, 「인터뷰: 중국 부상이 탈냉전시대 불안 요소」, 『뉴스위크 한국판』, 1994 년 12월 1일, 84면.

Samuel P. Huntington, 「사무엘 헌팅턴 신년대담-'문명의 충돌과 한반도': MBC 방영내용 중 계」, 『조선일보』, 1995년 1월 5일, 8면.

Samuel P. Huntington, 『The Clash of Civilizations and the Remaking of World Order』, New York: Simon & Schuster, 1996.

새뮤얼 헌팅턴(Samuel P. Huntington), 「"미·중 대치 '제2 냉전시대' 온다"」, 『서울신문』, 1996a년 4월 17일, 12면.

새뮤얼 헌팅턴(Samuel P. Huntington), 이희재 옮김, 『문명의 충돌』, 김영사, 1997.

새뮤얼 헌팅턴(Samuel P. Huntington), 장원석 옮김, 『미국정치론: 부조화의 패러다임』, 오름, 1999.

Samuel Huntington & Sam Allis, 「The Next Battleground(interview)」, 『Time』, June 28, 1993, p.41.

Michael Ignatieff, 「Fault Lines」, 『The New York Times Book Review』, December 1, 1996, p.13.

찰머스 존슨(Chalmers Johnson), 안병진 옮김, 『제국의 슬픔: 군국주의, 비밀주의, 그리고 공화 국의 종말』, 삼우반, 2004.

로버트 케이건(Robert Kagan), 홍수원 옮김, 『미국 vs 유럽 갈등에 관한 보고서』, 세종연구원, 2003.

데이비드 A. 캐플런(David A. Kaplan), 안진환·정준희 역, 『실리콘 밸리 스토리』, 동방미디어, 2000.

KBS, 「FCC, 어린이 프로그램의 '주당 3시간 방송 의무화' 마침내 확정」, 『KBS 해외방송정보』, 1996년 9월, 3~5면.

KBS, 「Fox, 24시간 뉴스채널 FNC 출범 편파적인 정치색 두드러져」, 『KBS 해외방송정보』, 1996a년 11월, 18~19면.

KBS, 「CNN, 17년 사상 최저 시청률 보여」, 『KBS 해외방송정보』, 1997년 8월, 61~62면.

KBS, 「미 정부, FCC 신임 위원장에 '빌 케냐드' 지명」, " 『KBS 해외방송정보』, 1997a년 9월, 26~27면.

KBS, 「미, 프로그램 등급제 개정」, 『KBS 해외방송정보』, 1997b년 8월, 25~30면.

KBS, 「미 방송계, 어린이 교육프로그램 편성의무화 중간 점검」, 『KBS 해외방송정보』, 1997c년 10월, 5~8면.

KBS, 「미 PBS 재정확보 방안, '정부의 공영방송 신용기금 지원책' 부상」, 『KBS 해외방송정보』, 1997d년 9월, 27~29면.

더글라스 켈너(Douglas Kellner), 김수정·정종희 옮김, 『미디어문화: 영화, 랩, MTV, 광고, 마돈나, 패션, 사이버펑크』, 새물결, 1997.

조 킨첼로(Joe L. Kincheloe), 성기완 옮김, 『맥도널드와 문화권력: 버거의 상징』, 아침이슬, 2004.

나오미 클라인(Naomi Klein), 정현경·김효명 옮김, 『NO LOGO: 브랜드파워의 진실』, 중앙 M&B, 2002.

폴 크루그먼(Paul Krugman), 「감상적 반(反) 세계화 가난한 나라 망친다」, 『중앙일보』, 2001년 4월 24일, 12면.

비키 쿤켈(Vicki Kunkel), 박혜원 옮김, 『본능의 경제학: 본능 속에 숨겨진 인간행동과 경제학의 비밀』, 사이, 2009.

월터 레이피버(Walter Lafeber), 이정엽 옮김, 『마이클 조던, 나이키, 지구 자본주의』, 문학과지성사, 2001.

찰스 리드비터(Charles Leadbeater), 이순희 옮김, 『집단지성이란 무엇인가: 우리는 나보다 똑똑하다』, 21세기북스, 2009.

수전 린(Susan Linn), 김승옥 옮김, 『TV 광고 아이들: 우리 아이들을 위협하는 키즈마케팅』, 들녘, 2006.

Melinda Liu, 「큰 파문 일으킨 '…중국과의 충돌': 두 사람 공저 벌써 5쇄 돌입, '중국 때리기'의 교본으로」, 『뉴스위크 한국판』, 1997년 8월 6일자.

잉그리트 로셰크(Ingrid Loschek), 이재원 옮김, 『여성들은 다시 가슴을 높이기 시작했다: 20세기 패션문화사』, 한길아트, 2002.

마이클 만델(Michael J. Mandel), 이강국 옮김, 『인터넷 공황』, 이후, 2001.

스테펀 메인즈(Stephen Manes) & 폴 앤드류(Paul Andrews), 이진광·이지선 옮김, 『빌 게이츠 훔치기』, 푸른산, 1994.

로버트 D. 매닝(Robert D. Manning), 강남규 옮김, 『신용카드 제국: 현대인을 중독시킨 신용카드의 비밀』, 참솔, 2002.

한스 피터 마르틴(Hans-Peter Martin) & 하랄드 슈만(Harald Schumann), 강수돌 옮김, 『세계화의 덫: 민주주의와 삶의 질에 대한 공격』, 영림카디널, 1997.

MBC, 「Fin-Syn, PTAR 폐지 이후의 미 신디케이션 산업: 미래는 과연 강자들만의 것인가?」, 『MBC 세계방송정보』, 1996년 6월 30일, 46~54면.

MBC, 「미국 CBS, '나이든 시청자 다시 모으겠다'」, 『MBC 세계방송정보』, 1996a년 9월 25일,

13~18면.

MBC, 「미 CBS, 노년층 위주 편성으로 되돌아가나」, 『MBC 세계방송정보』, 1996b년 3월 15일, 15~16면.

MBC, 「폭력과 섹스로 덮여가는 미 가족시간대 프로그램」, 『MBC 세계방송정보』, 1996c년 8월 15일, 11~14면.

MBC, 「지상파들은 해외뉴스에 흥미를 잃었는가?」, 『MBC 세계방송정보』, 1996d년 9월 25일, 35~38면.

MBC, 「미국 방송사들, 이젠 스포츠 뉴스 각축전」, 『MBC 세계방송정보』, 1996e년 11월 15일, 4~6면.

MBC, 「시청률 조사 전문 닐슨사 아성 흔들」, 『MBC 세계방송정보』, 1997년 4월 30일, 18~21면.

MBC, 「위기의 CNN '채널 역할 찾기' 고심」, 『MBC 세계방송정보』, 1997a년 9월 30일, 18~21면.

MBC, 「TV 프로그램 규제 어디까지」, 『MBC 세계방송정보』, 1997b년 7월 30일, 28~31면.

MBC, 「미국 어린이 케이블 시장 3파전 돌입」, 『MBC 세계방송정보』, 1997c년 12월 30일, 38면.

MBC, 「창립 25년 HBO, 전성기 맞아」, 『MBC 세계방송정보』, 1997d년 12월 30일, 42~44면.

MBC, 「미국 네트워크사, 새로운 시대의 생존 전략은?」, 『MBC 세계방송정보』, 1998년 9월 30일, 57~61면.

MBC, 「미국 지상파 TV 디지털화와 방송산업의 구조 변화」, 『MBC 세계방송정보』, 1998a년 9월 30일, 25~28면.

밸러리 멘데스(Valerie Mendes) & 에미이 드 라 헤이(Amy de la Haye), 김정은 옮김, 『20세기 패션』, 시공사, 2003.

킴 무디(Kim Moody), 사회진보를 위한 민주연대 옮김, 『신자유주의와 세계의 노동자』, 문화과학사, 1999.

바트 무어-길버트(Bart Moore-Gilbert), 이경원 옮김, 『탈식민주의! 저항에서 유희로』, 한길사, 2001.

하랄트 뮐러(Harald Müller), 이영희 옮김, 『문명의 공존』, 푸른숲, 2000.

Nation, 「Scholars Bite Mad Dog」, 『Nation』, May 9, 1987, p.1.

니콜라스 네그로폰테(Nicholas Negroponte), 백욱인 옮김, 『디지털이다』, 박영률출판사, 1995.

헬레나 노르베리-호지(Helena Norberg-Hodge), 이민아 옮김, 『허울뿐인 세계화』, 따님, 2000.

빌 오릴리(Bill O'Reilly), 손희승 옮김, 『좋은 미국, 나쁜 미국, 멍청한 미국』, 서울문화사, 2001.

사이먼 페니(Simon Penny), 「예술 실천의 가상화: 신체 지식과 공학적 세계관」, 『문화과학』, 제26호(2001년 여름), 61~83쪽.

앤서니 퍼킨스(Anthony Perkins) & 마이클 퍼킨스(Michael Perkins), 형선호 옮김, 『인터넷 거품: 거품을 알면 전략이 보인다』, 김영사, 2000.

케빈 필립스(Kevin P. Phillips), 오삼교·정하용 옮김, 『부와 민주주의: 미국의 금권정치와 거대 부호들의 정치사』, 중심, 2004.

버지니아 포스트렐(Virginia Postrel), 『미래와 그 적들: 창조·진취·진보의 발목을 붙잡는 사람들』, 모색, 2000.

로버트 라이시(Robert B. Reich), 오성호 옮김, 『부유한 노예』, 김영사, 2001.

프랭크 리치(Frank Rich), 「과정-선정보도 '미디어톤' 판친다」, 『동아일보』, 2000년 11월 3일, A21면.

제레미 리프킨(Jeremy Rifkin), 이영호 옮김, 『노동의 종말』, 민음사, 1996.

제러미 리프킨(Jeremy Rifkin), 이희재 옮김, 『소유의 종말』, 민음사, 2001.

제레미 리프킨(Jeremy Rifkin), 신현승 옮김, 『육식의 종말』, 시공사, 2002.

조지 리처(George Ritzer), 김종덕 옮김, 『맥도널드 그리고 맥도널드화: 유토피아인가, 디스토피아인가』, 시유시, 1999.

엘리자베스 루즈(Elizabeth Rouse), 이재한 옮김, 『코르셋에서 펑크까지: 현대사회와 패션』, 시지락, 2003.

더글러스 러시코프(Douglas Rushkoff), 방재희 옮김, 『미디어 바이러스』, 황금가지, 2002.

에드워드 사이드(Edward Said), 성일권 편역, 『도전받는 오리엔탈리즘』, 김영사, 2001.

자크 사피르(Jacques Sapir), 박수현 옮김, 『제국은 무너졌다: 미국과 함께 몰락한 신자유주의, 딜레마에 빠진 세계』, 책보세, 2009.

지아우딘 사다르(Ziauddin Sardar) & 메릴 윈 데이비스(Merryl Win Davies), 장석봉 옮김, 『증오 바이러스, 미국의 나르시시즘』, 이제이북스, 2003.

허버트 쉴러(Herbert I. Schiller), 강현두 역, 『현대 자본주의와 정보지배논리』, 나남, 1990.

하랄트 슈만(Harald Schumann), 크리스티아네 그레페(Christiane Grefe) & 마티아스 그레프라트(Mathias Greffrath), 김무열 옮김, 『아탁: 세계화 비판론자들은 무엇을 원하는가?』, 영림카디널, 2004.

에번 I. 슈워츠(Evan I. Schwartz), 고주미 · 강병태 옮김, 『웹경제학: 인터넷시장을 지배하는 9가지 법칙』, 세종서적, 1999.

리처드 세넷(Richard Sennett), 조용 옮김, 『신자유주의와 인간성의 파괴』, 문예출판사, 2002.

투팍 아마루 샤커(Tupac Amaru Shakur), 안의정 옮김, 『콘크리트에서 핀 장미』, 인북스, 2000.

댄 스미드(Dan Smith), 「헌팅턴 '문명 충돌론'은 오류 많다: 아태평화재단 학술회의 스미스씨 비판 논문」, 『동아일보』, 1994년 3월 15일, 6면.

기 소르망(Guy Sorman), 박선 옮김, 『열린 세계와 문명창조』, 한국경제신문사, 1998.

로널드 스틸(Ronald Steel), 「문명권 내부갈등이 분쟁 유발」, 『서울신문』, 1996년 12월 28일, 10면.

조지 스테파노풀러스(George Stephanopoulos), 최규선 옮김, 『너무나 인간적인』, 생각의나무, 1999.

조지프 스티글리츠(Joseph E. Stiglitz), 송철복 옮김, 『세계화와 그 불만』, 세종연구원, 2002.

윌리엄 K. 탭(William K. Tabb), 이강국 옮김, 『반세계화의 논리: 21세기의 세계화와 사회정의를 위한 논쟁과 투쟁』, 월간 말, 2001.

피터 J. 테일러(Peter J. Taylor), 「헤게모니 순환으로서의 '미국의 세기'」, 백승욱 편저, 『'미국의 세기'는 끝났는가?: 세계 체계 분석으로 본 미국 헤게모니의 역사』, 그린비, 2005, 52~82쪽.

레스터 C. 서로우(Lester C. Thurow), 유재훈 옮김, 『자본주의의 미래』, 고려원, 1997.

레스터 C. 서로우(Lester C. Thurow), 현대경제연구원 옮김, 『세계화 이후의 부의 지배』, 청림출판, 2005.

존 터먼(John Tirman), 이종인 옮김, 『미국이 세계를 망친 100가지 방법』, 재인, 2008.

앨빈 토플러(Alvin Toffler) & 하이디 토플러(Heidi Toffler), 김중웅 옮김, 『부의 미래』, 청림출판, 2006.

데이비드 트렌드(David Trend), 고동현 · 양지현 옮김, 『문화민주주의: 정치, 미디어, 뉴테크놀로지』, 한울, 2001.

제임스 B. 트위첼(James B. Twitchell), 김철호 옮김, 『욕망, 광고, 소비의 문화사』, 청년사, 2001.

제임스 B. 트위첼(James B. Twitchell), 최기철 옮김, 『럭셔리 신드롬: 사치의 대중화, 소비의 마지막 선택』, 미래의창, 2003.

유나바머(Unabomber), 조병준 옮김, 『유나바머』, 박영률출판사, 2001.

이매뉴얼 월러스틴(Immanuel Wallerstein), 「저무는 초강대국, 미국」, 『한겨레』 1998년 10월 19일자.

이매뉴얼 월러스틴(Immanuel Wallerstein), 백영경 옮김, 『유토피스틱스: 또는 21세기의 역사적 선택들』, 창작과비평사, 1999.

말컴 워터스(Malcolm Waters), 이기철 옮김, 『세계화란 무엇인가』, 현대미학사, 1998.

강기석, 「담배 '백색의 연기' '백기 들었다'」, 『경향신문』, 1997년 6월 23일, 3면.

강내희, 「신자유주의와 문화」, 김성구 · 김세균 외, 『자본의 세계화와 신자유주의』, 문화과학사, 1998.

강내희, 『신자유주의와 문화: 노동사회에서 문화사회로』, 문화과학사, 2000.

강상헌 · 김화성, 「'소비자운동은 민주주의 핵'」, 『동아일보』, 1996년 11월 28일, 5면.

강성민, 「문화평론가들을 해부한다: 에세이 아니면 풍경묘사…평론가 양산 시스템 문제」, 『교수신문』, 2004년 8월 23일자.

강수진, 「"너무 낯뜨거워…"/美 언론 보도 고민」, 『동아일보』, 1998년 9월 14일, 9면.

강수진, 「[화제]美고소득 1위 코미디언 사인펠트 3천2백억원 벌어」, 『동아일보』, 1999년 3월 9일자.

강준만, 「빌 클린턴: 이미지 정치와 '섹스 스캔들'」, 송기도 외, 『권력과 리더십①』, 인물과 사상사, 1999, 259~295쪽.

강준만, 『이미지와의 전쟁: 커뮤니케이션 사상가와 실천가들』, 개마고원, 2000.

강준만, 『세계의 대중매체 1: 미국편』, 인물과사상사, 2001.

강준만, 『한국인을 위한 교양사전』, 인물과사상사, 2004.

강준만, 『나의 정치학 사전』, 인물과사상사, 2005.

강준만 외, 『권력과 리더십(전6권)』, 인물과사상사, 1999~2000.

강준만 외, 『시사인물사전(전20권)』, 인물과사상사, 1999~2003.

강호철, 「마이클 조던, 신화는 이제 '전설'로」, 『주간조선』, 1999년 1월 28일, 76면.

경향신문, 「미 언론 불 문화 '흠집내기'」, 『경향신문』, 1996년 2월 4일, 7면.

경향신문, 「'클린턴 스캔들'에 美 여성운동 뒤죽박죽」, 『경향신문』, 1998년 9월 28일, 3면.

고세훈, 「영국 보수당 보수주의와 대처리즘의 일탈」, 안병영 · 임혁백 편, 『세계화와 신자유주의: 이념 · 현실 · 대응』, 나남, 2000.

고종석, 「'자크 랑그' 정책 싸고 프랑스 문화계 논쟁」, 『한겨레신문』, 1993년 1월 8일자.

고종석, 『코드 훔치기: 한 저널리스트의 21세기 산책』, 마음산책, 2000.

구정은, 「어제의 오늘]1999년 나토의 코소보 폭격」, 『경향신문』, 2010년 3월 24일자.

권기태, 「우리는 지금 매트릭스로 가고 있다: 서울국제문학포럼 참석한 불(佛)석학 장 보드리야르」, 『동아일보』, 2005년 5월 25일, A29면.

권용립, 「미국 민족주의의 본질: 반사와 투영」, 『역사비평』, 통권64호(2003년 가을), 82~108쪽.

권재현, 「지금 할리우드에선/ '戰場지구' 사이언톨로지 논란」, 『동아일보』, 2000년 5월 30일, 52면.

김강호, 『해커를 해킹한다: 해커의 사회학』, 개마고원, 1997.

김광현, 「미 선거전문가들 유럽원정…선진기법 전수」, 『조선일보』, 1997년 7월 9일자.

김균, 「하이에크와 신자유주의」, 안병영 · 임혁백 편, 『세계화와 신자유주의: 이념 · 현실 · 대응』, 나남, 2000.

김균미, 「미 '뚱보 햄버거' 바람: 하디스 고칼로리 햄버거 인기」, 『서울신문』, 2005년 1월 12일, 8면.

김동석, 「클린턴 탄핵심판 준비도 뒷전」, 『조선일보』, 1999년 1월 14일, 12면.

김동춘 외, 「권두 좌담: 오늘의 좌파 지식인, 무엇을 할 것인가」, 『한국 좌파의 목소리: 1998 지식인 리포트/ '현대사상' 특별증간호』, 민음사, 1998.

김민웅, 「미국언론의 현주소: 초국적기업 옹호」, 『한겨레』, 2000년 8월 31일, 9면.

김민웅, 『보이지 않는 식민지』, 삼인, 2001.

김상현, 「조던 "I'm gone" 굿바이 코트!」, 『뉴스플러스』, 1999년 1월 28일, 68면.

김성우, 「헌팅턴의 '문명충돌론'」, 『한국일보』, 1993년 12월 27일, 5면.

김성화 · 권수진 엮음, 『상식의 파괴자들: 빌 게이츠에서 마이클 조던까지』, 새길, 1995.

김세원, 「앵글로 색슨의 위선, 광신적 마녀사냥: 프랑스가 보는 클린턴 '지퍼 게이트'」, 『신동아』, 1998년 11월, 419~423쪽.

김승련, 「클린턴 '증언비디오' 공개」, 『동아일보』, 1998년 9월 22일, 12면.

김승련, 「리더쉽 상실한 '보수의 대변자'」, 『동아일보』, 1998a년 11월 9일, A11면.

김연극, 「"클린턴 탄핵 반대한다"」, 『조선일보』, 1998년 10월 30일, 11면.

김영희, 「프랑스 법원 "사이언톨로지교 사기죄": 신자에게 영적 능력 측정한다며 '전기테스트비' 요구」, 『한겨레』, 2009년 10월 29일자.

김용관, 『탐욕의 자본주의: 투기와 약탈이 낳은 괴물의 역사』, 인물과사상사, 2009.

김의구, 「'버널의 순교' 책으로 나왔다」, 『국민일보』, 1999년 9월 11일, 8면.

김이경, 「온난화 탓 연 16만명 사망: WHO "개도국 어린이 최대 피해자"」, 『한국일보』, 2003년 10월 2일, A13면.

김인영, 「플레이보이 · 펜트하우스誌 영상시대 "살아남기" 경쟁」, 『한국일보』, 1996년 6월 19일, 14면.

김종수, 「전 프로레슬러 벤추라 미 대선 '다크호스' 부상」, 『중앙일보』, 1999년 7월 19일, 10면.

김지훈, 「매트릭스」, 김성곤 외, 『21세기 문화 키워드 100』, 한국출판마케팅연구소, 2003, 110~116쪽.

김진경, 『미래로부터의 반란: 김진경 교육에세이』, 푸른숲, 2005.

김진균 · 홍성태, 『군신과 현대사회: 현대 군사화의 논리와 군수산업에 관한 연구』, 문화과학사, 1996.

김창희 외, 『현대사회와 환경』, 삼우사, 2001.

김태윤, 「탄핵재판서 클린턴 공격땐 '공화의원 불륜 폭로' 엄포」, 『뉴스플러스』, 1999년 2월 18일, 15면.

김태윤, 「플레이보이誌 창간인 휴 헤프너 '바람둥이 인생' 영화화」, 『동아일보』, 1999a년 6월 22일, A17면.

김홍우, 「세계질서 재편의 핵심 변수: 문명 패러다임」, 『서평문화』, 1997년 가을호.

뉴스플러스, 「각국의 IMF 투자액 및 투표권: 돈 많이 내면 투표권도 많다」, 『뉴스플러스』, 1997년 12월 25일, 11면.

동아일보, 「미 담배수출 "사상 최고"」, 『동아일보』, 1995년 10월 5일, 8면.

동아일보, 「"니코틴, 마약과 비슷한 구조"/미 담배제조사 「비밀 보고서」」, 『동아일보』, 1995a년 12월 10일, 29면.

동아일보, 「간접흡연 과자보다 덜 해롭다"/필립모리스 광고 유럽서 물의」, 『동아일보』, 1996년 6월 7일, 46면.

동아일보, 「페로는 '애국' 탈 쓴 늑대?」, 『동아일보』, 1996a년 8월 24일, 26면.

동아일보, 「'섹스' 어휘 5천개 킨지보고서 방불」, 『동아일보』, 1998년 9월 14일, 9면.

동아일보, 「'IMF 채권자도 제재해야'」, 『동아일보』, 1998a년 9월 17일, A10면.

동아일보, 「르윈스키는 유대인 스파이?」, 『동아일보』, 2001년 8월 17일, A23면.

마정미, 『광고로 읽는 한국 사회문화사』, 개마고원, 2004.

문원택 외, 『헨리 포드에서 정주영까지』, 한 · 언, 1998.

문화일보, 「미-불 언론 '문화전쟁'」, 『문화일보』, 1996년 3월 23일, 9면.

문화일보, 「'소수민족 우대 철폐는 합헌' /미 연방고법 확정 내주발효」, 『문화일보』, 1997년 8월 23일, 1면.

박금자, 『인터넷미디어 읽기: 인터넷미디어와 신문의 미래』, 커뮤니케이션북스, 2001.

박길성, 『한국사회의 재구조화: 강요된 조정, 갈등적 조율』, 고려대학교출판부, 2003.

박두식, 「美 정계 '플린트 리스트'에 떤다」, 『주간조선』, 1999년 1월 28일, 65면.

박병수, 「굿바이! 조든? 돈방석 스포츠계 '가시방석'」, 『한겨레』, 1999년 1월 14일, 19면.

박보균, 『살아 숨쉬는 미국역사』, 랜덤하우스중앙, 2005.

박선영, 「'지구촌 물부족' 재앙 닥치나」, 『세계일보』, 2003년 7월 25일, 10면.

박인규, 「'경제'가 승부 갈랐다/클린턴 승인 뭔가」, 『경향신문』, 1996년 11월 7일, 3면.

박인규, 「페로 '이번엔 내돈 안쓰겠다'」, 『경향신문』, 1996a년 8월 22일, 7면.

박인규, 「깅리치 '험로에서 배운 교훈' 회고록 출간」, 『경향신문』, 1998년 4월 1일, 7면.

박진빈, 「미국의 보수화와 군산복합체: 신남부의 힘」, 『역사비평』, 통권64호(2003년 가을), 39~59쪽.

박하순, 「투기자본 이윤극대화 막자」, 『한겨레』, 2002년 2월 9일, 12면.

박해현, 「변태는 바로 스타 검사」, 『조선일보』, 1998년 9월 29일, 15면.

박형준, 「목적론적 설명을 넘어서야」, 민주화운동기념사업회 · 학술단체협의회 주최, '한국 민주화운동의 쟁점과 전망: 2003년 학술심포지엄', 2003년 9월 30일, 서울 프레스센터, 토론문 유인물.

박희준, 「'흑인여성'으로 美지도자 꿈꿔」, 『대한매일』, 1999년 10월 28일, 10면.

방형남, 「'불 문화 영광 어디로 갔나' 미 언론들 잇단 혹평」, 『동아일보』, 1996년 2월 4일, 7면.

배국남, 「클린턴과 섹스 스캔들 입방아 오르면 돈방석」, 『한국일보』, 1998년 4월 14일, 12면.

배국남, 「'플린트 파일' 美정가 술렁」, 『한국일보』, 1999년 1월 9일, 7면.

배국남, 「'포르노 왕'이 정가의 '저승사자'로」, 『주간한국』, 1999a년 1월 14일, 51면.

배인수, 「미국 PBS의 살아남기」, 『PD 연합회보』, 1999년 3월 25일, 8면.

백승찬, 「[어제의 오늘]1997년 '천국의 문' 신도 집단자살」, 『경향신문』, 2010년 3월 26일자.

백찬홍, 「이라크전은 시온주의자와 기독교우파 대리전쟁」, 『시민의 신문』, 2003년 4월 21일, 7면.

변창섭, 「'정치 혁명' 꿈꾸는 프로 레슬러 주지사」, 『시사저널』, 1999년 8월 12일, 46면.

변홍진, 「미국의 실종美軍 찾기 반세기」, 『주간조선』, 제491호(2000년 8월 1일), 358~368면.

사회진보연대 불안정노동연구 모임, 『신자유주의와 노동의 위기: 불안정노동연구』, 문화과학사, 2000.

선종구, 「스타 워즈 4탄 개봉 앞두고 미 전역 스타 워즈 열풍」, 『세계일보』, 1999년 5월 18일, 9면.

설원태, 「「재에서 재로」/미 리처드 클루거 지음(해외 화제작)」, 『경향신문』, 1996년 5월 31일, 12면.

설원태, 「미·유럽서 되살아나는 '히틀러 망령'」, 『경향신문』, 1999년 4월 24일, 18면.

설원태, 「깅리치 前 미 하원의장 "中은 북핵 포기 위해 적극적 역할 해야"」, 『경향신문』, 2009년 8월 21일자.

세계일보, 「소수민족 우대 철폐법안/하원 법사위 통과」, 『세계일보』, 1996년 3월 12일, 19면.

세계일보, 「소수민족 우대정책 철폐/연방의회서도 논의 활발」, 『세계일보』, 1996a년 5월 4일, 19면.

세계일보, 「대학서 소수민족 우대 금지」, 『세계일보』, 1996b년 7월 5일, 19면.

세계일보, 「소수민족 우대법규 미 대법서 위헌 판결」, 『세계일보』, 1997년 2월 21일, 12면.

세계일보, 「미 TV오락물 폭력 심각」, 『세계일보』, 1999년 10월 12일, 12면.

손해용, 「고전하는 '플레이보이'」, 『중앙일보』, 2009년 11월 27일자.

손형국, 『디지털 라이프: 아날로그 인생에서 e-라이프로』, 황금가지, 2001.

손호철, 『신자유주의시대의 한국정치』, 푸른숲, 1999.

손호철, 「한국의 신자유주의와 민주주의」, 안병영·임혁백 편, 『세계화와 신자유주의: 이념·현실·대응』, 나남, 2000.

송길호, 「경제 대외의존도 사상 최고」, 『문화일보』, 2005년 3월 28일, 1면.

송충식, 「미 보수정치 기로에」, 『경향신문』, 1998년 11월 9일, 5면.

송평인, 「'사이언톨로지'라는 신흥종교를 아십니까」, 『동아일보』, 2005년 7월 6일, A16면.

신기섭, 「"절반의 성공뿐인 전략": '세계화' 마케팅 용어 등장 20년」, 『한겨레』, 2003년 5월 7일, 7면.

신상인, 「「보수이단론자」뷰캐넌('96 공화 지명전/뜨는별과 지는별:상)」, 『세계일보』, 1996년 2월 22일, 10면.

신재민, 「클린턴 비디오 증언 공개」, 『한국일보』, 1998년 9월 23일, 7면.

신재민, 「美 정가 '섹스 매카시즘' 공포」, 『한국일보』, 1998a년 12월 22일, 7면.

안병영, 「세계화와 신자유주의: 충격과 대응」, 안병영·임혁백 편, 『세계화와 신자유주의: 이념·현실·대응』, 나남, 2000.

안병영 · 임혁백, 「머리말」, 안병영 · 임혁백 편, 『세계화와 신자유주의: 이념 · 현실 · 대응』, 나남, 2000.

안병진, 「미국 진보정치 부활과 그 시사점」, 『시민과 세계』, 제16호(2009년 하반기, 120~129쪽.

여시동, 「'콜린 파월과 러닝메이트 된다면…' 제시 벤추라, 부통령 출마의사 밝혀」, 『조선일보』, 1999년 8월 10일, 25면.

염태정, 「'클린턴 유머 시리즈' 인기」, 『중앙일보』, 1998년 9월 30일, 8면.

오마에 겐이치, 안진환 옮김, 『보이지 않는 대륙: 국경 없는 세계를 지배하는 새로운 경제 원칙』, 청림출판, 2001.

오애리, 「'性的 판타지' 사업다각화 기수」, 『문화일보』, 1999년 7월 24일, 9면.

오애리, 「정보독점 성역 깬 '사이버 영웅'」, 『문화일보』, 1999a년 7월 8일, 8면.

오애리, 「이집트 "'매트릭스'는 종교영화" 상영금지」, 『문화일보』, 2003년 6월 12일, 12면.

오태규, 「유엔, 미국인권문제 본격 성토」, 『한겨레』, 1999년 3월 24일, 11면.

우성규, 「맥도널드 창립 50주년 맞았다」, 『국민일보』, 2005년 4월 15일, 8면.

우태희, 『오바마 시대의 세계를 움직이는 10대 파워』, 새로운제안, 2008.

유민호, 「클린턴의 분신 딕 모리스 독점 인터뷰」, 『월간조선』, 2000년 6월, 398~412쪽.

유병선, 「갑부 페로 정치생명 기로/양당제 벽에 재수도 실패」, 『경향신문』, 1996년 11월 8일자.

유승우, 「[미국을 다시본다] 제1부 팍스 아메리카나(3)」, 『한국일보』, 2002b년 4월 2일, 9면.

유혜주, 「미 가주 "소수민족 우대정책" 폐지결정」, 『세계일보』, 1996년 11월 8일, 6면.

윤영관, 「세계화: 민족주의의 새로운 지평을 위하여」, 김경원 · 임현진 공편, 『세계화의 도전과 한국의 대응』, 나남, 1995.

윤태형, 「'황화론' 악령이 되살아난다」, 『주간한국』, 1997년 5월 22일, 64면.

윤희영, 「계부는 알콜… 동생은 약물…」, 『조선일보』, 1998년 1월 27일, 7면.

윤희영, 「性에 대한 위선 깨겠다」, 『조선일보』, 1999년 1월 14일, 9면.

윤희영, 「레슬러 출신 미 주지사 자서전 화제」, 『조선일보』, 1999a년 5월 18일, 25면.

이광호, 「경제 대외의존 심화…일(日)의 3배」, 『국민일보』, 2003년 9월 19일, 5면.

이기동, 「클린턴 · 힐러리/미 대선승리 백악관 재입성 주인공들」, 『서울신문』, 1996년 11월 7일, 7면.

이대훈, 『세계의 화두: 21세기 인류가 해결해야 할 10가지 과제』, 개마고원, 1998.

이동연, 『대중문화연구와 문화비평』, 문화과학사, 2002.

이삼성, 『세계와 미국: 20세기의 반성과 21세기의 전망』, 한길사, 2001.

이상석, 「미 대선후보 TV광고 비방전 가열」, 『한국일보』, 1996년 5월 27일, 7면.

이상석, 「뷰캐넌 '찻잔속의 태풍' 판명/기독교보수층 "과격" 등돌려」, 『한국일보』, 1996a년 3월 7일, 7면.

이상원, 「돈 · 정치냉소 미 민주주의 위기 맞는가/의회선거비 30% 증가」, 『한국일보』, 1996년 11월 9일, 8면.

이상현, 「빈곤의 확대에서 생태계 파괴까지: 미국 중심의 신자유주의적 세계화와 세계 지속가능발전 정상회의」, 『당대비평』, 제21호(2003년 봄).

이성호, 「21세기 미국교육의 전망: 보수적 물결과 진보적 전통」, 미국학연구소 편, 『21세기 미국의 역사적 전망 II: 문화 · 경제』, 서울대학교출판부, 2002, 91~107쪽.

이수훈, 『세계체제의 인간학: 당대 자본주의 문명과 그 이후』, 사회비평사, 1996.

이승철, 「美 사형선고 68% '잘못된 판결'」, 『경향신문』, 2000년 6월 13일, 8면.

이영조, 「세계적인 논쟁을 부른 '헌팅턴의 문명충돌론' 감상법: 제2의 중세가 오고 있다」, 『월간조선』, 1994년 7월, 573~574쪽.

이왕구, 「전세계 선거판 돌며 대통령을 만드는 사람들」, 『한국일보』, 2010년 5월 15일자.

이용순, 「미 대선 '개혁당' 후보들 주목」, 『조선일보』, 1999년 7월 15일, 9면.

이재호, 「행복에 잠긴 「레이건의 후예들」」, 『동아일보』, 1996년 8월 14일, 7면.

이재호, 「클린턴, 낸시 여사에 사과편지/대선광고에 「암살미수」 화면 삽입」, 『동아일보』, 1996a년 10월 27일, 10면.

이재호, 「'게이트'는 영원한 유행어/미 워터게이트이후 아류 20건 넘어」, 『동아일보』, 1997년 6월 19일, 9면.

이중근, 「'몰상식하고 야만적 유고공습 중지하라' 카터, 클린턴정책 이례적 비난」, 『경향신문』, 1999년 5월 29일, 7면.

이진, 「'불륜은 최악의 배신'」, 『뉴스플러스』, 1998년 2월 19일, 58~59면.

이찬근, 『뉴 금융 라운드: 세계금융체제 개편논쟁』, 모색, 1999.

이철희, 『디브리핑: 클린턴과 블레어, 그리고 그 참모들』, 운주사, 2002.

이춘재, 「온라인 청원 · 시위… '아고라' 능가하는 '무브온'」, 『한겨레』, 2008년 9월 6일자.

이태희, 「촛불의 지구전」, 『한겨레 21』, 제719호(2008년 7월 14일).

이한수, 「전세계 선거판 흔든 '소여 밀러 그룹'」, 『조선일보』, 2010년 5월 15일자.

이혜운, 「"르윈스키 탄핵소동에 지친 클린턴 백악관에서는 사고 안 치겠다 결심"」, 『조선일보』, 2009년 9월 23일자.

이흥환, 「미국 전쟁영화의 내막: 펜타곤과 할리우드의 유착을 아십니까」, 『신동아』, 1999년 11월, 544~552쪽.

이희성, 「[제네바 유엔인권회의]「미국이 대표적 人權침해국」」, 『동아일보』, 1999년 3월 24일, 10면.

일요서울, 「노병은 사라지지 않는다 몸값 12조원 추정」, 『일요서울』, 1999년 1월 24일, 43면.

임민, 「클린턴 '담배선언' 배경/무해론 편 돌 겨냥 추격전 '찬물' 전략」, 『한겨레』, 1996년 8월 23일, 7면.

임춘웅, 「백악관 포르노」, 『서울신문』, 1998년 9월 24일, 7면.

임혁백, 「세계화와 민주화: 타고난 동반자인가, 사귀기 힘든 친구인가?」, 김경원 · 임현진 공편, 『세계화의 도전과 한국의 대응』, 나남, 1995.

임혁백, 「세계화와 민주주의: 기회와 제약」, 안병영 · 임혁백 편, 『세계화와 신자유주의: 이념 · 현실 · 대응』, 나남, 2000.

임현진, 『21세기 한국사회의 안과 밖: 세계체제에서 시민사회까지』, 서울대학교출판부, 2001.

장정훈, 「워싱턴 정가 '벤추라 돌풍'」, 『중앙일보』, 1999년 2월 23일, 10면.

전대완, 『방콕 이야기: 현직 외교관이 본 방콕, 방콕 사람들』, 실천문학사, 2002.

정남구, 「'시위대 탄압' 워싱턴시 158억 배상: 체포된 시위 참가자에 화장실 사용금지등 인권침해」, 『한겨레』, 2009년 11월 26일자.

정동선, 「소문난 변강쇠 테크닉은 수준이하: 섹스왕국 일본 성전문가 본 클린턴 섹스」, 『일요신문」, 1998년 10월 18일, 42면.

정상준, 「소비문화와 미국의 정체성」, 미국학연구소 편, 『21세기 미국의 역사적 전망 II: 문화·경제』, 서울대학교출판부, 2002, 131~145쪽.

정양환, 「[새 대통령에게 권하는 책 30선] 「8」세계화와 그 불만」, 『동아일보』, 2008년 1월 16일자.

정연주, 「미국 담배판매 상술 "제3세계인 건강해쳐"/의회 '죽음 수출국' 개탄」, 『한겨레』, 1990년 5월 7일, 4면.

정연주, 「클린턴 '성기 특징' 신문 1면에」, 『한겨레』, 1997년 10월 17일, 7면.

정연주, 「스타의 집착엔 이유가 있다」, 『한겨레 21』, 1998년 10월 15일, 32~33면.

정연주, 「부결로 막내린 탄핵: 미 선거정국 시동」, 『한겨레』, 1999년 2월 13일, 3면.

정연주, 「백악관 미소, 공화는 '부메랑' 우려」, 『한겨레』, 1999a년 2월 14일, 9면.

정연주, 「미 대선 쟁점 떠오른 '총기규제'」, 『한겨레』, 2000년 3월 28일자.

정운영, 「서평: 문명의 충돌」, 『도서신문』, 1997년 7월 21일, 10면.

정재연, 「'性추문 사냥꾼' 플린트 딸이 비난 기자회견 가져」, 『조선일보』, 1999년 1월 9일, 25면.

정진영, 「라틴아메리카와 신자유주의: 희망인가 또 다른 좌절인가」, 안병영·임혁백 편, 『세계화와 신자유주의: 이념·현실·대응』, 나남, 2000.

정태철, 『미국신문연구: 공익성과 상업성 그리고 전문직 시스템의 이해』, 커뮤니케이션북스, 1999.

정희준, 「스포츠를 통한 일상의 지배: 올바름의 조작 그리고 질서의 창조」, 정희준·서현석 외, 『미국 신보수주의와 대중문화 읽기: 람보에서 마이클 조든까지』, 책세상, 2007, 35~83쪽.

조선일보 문화부 편, 『아듀 20세기(전2권)』, 조선일보사, 1999.

조정환, 『21세기 스파르타쿠스』, 갈무리, 2002.

주성원, 「조던, 백인들만의 우상?」, 『문화일보』, 1999년 3월 21일, 12면.

주용중, 「인간 클린턴 (상)」, 『조선일보』, 2001년 1월 7일, 9면.

중앙일보, 「클린턴 "가장 완벽했던 운동선수"」, 『중앙일보』, 1999년 1월 15일, 33면.

중앙일보, 「윈프리 '마약복용' 또 고백」, 『중앙일보』, 1999a년 1월 15일, 7면.

중앙일보 특별취재팀, 「폭격당한 유고서도 "할리우드 영화 좋아"」, 『중앙일보』, 1999년 10월 4일, 10면.

중앙일보 특별취재팀, 「[新제국 미국은 어디로] 15. 제국의 반항아들」, 『중앙일보』, 2003년 10월 30일자.

진덕규, 『글로벌리제이션, 그리고 선택: 국민국가의 미래』, 학문과사상사, 1999.

진성훈, 「'알바' 청소년 20% 임금 떼여」, 『한국일보』, 2004년 10월 15일, A9면.

채동배, 『법으로 보는 미국 그리고 한국의 사법개혁』, 살림, 2004.

천지우, 「나이키 "노동력 착취" 시인」, 『국민일보』, 2005년 4월 15일, 8면.

최용식, 『대한민국 생존의 속도』, 리더스북, 2005.

최원기, 「[新제국 미국은 어디로] 존 페퍼 FPIF 선임연구원」, 『중앙일보』, 2003년 10월 30일자.

최이정, 「클린턴 공격하는 공화당 '성추문 의원 또 있다'」, 『일요신문』, 1999년 1월 17일, 40면.

최이정, 「돈이라도 벌자? 정계복귀 대비?」, 『일요신문』, 1999a년 11월 7일, 20면.

최철호, 「클린턴 '마무리 구상' 주도 박차」, 『서울신문』, 1999년 2월 14일, 11면.

최현수, 「클린턴의 여자들 줄잡아 100여명」, 『국민일보』, 1998년 1월 23일, 7면.

최화경, 「나이키 주가 5.3% 폭락」, 『동아일보』, 1999년 1월 14일, C1면.

하재식, 「글로벌 경영인: 미 3대 방송 CBS 최고경영자 멜 카마진」, 『중앙일보』, 1999년 4월 2일, 32면.

하재식, 「세계의 갑부 10인」, 『사건과 인물로 본 20세기 명장면 200선(월간중앙 1999년 송년호 특별부록)』, 중앙일보J&P, 1999a.

한겨레, 「한국, 미 담배 수입 9위」, 『한겨레』, 1997년 3월 13일, 6면.

한겨레, 「영화이용 담배광고 봇물/5년새 4배··· 말보로 으뜸」, 『한겨레』, 1998년 2월 20일, 11면.

한겨레, 「클린턴 비난자는 섹스의 적」, 『한겨레』, 1998a년 3월 11일, 11면.

한겨레, 「래리플린트 편지 '스타에게 일자리'」, 『한겨레』, 1998b년 9월 25일, 8면.

한겨레, 「조지 루커스 스타워즈 1편」, 『한겨레』, 1999년 5월 18일, 10면.

한겨레, 「'원초적 본능' 작가 에스테르해즈: 클린턴 성추문 소설책 펴내」, 『한겨레』, 2000년 7월 27일, 8면.

한국일보, 「페로 대선후보 공식지명」, 『한국일보』, 1996년 8월 19일, 7면.

한국일보, 「"미 담배 대량 해외 암거래"/NYT 보도」, 『한국일보』, 1997년 8월 26일, 39면.

한국일보, 「13세 소년까지 담배피게 만든다?/미사 판촉전략 충격」, 『한국일보』, 1998년 1월 17일, 9면.

한국일보, 「"미국인은 조던 대신 클린턴 은퇴 원할 것"」, 『한국일보』, 1999년 1월 15일, 9면.

한국일보, 「"조던없으면 NBA 없어져야"」, 『한국일보』, 1999a년 1월 15일, 9면.

한국일보, 「히틀러 생일맞춰 1년간 계획」, 『한국일보』, 1999b년 4월 26일, 10면.

허승호·구자룡, 「'스타보고서'로 본 클린턴 – 르윈스키 만남서 대배심증언까지」, 『동아일보』, 1998년 9월 14일, 9면.

허윤희, 「[Why] 비아그라 10년··· 당신의 삶은 달라졌습니까」, 『조선일보』, 2008년 12월 21일자.

홍선근, 「미 법원도 "담배는 마약" 판결」, 『한국일보』, 1997년 4월 27일, 11면.

홍성욱, 『네트워크 혁명, 그 열림과 닫힘: 지식기반사회의 비판과 대안』, 들녘, 2002.

홍성태, 『사이버사회의 문화와 정치』, 문화과학사, 2000.

홍성태, 「사이버리즘의 시대: 탈육화, 가상현실 기술, 그리고 사이버 자본주의」, 『문화과학』, 제26호(2001년 여름).

홍은주, 『e-비즈, 생존의 법칙: e-비즈니스 세계에서 살아남기 위한 '생존보고서'』, 삼성경제연구소, 2001.

홍은택, 「"30년 짓누른 적자 털어버렸다"/지금 워싱턴은 '흑자축제' 중」, 『동아일보』, 1998년 2월 4일, 7면.

홍은택, 「흑인-소녀-친구부인 클린턴의 여인 수백명」, 『뉴스플러스』, 1998a년 2월 12일, 44~45면.

홍은택, 「美 8천만명이 본 '드라마 마지막회'」, 『동아일보』, 1998b년 5월 16일, 2면.

홍은택, 「'비디오증언 공개' 이모저모」, 『동아일보』, 1998c년 9월 22일, 12면.

홍은택, 「[지퍼게이트 1년]클린턴 오리발작전이 망신살 자초」, 『동아일보』, 1999년 1월 23일, 8면.

찾아
보기